위기! 입니다

김양재 목사의 큐티강해
사무엘상 4

위기! 입니다

김양재 지음

QTM

이 책을 펴내며

겉으로는 잘 드러나지 않고 부러 잊으려 해도, 나라 안팎으로 위기의 때라는 걸 부정할 수 없습니다. 무엇보다 성도들이 예배를 소홀히 여기고 하나님이 주신 생명을 가볍게 여기며, 세계 곳곳에서는 전쟁의 소리가 끊이지 않기 때문입니다. 더욱 위기인 것은, 그 가운데 믿는 사람들이 본을 보이지 못하고 있다는 사실입니다.

우리 각자에게는 주어진 '때'가 있습니다. 자녀의 때, 학생의 때, 남편으로서 아내로서의 때, 아버지로서 어머니로서 주어진 때에 맞게 살아야 하지요. 제가 평신도이던 시절, 큐티모임을 인도하며 천 명이 넘게 모일 때 『날마다 큐티하는 여자』를 출간하자는 제안을 받았습니다. 하지만 행여 사역에 방해가 될까 걱정하여 고사하고 훗날로 미뤘습니다. 또, 평신도 신분이기에 사역을 하며 말을 아껴야 할 때도 많았습니다. 이렇듯 어려움에 부닥쳐도 하나님이 주신 모든 때는 아름답습니다. 부족해도 제가 때에 맞는 순종을 하려 노력했기에, 하나님이 저의 모든 순간을 때를 따라 아름답게 하신 줄 믿습니다(전 3:11). 모든 인생이 그래요. 때에 맞는 순종과 적용이 필요합니다.

그렇다면 지금과 같은 위기의 때에 성도들은 어떤 순종과 적용을 해야 할까요? 무엇보다 믿는 우리가 먼저 회개하며 나아가야 합니다. 성도의 사명이 무엇인지 분명히 알고, 구원을 위해 하나님께서 경영하실 수 있도록 순종해야 합니다.

얼마 전, 저는 미국 칼빈대학교에서 영어로 설교할 기회가 있었습니다. 이후 150개국 천 명이 넘는 기독교 지도자들이 모이는 〈글로벌 하비스트 서밋 2025(Global Harvest Summit 2025)〉의 스피커로 초청되어, 그곳에서도 영어로 설교했습니다. 특별히 이곳에서의 두 번째 강의는 동시통역으로 진행될 예정이었지만, 더 많은 사람에게 메시지를 전하고자 그때도 영어로 설교하기로 했습니다. 제가 영어를 잘해서가 아니라, 사명 때문에 내린 결정이었습니다. "영어가 모국어도 아닌데, 무슨 담대함으로 하느냐"는 질문도 받았지만, 복음을 전하는 데는 자존심이 필요하지 않습니다. 돌아보면 '영어'로 했다기보다 '영'으로 한 것 같습니다. 이것이 바로 때에 맞는 적용이자 순종입니다.

다윗은 하나님께 기름 부음을 받았지만 그때부터 수많은 위기를 겪었습니다. 사울에게 쫓기는 것도 힘든데, 믿었던 백성들마저 다윗을 사울에게 밀고하고 나섭니다. 사울을 피해 블레셋으로 도망쳤다가 아말렉에게 모든 것을 사로잡히는 위기도 맞습니다. 그럼에도 다윗은 때에 맞는 순종을 이어 갔습니다. 도무지 용서할 수 없는 사울을 두 번이나 용서하고, 가지 말아야 할 세상 땅 블레셋으로 떠난 자신의 죄를 처절히 회개했습니다.

다윗과 같은 진퇴양난의 상황에서도 우리가 하나님이 기뻐하실 것을 분별하며 행할 때, 위기는 기회로 바뀝니다. 그러므로 성도에게 위기는 없습니다. 성도는 십자가를 지고 가는 사람들이기 때문입니다. 우리의 모든 위기는 하나님과 관계를 재정립하는 좋은 기회입니다. 다윗은 외롭고 괴로울수록 주님을 더욱 찾았습니다.

여러분은 지금 어떤 힘든 일로 "살고 싶지 않다"라고 부르짖고 있습니까? 다시 한번 강조하지만, 성도에게 위기는 없습니다. 모든 상황이 기회입니다. 한 영혼을 향해 관심을 기울이는 것, 그 한 사람을 구원으로 인도하는 것이 우리의 사명입니다. 천국에 가는 것이 우리 인생의 목적 아니겠습니까? 그러므로 사명 하나만 붙잡고 사는 것, 그것으로 우리는 충분합니다. 사명 따라 사는 삶이 최고의 인생임을 믿습니다. 인생의 위기를 구원의 기회로 바꾸는 여러분이 되기를 소원합니다.

2025년 11월
우리들교회 담임목사 김양재

목차

이 책을 펴내며
05

위기! 입니다

chapter 01
돌보시는 하나님(삼상 23:1~29)
12

Chapter 02
하나님의 보복(삼상 24:1~22)
46

chapter 03
생명 싸개(삼상 25:1~44)
72

chapter 04
큰 일을 행하겠고(삼상 26:1~25)
104

chapter 05
내 생각(삼상 27:1~28:2)
136

chapter 06
신접한 여인(삼상 28:3~25)
162

그러나 기회! 입니다

chapter 07
위기에서 피할 길(삼상 29:1-11)
194

chapter 08
소리를 높여 울었더라(삼상 30:1~6)
222

chapter 09
반드시 도로 찾으리라(삼상 30:7~31)
246

chapter 10
사울의 마지막(삼상 31:1~13)
274

Part 1

위기! 입니다

Chapter 1

돌보시는 하나님

사무엘상 23장 1~29절

> 하나님 아버지, 삶이 고달파도
> 선행이 악행으로 돌아와도
> 피투성이라도 살아 있으며
> 하나님의 돌보심을 받기 원합니다.
> 말씀해 주옵소서. 듣겠습니다.

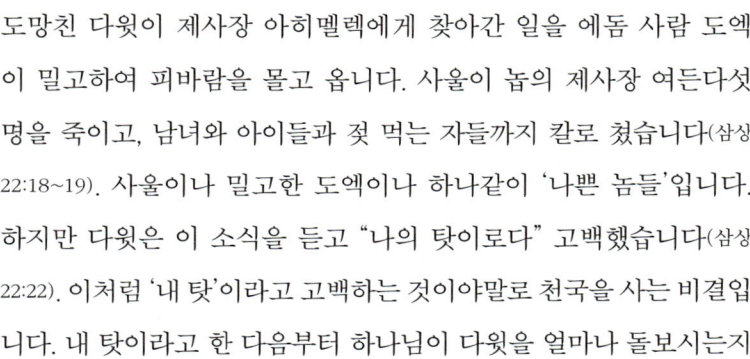

도망친 다윗이 제사장 아히멜렉에게 찾아간 일을 에돔 사람 도엑이 밀고하여 피바람을 몰고 옵니다. 사울이 놉의 제사장 여든다섯 명을 죽이고, 남녀와 아이들과 젖 먹는 자들까지 칼로 쳤습니다(삼상 22:18~19). 사울이나 밀고한 도엑이나 하나같이 '나쁜 놈들'입니다. 하지만 다윗은 이 소식을 듣고 "나의 탓이로다" 고백했습니다(삼상 22:22). 이처럼 '내 탓'이라고 고백하는 것이야말로 천국을 사는 비결입니다. 내 탓이라고 한 다음부터 하나님이 다윗을 얼마나 돌보시는지 모릅니다. 하나님이 다윗을 어떻게 돌보시는지 살펴보겠습니다.

나도 힘들지만 남을 돌보고자 할 때 하나님이 친히 나를 돌보십니다

사람들이 다윗에게 전하여 이르되 보소서 블레셋 사람이 그일라를 쳐서 그 타작 마당을 탈취하더이다 하니 _삼상 23:1

블레셋 사람이 그일라를 쳐서 그들의 타작마당을 빼앗은 소식을 사람들이 다윗에게 전합니다. 다윗도 지금 사울에게 쫓기는 신세입니다. 힘들기는 매한가지입니다. 그런데 그일라의 소식이 다윗에게는 "나 좀 도와달라"는 말로 들렸습니다. 아둘람 공동체에서 구원의 사명을 찾고, 힘든 사람들을 도와주는 것이 얼마나 기쁜 일인지 다윗이 경험했기 때문입니다.

누군가가 아무리 힘든 이야기를 해도 그렇습니다. 구원에 관심이 없는 사람에게는 도와달라는 말이 절대로 들리지 않습니다. 하지만 다윗에게는 들렸습니다. 다윗은 "나 좀 도와달라"는 요청을 그냥 지나치지 못합니다.

그런데 그일라 사람들은 사울의 관할 아래에 있는 백성 아닙니까. 사울에게 도움을 청해야 마땅합니다. 그러나 사람이 죽을 지경에 처하면 지위 고하를 막론하고 자신을 도와줄 '진짜 실력자'를 찾게 마련이지요. 그일라 사람들도 그래서 다윗을 찾은 것입니다. 비록 도망자 신분이어도 골리앗을 때려잡은 다윗이기 때문입니다.

특히나 다윗은 골리앗을 잡을 때보다 더 실력이 생겼습니다. 무슨 실력이 생겼을까요?

베드로후서에서 "하나님과 우리 주 예수를 앎으로 은혜와 평강이 너희에게 더욱 많을지어다 그의 신기한 능력으로 생명과 경건에 속한 모든 것을 우리에게 주셨으니 이는 자기의 영광과 덕으로써 우리를 부르신 이를 앎으로 말미암음이라"(벧후 1:2~3)고 합니다.

여기서 "예수를 앎"이란 단순히 지식적인 앎이 아닙니다. 이 '앎'의 원어는 부부간의 친밀한 성관계를 뜻하기도 합니다. 서로 발가벗고 만나는 부부처럼 상대방에 대해 '온전히, 친밀히 안다'는 의미가 있습니다. 따라서 예수를 안다는 것은 창조주 하나님이 내 남편이요, 내 신랑이 되었다는 말과도 같습니다. 부부는 한 몸입니다. 내 신랑 되시는 주님이 나와 함께 껌딱지처럼 붙어서 동행하시면 나에게도 신기한 능력이 생기지 않겠습니까? 생명과 경건에 속한 모든 것(벧후 1:3)을 갖게 되는 것입니다.

생명은 쓰레기통에 버려져도 쓰레기를 거름 삼아 꽃을 피웁니다. 생명은 환경을 욕하거나 탓하지도 않습니다. 쓰레기통 속에서도 타락하지 않고 경건합니다. 우리의 가정도 그래요. 한 사람에게라도 생명의 능력이 있으면 꽃이 피어납니다. 아무리 콩가루 같은 집안일지라도 그렇습니다. 생명이 있는 한 사람이 있으면 그 콩가루를 자양분 삼아 다 변화시킵니다.

다윗도 지식적인 앎이 아니라 경험적인 앎으로 주님을 만났습니다. 주님과 사귀면서 주님이 대단하신 분임을 알게 되었습니다. 주님이 나의 선생님이요, 가장 친한 친구가 되었습니다. 주님과 친해지고 나니까 신기한 능력으로 생명과 경건에 속한 모든 것을 소유하게 되었습니다. 그 신기한 능력으로 남을 도울 수 있게 된 것입니다.

이어지는 베드로후서 말씀을 보면 "이로써 그 보배롭고 지극히 큰 약속을 우리에게 주사 이 약속으로 말미암아 너희가 정욕 때문에 세상에서 썩어질 것을 피하여 신성한 성품에 참여하는 자가 되게 하려 하셨느니라"(벧후 1:4)고 합니다. 우리가 신성한 성품에 참여하려면 세상 정욕을 피해야 합니다. 하지만 그 누구도 자신의 힘으로는 이 세상의 정욕을 피할 수 없습니다. 다윗도 그것을 경험했습니다.

주님을 제대로 알지 못했을 때 다윗은 먹지 말아야 할 떡을 먹었습니다(삼상 21:6). 골리앗의 칼을 가지고 원수 나라 가드에 가서는 미친 척하면서까지 목숨을 구걸했습니다(삼상 21:9~15). 이런 수치가 없죠. 하지만 그랬기에, 이 세상의 썩어질 정욕을 피하지 못하는 사람을 이해하고 체휼하게 되었습니다. 더 나아가 놉의 제사장 여든다섯 명이 죽임당한 사건 가운데 '내 탓이로다'를 부르짖음으로 비로소 다윗은 신성한 성품에 참여하는 자가 되었습니다.

베드로 사도는 "그러므로 너희가 더욱 힘써 너희 믿음에 덕을, 덕에 지식을, 지식에 절제를, 절제에 인내를, 인내에 경건을"(벧후 1:5~6) 더하라고 합니다. 그리고 마지막에 "경건에 형제 우애를, 형제 우애에 사랑을 더하라"(벧후 1:7)고 합니다. 이처럼 믿음은 형제 우애와 사랑으로 결론을 맺습니다. 그렇기에 다윗도 생명에 속한 능력으로, 저절로 그일라 형제를 돌보게 됐습니다. '하나님이 친히 돌보심'이란 바로 이런 것입니다.

내 배우자가 바람을 피우고 내 자녀가 속을 썩여도 그렇죠. 그럼에도 다른 집의 바람피운 배우자와 속 썩이는 자녀들의 힘든 소식이 들리는 것이 하나님이 친히 돌보시는 일입니다.

반면에 바람피운 배우자와 속 썩이는 자녀를 위해 기도했는데, 곧장 기도 응답을 받아서 배우자와 자녀가 돌아오면 어찌 됩니까? 더 이상 주님 찾을 일이 없어집니다. 힘들 때 주님을 제대로 알아서 신기한 능력이 생겨야 하는데, 그러기 전에 배우자와 자녀가 돌아오면 하나님의 돌보심도 더 이상 필요 없는 것처럼 착각할 수 있습니다. 힘든 지체를 섬기는 것도 시들해지게 마련입니다.

다윗은 더 이상 자신의 힘을 쓰지 않습니다. 자기 힘은 다 빼고 폭풍 속에서도 하나님의 배에 몸을 맡겼습니다. 두 발을 고스란히 올려놓았습니다. 피아노 연주도 그렇습니다. 힘을 주고 치면 보는 사람도 힘이 듭니다. 잘 치는 사람은 힘을 빼고 칩니다. 그래서 저도 힘을 빼려고 평생 수고했는데, 시집을 갔더니 시어머니가 "힘주고 걸레질하라" 하셔서 인생이 힘들었습니다.

다윗이 힘을 빼니 하나님과 너무 친해집니다. 하나님을 진심으로 사랑하게 됩니다. 세상과 나는 간곳없고 구속하신 주님만 보이게 된 것입니다. 그러므로 이제는 매사를 하나님 말씀대로 따릅니다. 어떤 일이든 '하나님께 묻자와 이르되'가 됩니다. 그일라를 도울지 말지도 하나님께 묻습니다.

> 이에 다윗이 여호와께 묻자와 이르되 내가 가서 이 블레셋 사람들을 치리이까 여호와께서 다윗에게 이르시되 가서 블레셋 사람들을 치고 그일라를 구원하라 하시니 _삼상 23:2

블레셋은 다윗이 져 본 적이 없는 만만한 족속이었습니다. 그러나 다윗은 "까짓것 블레셋쯤이야" 하지 않습니다. "이길 수 있다" 자만하지도 않습니다. '내 사랑하는 주님께' 물어봅니다. '윗 질서를 따른다'는 것은 바로 이런 것입니다. 잘난 체하지 말고 물어봐야 합니다. 그러나 힘이 들어가 있는 사람은 물어보지를 않습니다.

하나님께 묻는 것이 쉬워 보여도 가장 어렵습니다. 억지로 되는 게 아닙니다. 하나님을 사랑하므로 가능한 것입니다. 사랑하니까 하나님께 묻고, 그분의 계명을 지키고 말씀을 듣는 것이죠.

그런데 사랑하는 주님이 이성과 상식의 벽을 뛰어넘는 답을 주십니다. "블레셋을 공격하라"고 하십니다. 지금 다윗의 형편이 어떻습니까? 자신도 위기 가운데 있습니다. 더구나 이어지는 본문을 보면 다윗이 이 말씀에 순종해서 블레셋을 물리치는 바람에 사울에게 더 미움을 받게 되지요.

하지만 이제 다윗에게는 그런 것이 문제가 되지 않습니다. 사랑하는 사람의 말은 곧이듣게 마련입니다. 사랑은 자기의 유익을 구하지 않기 때문입니다(고전 13:5). 다윗이 그랬습니다. 오직 하나님의 유익만을 구하는 사람으로 바뀌었습니다. 이것은 주님을 앎으로 가능한 일입니다. 믿음이 사랑으로 결론이 난 것입니다. 그래서 다윗이 그일라를 도우러 나섭니다.

그런데 3절에 복병이 나타납니다.

> 다윗의 사람들이 그에게 이르되 보소서 우리가 유다에 있기도 두렵거든 하물며 그일라에 가서 블레셋 사람들의 군대를 치는 일이리이까 한지라 _삼상 23:3

환난당하고 빚지고 원통한 자들이 모인 아둘람 공동체는 다윗과 한마음인 줄 알았습니다. 그런데 다윗이 기도 응답을 받은 대로 "블레셋을 치자"라고 하니 "미쳤어요? 우리가 왜 가요?" 합니다. 지극히 상식적인 반응입니다. 이때 다윗의 마음이 어땠겠습니까? 그일라를 돕겠다고 마음먹기도 힘들었는데, 가까운 사람들까지 반대하니 더욱 힘이 듭니다.

믿음의 공동체 안에서도 이렇게 서로 견해가 다를 수 있습니다. 그렇다고 상처받으면 안 됩니다. 그때마다 하나님께 또 물어보아야 합니다. 그래서 다윗도 여호와께 다시 묻습니다.

> 다윗이 여호와께 다시 묻자온대 여호와께서 대답하여 이르시되 일어나 그일라로 내려가라 내가 블레셋 사람들을 네 손에 넘기리라 하신지라_삼상 23:4

다윗은 자신보다 낮은 위치에 있는 사람 앞에서 결코 권위를 내세우지 않습니다. 견해가 다르다고 억압하지도 않습니다. "하나님이 내게 직접 말씀하셨다" 하고 으름장을 놓지도 않습니다.

그저 다시 하나님께 묻습니다. 그리하면 하나님이 공동체를 향해서도 말씀하실 것이라는 믿음이 있었기 때문입니다. '나에게 말씀하시는 분이 왜 공동체에 말씀하지 않으시겠는가?' 하는 믿음 말입니다.

나름 믿음 좋고 기도 많이 한다는 사람일수록 "내가 기도해 봤더니……" 하면서 일방적으로 자기주장을 펼치는 경우가 꽤 많습니다. 하지만 다윗은 결코 일방적이지 않습니다. 다른 사람들의 이야기를 무시하지도 않습니다. 다윗이 다시 하나님께 물어본 것이야말로 우리가 본받아야 할 모습입니다. 때마다 묻는 것만큼 축복은 없습니다.

다시 묻는 다윗에게 하나님은 "그일라로 내려가라"고 하십니다. 사람들의 생각과는 전혀 다른 응답이 나왔습니다. 다윗은 블레셋을 물리치는 일도 힘든데 자기편도 설득하고 가야 합니다. 내 편, 네 편 다 설득하고 가야 합니다. 다윗이 누굽니까? 예수님의 조상이요, 하나님께서 구속사의 모델로 세우신 사람입니다. 그러므로 우리도 이와 같은 다윗의 길을 걸어가야 합니다.

예수님도 그러셨잖아요. 십자가를 지러 가는 힘겨운 순간에도 자기편 베드로를 양육하고 가셨습니다. 베드로가 칼로 벤 말고의 귀도 붙여 주셔야 했고, 십자가 길을 막는 베드로를 양육하시고자 "사탄아, 물러가라" 하셔야 했습니다.

이렇듯 하나님이 돌보시는 사람은 내 편, 네 편 없이 다 돌보며 가야 합니다. 지도자는 외롭습니다. 모두가 말려도 해야 할 일이 있고, 여럿이 부추겨도 하지 말아야 할 일이 있습니다. 신본주의는 다수결이 아닙니다. 민주주의는 백성이 주인 되는 것이니 훌륭해 보이지만 그 백성의 다수가 예수님을 죽였습니다. 항상 다수가 옳은 것은 아닙니다. 다수의 의견을 따르다 보면 배가 산으로 갈 수도 있습니다.

다시 말하지만 다수의 의견이 늘 옳은 것은 아닙니다. 다수가 만류해도 사명이면 해야 합니다. 정말 하기 싫은 일도 사명이면 해야 합니다. 사명은 구원과 연결되기 때문입니다.

다윗과 그의 사람들이 그일라로 가서 블레셋 사람들과 싸워 그들을

크게 쳐서 죽이고 그들의 가축을 끌어 오니라 다윗이 이와 같이 그일라 주민을 구원하니라_삼상 23:5

처음엔 견해가 서로 달랐지만 아둘람 공동체 사람들은 블레셋과 싸우고자 다윗과 함께 일어납니다. 다수결로 결정하지 않고 하나님께 물어보았더니, 모두에게 감동을 주셔서 이처럼 같이 가게 되었습니다.

다윗은 사울에게 쫓기는 위기 가운데서도 블레셋을 물리치고 그일라 주민을 구원합니다. 사울에게 지고 있는 것 같아도 다윗은 가는 곳마다 이깁니다. 그 이유가 뭘까요? 하나님이 친히 그를 돌보시기 때문입니다. 사울이 다윗을 괴롭히는 것도 하나님의 일이요, 그일라 주민이 구원되는 것도 하나님의 일이기 때문입니다.

우리들교회도 그렇습니다. 서로 견해가 다른 일도 있지만 제가 죽자 살자 하나님께 묻고 가니 여기까지 온 줄 믿습니다. 제가 한 것이 없지만 하나님 말씀으로 묻고 또 물었더니 때마다 시마다 주님이 인도해 주셔서 말씀대로 믿고 살고 누리는 우리들 공동체가 되었습니다.

만약 여기서 다윗이 '사울 때문에 힘들어 죽겠는데 무슨 그일라를 구원해?' 하며 자빠져 있었더라면 어찌 되었겠습니까? 사탄이 다윗도 덮치고 그일라도 덮쳤을 것이에요. 하지만 블레셋을 물리치고 형제인 그일라를 구했으니 얼마나 보람이 있습니까? 내가 힘들어도 힘든 사람들을 구원하면 나에게도 기쁨이 있습니다. 이것이 살길입니다. 반면에 내 문제에 사로잡혀 있으면 한 발짝도 못 나아갑니다.

"배우자가 반대해서, 자녀 공부 뒷바라지하느라 교회 못 간다" 하다가 결국 구원과 멀어지는 분이 너무나 많습니다.

저는 남편이 천국 간 사건이 곧장 사명으로 연결되었습니다. 제 간증으로 많은 사람이 주님을 영접했습니다. 사람이 살아나고 가정이 살아났습니다. 제 간증을 듣고 "큐티하겠다"고 몇백 명, 몇천 명이 결신한 날도 있었습니다. 그럴 때마다 제가 얼마나 들떴겠어요. 절로 둥둥 떴습니다. 그런데 말이죠, 그리고 집에 오면 우리 아들이 쿨쿨 자고 있는 겁니다. 하루에 수천 명이 영접해도 집에 오면 아들 하나를 다스릴 수 없는 저 자신을 보았습니다. '아들 하나도 마음대로 못 하면서 수천 명을 내가 전도했다고 어떻게 할 수 있겠는가?' 하니 입이 다물어졌습니다. 모든 게 제가 한 일이 아님을 알게 되었습니다. 하나님이 그렇게 딱 가르쳐 주셨습니다.

남편도 없고 아들도 잠만 자고 있으니, 그때야말로 제 인생의 위기라면 위기 아닙니까? 그때 만약 제가 이 핑계, 저 핑계 대며 자빠져 있었다면 어떻게 됐겠습니까? 저도, 아들도 구원과는 무관한 삶을 살았을 것입니다. 하지만 나가 보니 구원해야 할 사람이 처처에 많았습니다. 밭이 희어져 추수하게 된 것을 보았습니다(요 4:35). 그래서 자식 고난과 배우자 고난에 힘들어하는 사람들을 살리겠다고 찾아다녔습니다. 그러자 하나님이 저도, 아들도 살려 주셨습니다. 이것이 사는 길입니다. 여러분도 내 신세를 처량하게 여기면서 누워만 있지 말고 나의 약재료를 가지고 나아가시기를 바랍니다.

그런데 또 한편으로는 그렇습니다. 무턱대고 힘든 사람 돕겠다고 나서면 안 됩니다. 나도 갚아야 할 빚이 천지인데, 빚을 더 얻어서 남을 돕겠다고 나서면 안 되는 것입니다. 그럴 때는 하나님께 물어야 합니다. 하나님이 "너도 지금 빚지고 있지 않니? 네 빚이나 갚아라" 그러실 수 있습니다.

다윗처럼 '여호와께 묻자와' 하면 하나님이 사울도 처리해 주십니다. 제 기도 제목이 그랬습니다. 사울 같은 남편이 구원받기를 생명을 내놓고 기도했는데, 하나님이 들어 응답해 주셨습니다. 배우자도 구원되고, 자녀도 목사가 되었습니다. 굉장히 더디 가는 것 같지만 다윗처럼 '여호와께 묻자와' 하는 것, 즉 큐티하는 것이 얼마나 신실하신 하나님의 돌보심인지 모릅니다. 큐티하고 말씀 묵상하는 것이 하나님의 돌보심을 받는 최고의 비결입니다.

† 지금 나는 어떤 환난 가운데 있습니까? 나도 힘들지만 "나 좀 도와달라"는 내 가족, 내 이웃의 말이 들립니까? 오늘 내가 구원을 위해 도우러 나서야 할 그일라는 누구입니까?

† 서로 의견이 다를 때 하나님께 묻자와 이르되 합니까? 반드시 해야 할 사명인데 다수의 반대 의견에 부딪혀 망설이는 일은 무엇입니까?

† 구원을 위해 물리쳐야 할 블레셋은 무엇이고, 나를 한 발짝도 나아가지 못하도록 사로잡고 있는 문제는 무엇입니까?

내가 도와준 사람이 나를 배신하리라고
가르쳐 주심으로 돌보십니다

6 아히멜렉의 아들 아비아달이 그일라 다윗에게로 도망할 때에 손에 에봇을 가지고 내려왔더라 7 다윗이 그일라에 온 것을 어떤 사람이 사울에게 알리매 사울이 이르되 하나님이 그를 내 손에 넘기셨도다 그가 문과 문 빗장이 있는 성읍에 들어갔으니 갇혔도다 8 사울이 모든 백성을 군사로 불러모으고 그일라로 내려가서 다윗과 그의 사람들을 에워싸려 하더니 9 다윗은 사울이 자기를 해하려 하는 음모를 알고 제사장 아비아달에게 이르되 에봇을 이리로 가져오라 하고_삼상 23:6~9

6절부터는 그일라 사람들이 다윗을 배신하는 이야기가 나옵니다. 배신은 심장을 찌르는 듯한 고통이지만, 우리 삶에 뼈와 살이 되는 경험이기도 합니다. 여러 사람을 이끄는 지도자에게는 더욱 그렇습니다. 사람은 믿음의 대상이 아님을 아는 것이 얼마나 인생의 고통을 쉽게 넘어가게 해 주는지 모릅니다. 그래서 배신을 당하는 것 또한 하나님의 돌보심입니다.

그일라가 다윗을 배반했어도 다윗 공동체는 400명에서 600명으로 불어납니다(삼상 23:13). 저 역시나 많은 힘든 일이 있었지만 구원의 숫자는 계속 늘어났습니다.

그런데 7절에 보니 "다윗이 그일라에 온 것을 어떤 사람이 사울에게 알리매"라고 합니다. 개역한글 성경에는 '어떤 사람'이라고 하지 않고 '혹이' 사울에게 고했다고 기록되어 있습니다. 1절에서 그일라 소식을 알릴 때도 '혹이' 다윗에게 고했다고 기록했습니다. 도와달라고 하는 '혹이'가 있고, 고발하는 '혹이'가 있습니다. 인생 곳곳에 '혹이'가 있습니다. 내 옆에 김 혹이 있고 이 혹이, 최 혹이 자리매김하고 있습니다.

다윗이 그일라 사람들을 돕겠다고 유다 땅에 들어왔는데, 그일라가 다윗을 배신하다니요. 더구나 그일라는 사울의 백성 아닙니까? 그런데 사울도 다윗에게 전혀 고마워하지 않습니다. 도리어 다윗을 죽이고자 하는 신념에 불타서 날뜁니다. '이제 너는 독 안에 든 쥐다. 내 밥이다' 하며 내심 반가워합니다.

인생을 살다 보면 이렇게 배은망덕한 사람들이 있게 마련입니다. 이럴 때 우리는 어찌해야 합니까? 하나님이 처리해 주실 때까지 기다려야 합니다. 내가 갈아 치우겠다고 나서면 안 됩니다.

다윗이 그일라에 있다는 소식을 듣고 사울은 "하나님이 그를 내 손에 넘기셨도다"라고 합니다. 입만 벙긋하면 하나님을 찾습니다. 하나님 뜻대로 살지도 않으면서 입으로만 하나님을 부르짖습니다. 그러면서 죄다 자기중심적으로 해석합니다. 자기 지혜만 의지합니다.

하지만 성령의 사람은 하나님 중심으로 해석합니다. 다윗은 자기 생각대로 하지 않았습니다. 다른 사람의 생각대로도 하지 않았습니다. 오직 여호와의 뜻을 묻고 실천했습니다. 선지자 갓이 유다 땅으로 들어가라고 했을 때 죽을 걸 알고도 들어갔습니다(삼상 22:5). 하나님이 그일라를 구원하라고 하실 때도 생명을 내놓고 그 사명을 다했습니다.

하지만 조금 후 12절에 보면 다윗은 하나님으로부터도 "그일라가 너를 배신할 것이다"라는 말씀을 듣게 됩니다. 하나님께 날마다 묻고 왔는데 이럴 수가 있습니까? 인생이 점점 더 어려움에 빠집니다.

그런데 6절에 "아히멜렉의 아들 아비아달이 그일라 다윗에게로 도망할 때에 손에 에봇을 가지고 내려왔더라"고 합니다. 에봇은 '판결의 옷'으로 제사장이 하나님의 뜻을 물을 때 입던 옷입니다. 여든다섯 명의 제사장이 죽임당했을 때 유일하게 살아남은 아비아달은 왜 에봇을 다윗에게 가지고 왔을까요? 이것은 곧 모든 판결의 권한이 사울에게서 다윗에게로 옮겨졌음을 의미합니다.

9절에서 다윗이 "사울이 자기를 해하려 하는 음모를 알고 제사장 아비아달에게 이르되 에봇을 이리로 가져오라"고 한 것도 그렇습니다. 이 말은 '하나님께 물어보겠다'는 의지의 표명입니다.

그동안 다윗은 어려운 시험을 계속 치렀습니다. 그일라를 구원하러 나선 것도, 그일라의 배신도 어려운 시험입니다. 이런 와중에 아비아달이 에봇을 가져왔다는 얘기가 나오는 게 조짐이 수상하지 않습니까? 이는 분별하고 또 분별해야 할 힘든 시험이 이어질 것을 시사합니다. 나아가 다윗이 굉장히 분별을 잘하게 됐다는 의미이기도 합니다.

우리도 그렇습니다. 이런 에봇이 주어지면 해석을 잘해야 합니다. '아! 무언가 내가 분별을 잘해야 할 일이 있구나!' 이렇게 생각해야 합니다. 그저 열두 보석이 달린 제사장 옷을 보고, '와! 멋있다 근사하다!' 하면 안 됩니다. 그것을 걸쳐 입고 으스대선 안 됩니다.

어느 날 갑자기 자식이 대학에 붙고, 배우자가 승진해도 그렇습니다. 나 좋으라고 그런 에봇이 굴러들어 온 게 아닙니다. 이럴 때일수록 분별을 잘해야 합니다.

'내가 힘들어할 줄 알고 하나님이 내 자식을 대학에 붙여 주셨구나, 배우자가 승진했구나. 이제 내 인생에도 에봇이 굴러들어 왔으니 좀 쉬어야겠다' 하면 안 됩니다. 그래서 기도도 안 하고, 예배가 뒷전이 되어서 '노세, 노세' 하면 금세 사탄의 밥이 되고 맙니다. 승진한 배우자가 잘난 척하며 바람을 피우고, 대학 간 아이는 미팅에, 배낭여행에, 게임에 빠져서 교회를 안 나오는 수가 있는 것입니다. 이것이야말로 그동안 공들인 배우자와 자녀가 다 나를 배신한 것 아니겠습니까?

그러므로 잘나갈 때일수록 하나님의 뜻에 대한 고도의 분별이 필요합니다. 다윗도 에봇과 함께 '하나님께 묻자와'를 반복합니다.

10 다윗이 이르되 이스라엘 하나님 여호와여 사울이 나 때문에 이 성읍을 멸하려고 그일라로 내려오기를 꾀한다 함을 주의 종이 분명히 들었나이다 11 그일라 사람들이 나를 그의 손에 넘기겠나이까 주의 종이 들은 대로 사울이 내려 오겠나이까 이스라엘의 하나님 여호와여 원하건대 주의 종에게 일러 주옵소서 하니 여호와께서 이르시되 그가 내려오리라 하신지라 12 다윗이 이르되 그일라 사람들이 나와 내 사람들을 사울의 손에 넘기겠나이까 하니 여호와께서 이르시

되 그들이 너를 넘기리라 하신지라 13 다윗과 그의 사람 육백 명 가량이 일어나 그일라를 떠나서 갈 수 있는 곳으로 갔더니 다윗이 그일라에서 피한 것을 어떤 사람이 사울에게 말하매 사울이 가기를 그치니라 _삼상 23:10~13

다윗은 "그일라가 정말 저를 사울에게 넘겨줄까요?"라고 하나님께 묻습니다. 그러자 하나님은 "그래, 넘겨준다"라고 하십니다. 그 말씀이 믿기지 않은 다윗은 또다시 하나님께 묻습니다. 그러자 하나님도 또다시 "그래, 넘겨준다"라고 하십니다.

'그래도 내가 그일라를 도와주었으니 나를 배신하지는 않겠지' 하는 마음이 다윗에게는 있었을 것입니다. 하지만 하나님은 "아니다, 기대하지 마라. 그들이 배신할 것이다"라고 하십니다.

우리가 평생 먹고 싶은 것 참아 가면서 내 남편, 내 아내, 내 자녀 뒷바라지를 잘해도 그렇습니다. "그 남편이, 그 아내가, 그 자녀가 설마 나를 배신할까요?"라고 물었는데 "그래, 배신당할 거다. 그러니 그 남편, 그 아내, 그 자녀에게 기대하지 말라"고 하시는 것입니다.

"네가 생명을 내놓고 구원해 준 그일라에게 전혀 기대하지 말라!" 이것이 하나님의 명령입니다. 정말로 사람은 믿음의 대상이 아닙니다. 하지만 우리가 어떻게 이것을 깨닫겠습니까?

하지만 10절에 다윗은 '사울이 나 때문에 이 성읍을 멸하려고 그일라로 내려오기를 꾀한다 함을' 분명히 들었다고 합니다. "나 때문에!" 다윗의 '내 탓이로소이다'가 계속되고 있습니다. 이뿐 아니라 다윗은 하나님 말씀이 절대적임을 고백합니다. 우리도 그렇습니다. 사람은 믿음의 대상이 아님을 알려 주실 때 '아멘' 하기를 바랍니다.

그렇다면 그일라 사람들은 왜 다윗을 배반합니까? 현재 왕이 사울이기 때문입니다. 그것을 인정해야 합니다. 다윗이 왕이 아닙니다. 그러니 그들을 이해해야 합니다. 더욱이 다윗의 거짓말 때문에 여든다섯 명의 제사장이 죽지 않았습니까(삼상 22:18)? 아히멜렉이 다윗에게 떡 다섯 덩이를 줬다고 사울이 여든다섯 명의 지도자를 죽였는데, 그일라 사람들인들 사울의 학살이 왜 안 무섭겠습니까?

다윗도 그런 그일라 사람들의 심정이 이해됐을 것입니다. 죽음의 위기 앞에서 미친 척하고서 겨우 살아남은 다윗이잖아요. 그러니 그일라 사람들이 괘씸하다가도 '사울이 얼마나 무서우면 그랬을까' 하지 않았겠습니까?

'내 탓이로소이다'는 항상 상대편의 입장을 생각해 보는 것입니다. 내가 배신을 당해도 나를 배신하는 사람의 입장에 서서 사건을 바라보아야 합니다. 그리하면 저절로 '내 탓이로소이다'가 됩니다. 매사 '내 탓이로소이다' 인정하는 것이야말로 최고의 깨달음입니다. 신비한 능력이고, 신성한 성품에 참여하는 것입니다. 나를 배신한 사람 앞에서도 평강을 누리는 비결입니다.

별 인생이 없습니다. 예수님은 이 세대를 향해 악하고 음란하다고 하셨습니다. 그러니 믿음 없는 배우자, 믿음 없는 자녀들이 무슨 짓인들 못 하겠습니까? 인간의 악에는 한계가 없습니다. "어떻게 저럴 수가 있냐" 합니까? 하나님은 "그럴 수가 있다"라고 하십니다.

그러므로 우리는 '사람은 믿음의 대상이 아님'을 알고 가야 합니다. 배신을 당해도 상대방 입장에 서서 나를 바라보아야 합니다. 말씀으로 해석해야 합니다. 이것이 성숙해지는 비결입니다. 그래서 청년의 때에는 연애하면서 배신도 겪어 보아야 합니다. 굉장히 영양가 있는 훈련입니다. 그렇기에 혼전 순결은 꼭 지켜야 합니다. 언제나 배신당할 수 있기 때문입니다.

저는 집사 시절부터 눈물로 호소하여 이혼을 여럿 막았습니다. 여러 사람을 살렸습니다. 그런데 어떤 한 분은 막상 가정이 회복되자 말씀 듣기를 멀리하기 시작했습니다. 어느 날에는 "십자가 잘 지고 남편에게 순종하라"는 제 이야기가 더 이상 듣기 싫었는지 자기가 섬기는 교회 목사님에게 "신학도 안 한 사람이 성경을 가르친다" 하며 저를 일러바쳤습니다. 이분이야말로 그일라 같은 사람이 아니겠습니까?

당시 신학도 안 한 과부 집사 신분으로 말씀을 전하던 저로서는 이런 배신과 훼방을 겪는 일이 한두 번이 아니었습니다. 그랬기에 항상 하나님만을 의지할 수밖에 없었습니다. 늘 하나님께 묻고 또 물었습니다. 그러니 하나님이 저를 더욱 돌보아 주신 게 아닌가 합니다. 다윗의 아둘람 공동체가 짧은 시간에 400명에서 600명으로 50% 부흥한 것처럼, 제게도 힘든 사람들이 많이 찾아오도록 하셨습니다. 저는 그저 하나님밖에 바라볼 곳이 없어서 눈물로 기도했을 뿐인데 그럼에도 오늘날 이러한 부흥을 허락해 주셨습니다.

† 내가 도와준 사람으로부터 배신당한 적이 있습니까? 그때 어떻게 대응했습니까?
† 배신의 사건을 당할 때마다 무작정 사람을 믿고 의지한 '내 탓이로소이다'가 됩니까? 아니면 여전히 해석되지 않아서 배신한 사람만 원망하고 있습니까?

우리 곁에 요나단 같은 사랑의 형제를 항상 붙여 주심으로 돌보십니다

다윗이 광야의 요새에도 있었고 또 십 광야 산골에도 머물렀으므로 사울이 매일 찾되 하나님이 그를 그의 손에 넘기지 아니하시니라
_삼상 23:14

사울이 매일 찾아도 다윗이 사울의 손에 넘어가지 않은 이유는 하나님이 다윗을 사울의 손에 넘기지 않으셨기 때문입니다. 다른 이유가 없습니다. 하나님이 돌보셨기 때문입니다.

다윗은 편한 데 익숙해지지 않고 오늘은 이곳 내일은 저곳, 산골로 황무지로 쫓겨 다닙니다. 반면에 편한 데 길들여 있던 사울은 어떻습니까? 불편한 것을 못 참으니 다윗을 제대로 못 쫓아갑니다. 매일 찾다가 포기하고 그칠 수밖에 없습니다. 그래서 우리는 편한 데 길들여 있으면 안 됩니다. 불편을 감수하고서라도 세상이 생각지도 못하

는 적용을 하면 사탄이 한 길로 왔다가 일곱 길로 도망갑니다.

　사울은 늘 하나님과 평풍게임을 하는 것 같습니다. 입으로는 하나님을 부르짖으면서 자기 생각에만 갇혀 사니 도무지 능력도 없고 평안하지도 못합니다. 반면에 다윗은 날마다 하나님께 묻고 말씀을 묵상하며 갑니다. 그때마다 "그일라를 구원해라", "그일라가 배반할 거다" 하나님이 알려 주십니다. 매일 사울에게 쫓겨 다니지만 하나님은 절대로 그를 사울의 손에 넘겨주지 않으십니다.

　에스겔 16장 6절에서 하나님은 "내가 네 곁으로 지나갈 때에 네가 피투성이가 되어 발짓하는 것을 보고 네게 이르기를 너는 피투성이라도 살아 있으라 다시 이르기를 너는 피투성이라도 살아 있으라"고 하셨습니다.

　주님은 내가 피투성이어도 늘 내 곁에서 돌보십니다. 늘 내 곁에 껌딱지처럼 붙어 계십니다. 그러므로 우리는 피투성이가 되어도 살아 있어야 합니다.

　저는 남편과 이혼 안 하려고 버티며 산 것이 아닙니다. 남편의 구원을 위해 피투성이가 되어도 살아냈습니다. 이사를 해서 남편의 병원과 살림집이 잠시 떨어져 있었던 때입니다. 저는 남편 몰래 수요예배도 가고 구역예배 드리러 다녔습니다. 남편은 절대로 못 나가게 했지만 두렵지 않았습니다. 목장에 다녀온 날에 남편이 "오늘 뭐 했냐?" 하고 물으면 "종일 집에 있었다"고 했습니다. 나간 걸 들켜서 "어디 갔다 왔느냐?"고 물으면 "동네 슈퍼에 잠깐 다녀왔다"라고 했습니다. 남편이 시간 시간마다 집에 전화하는 것을 알면서도 '믿습니다'를 외치고 예배에 가면, 그런 날은 병원에 수술이 많아서 남편이 전화를 못 했습니다. 행여 집을 비운 사이에 남편이 전화해도 늘 간발의 차로 전화를 받았습니다. 그래서 일 년여 동안 한 번도 안 들켰습니다. 남편이 무섭기도 했지만 정말 안 들켰습니다.

그때를 생각하니 오늘 다윗의 마음이 너무나 이해됩니다. 여러분도 담대하게 구원을 위해서는 '죽으면 죽으리라'는 마음으로 나아가시길 바랍니다.

다윗이 사울이 자기의 생명을 빼앗으려고 나온 것을 보았으므로 그가 십 광야 수풀에 있었더니_삼상 23:15

쫓겨 다니던 다윗이 십 광야 수풀에서 사울이 자기를 죽이려 하는 것을 드디어 눈으로 보게 됩니다. 다윗이 얼마나 무서웠을까요? 그토록 집요하게 자신을 죽이려고 뒤를 쫓아다니니 정말 살기가 싫었을 것 같습니다.

그러나 다윗도 우리도 주님의 거룩한 성전입니다. 주님의 성전이기에 낙심하고 포기하면 안 됩니다. 피투성이가 되어도 살아 있어야 합니다.

16 사울의 아들 요나단이 일어나 수풀에 들어가서 다윗에게 이르러 그에게 하나님을 힘 있게 의지하게 하였는데 17 곧 요나단이 그에게 이르기를 두려워하지 말라 내 아버지 사울의 손이 네게 미치지 못할

것이요 너는 이스라엘 왕이 되고 나는 네 다음이 될 것을 내 아버지 사울도 안다 하니라 18 두 사람이 여호와 앞에서 언약하고 다윗은 수풀에 머물고 요나단은 자기 집으로 돌아가니라_삼상 23:16~18

십 광야 수풀에서 사울이 다윗을 죽이려고 눈을 부릅뜨고 있는데, 요나단이 죽음을 무릅쓰고 다윗을 잠깐 찾아옵니다. 요나단은 사울의 아들이지만 다윗을 생명같이 사랑합니다(삼상 18:1). 다윗이 자신을 배신한 그일라를 형제 사랑으로 구해 주었더니 이번에는 요나단이 형제 사랑으로 다윗을 찾아온 것입니다. 다윗의 눈에는 마치 요나단의 방문이 하나님의 위로 같아 보이지 않았을까요? 사랑은 언제나 큰 힘이 됩니다. 하나님이 요나단을 통해 이토록 돌보아 주시니 다윗은 큰 힘을 얻었을 것입니다. 목숨이 위태한 위기 가운데 피투성이라도 살아만 있으면 항상 나와 동행하시는 주님이 요나단 같은 지체들을 통해 나를 돌보아 주실 줄 믿습니다.

정말 그래요. 하나님의 능력이 미치지 않는 곳은 없습니다. 하나님의 돌보심은 시공을 초월합니다. 다윗을 보세요. 잠시 뒤에 묵상하겠지만 다윗이 큰 위기에 빠지자 하나님은 블레셋이 쳐들어오는 간접적인 방법으로도 역사하셔서 사울을 막아 주십니다(삼상 23:27~28). 아무리 위급한 상황에서도 한마디 말씀을 통해 상황을 종료시키는 하나님이십니다. 그 능력을 기억하라고 이렇게 다윗을 우리의 롤 모델로 보여 주십니다.

요나단의 사랑을 입은 다윗은 이제 사울이 아무리 뒤쫓아와도 요동하지 않습니다. 주의 사랑을 확증하는 사람은 하지 못할 일이 없습니다. 특별히 "너는 이스라엘 왕이 되고 나는 네 다음이 될 것"이라 하는 요나단의 말이 다윗을 더욱 든든하게 했을 것이에요. 평생 이인자(二人者)로 있기를 원하는 사람처럼 믿음직한 지체는 없습니다. 모두를 편안하게 해 줍니다.

반면에 일등병에 걸린 사울은 어떻습니까? 다윗이 일등이라는 걸 알면서도 현실을 인정하지 않으려고 발버둥 칩니다. 평생 일등을 시기합니다. 그러니 항상 '나도 불편, 너도 불편'입니다.

우리도 그러지 않습니까? 먼 데 있는 사람보다 가까운 사람에게 시기가 납니다. 특별히 여자들은 동서를 그렇게 시기합니다. 동서 아이가 일류대에 붙으면 견디기가 힘듭니다. 이런 것도 '사울 병'입니다.

> 19 그 때에 십 사람들이 기브아에 이르러 사울에게 나아와 이르되 다윗이 우리와 함께 광야 남쪽 하길라 산 수풀 요새에 숨지 아니하였나이까 20 그러하온즉 왕은 내려오시기를 원하시는 대로 내려오소서 그를 왕의 손에 넘길 것이 우리의 의무니이다 하니 21 사울이 이르되 너희가 나를 긍휼히 여겼으니 여호와께 복 받기를 원하노라_삼상 23:19~21

19절부터 29절까지 보면 십 사람들이 사울에게 와서 다윗이 있는 곳을 밀고합니다. 십 사람들은 유다 지파입니다. 베냐민 지파도 아니고 다윗과 같은 고향 사람들입니다. 그런데 같은 고향 사람이 다윗을 또 밀고한 것입니다. 더구나 십 사람들은 "우리가 왕께 다윗의 거처를 알려 주는 것은 우리의 의무"라고 합니다. 생명을 걸고 구원해 준 그일라 사람이 밀고하더니 이제는 고향 사람들까지 밀고합니다. 그러니 다윗의 마음이 얼마나 아팠겠습니까? 저는 왜 이런 말씀만 읽으면 눈물이 나는지 모르겠습니다.

그런데 21절을 보니 사울은 입만 열면 '여호와'와 '복'을 부르짖습니다. 그러면서도 정작 하나님의 뜻을 행하지 않습니다. 자기 뜻대로 행합니다. '여호와의 복'은 여호와의 뜻을 행할 때 임하는 것입니다. 입으로만 부르짖는다고 주어지는 것이 아닙니다.

22 어떤 사람이 내게 말하기를 그는 심히 지혜롭게 행동한다 하나니 너희는 가서 더 자세히 살펴서 그가 어디에 숨었으며 누가 거기서 그를 보았는지 알아보고 23 그가 숨어 있는 모든 곳을 정탐하고 실상을 내게 보고하라 내가 너희와 함께 가리니 그가 이 땅에 있으면 유다 몇 천 명 중에서라도 그를 찾아내리라 하더라 24 그들이 일어나 사울보다 먼저 십으로 가니라 다윗과 그의 사람들이 광야 남쪽 마온 광야 아라바에 있더니 25 사울과 그의 사람들이 찾으러 온 것을 어떤 사람이 다윗에게 아뢰매 이에 다윗이 바위로 내려가 마온 황무지에 있더니 사울이 듣고 마온 황무지로 다윗을 따라가서는 26 사울이 산 이쪽으로 가매 다윗과 그의 사람들은 산 저쪽으로 가며 다윗이 사울을 두려워하여 급히 피하려 하였으니 이는 사울과 그의 사람들이 다윗과 그의 사람들을 에워싸고 잡으려 함이었더라

27 전령이 사울에게 와서 이르되 급히 오소서 블레셋 사람들이 땅을 침노하나이다 **28** 이에 사울이 다윗 뒤쫓기를 그치고 돌아와 블레셋 사람들을 치러 갔으므로 그 곳을 셀라하마느곳이라 칭하니라 **29** 다윗이 거기서 올라가서 엔게디 요새에 머무니라 _삼상 23:22~29

사울이 치밀한 전략을 짜서 다윗을 완전히 포위했는데 갑자기 블레셋이 쳐들어옵니다. 사울은 추격을 그칠 수밖에 없습니다. 눈앞에 다윗을 두고도 발길을 돌립니다. 늘 쫓다가 그치기만 하는 사울입니다. 심지어 아들 요나단이 다윗을 만난 것조차 모릅니다. 모든 게 하나님이 다윗을 돌보시기 때문입니다.

하지만 겨우 위기를 면했어도 다윗으로서는 하루하루가 고역이었을 것입니다. 다윗은 이 땅에 발붙일 곳 하나 없습니다. 사울의 끈질긴 추격을 피해 날마다 광야로, 황무지로, 이쪽저쪽 산으로 급히 피해 다니는 인생입니다. 하나님은 왜 이토록 다윗을 혹독하게 훈련하셨을까요?

결론부터 말하면, 다윗이 예수님의 표상(表象)이기 때문입니다. 그일라 사람들이 자신을 넘겨줄지 묻는 11절을 다시 보면, 다윗은 하나님을 "이스라엘의 하나님"이라 부릅니다. '이스라엘'은 야곱이 변하여 얻은 이름입니다. 그 이스라엘의 하나님이 바로 다윗의 하나님입니다. 하나님은 다윗도 야곱처럼 다루어 가십니다. 다윗의 기도에 다 응답하지는 않으십니다. 왜 그러십니까? 예수의 표상으로서 다윗이 이 땅에서 보여야 할 것이 분명히 있기 때문입니다.

창세기 3장 17절에서 하나님은 불순종한 아담을 향해 "땅은 너로 말미암아 저주를 받고 너는 네 평생에 수고하여야 그 소산을 먹으리라"는 형벌을 주셨습니다. 따라서 구속사적으로 보면 이 땅은 저주를 받았고, 인류는 평생 수고해야 하는 형벌 가운데 있습니다. 사람의 능력으로는 이 저주의 고리를 끊을 수 없어요. 그래서 '하나님이 살아계시다면 이럴 수는 없다' 부르짖으며 삶의 고통을 이기려 악과 음란, 중독에 빠져드는 것이 세상의 특징입니다. 오직 예수님만이 하늘과 땅 사이의 중보자이시기에, 예수님을 만나야 삶이 해석되고 해결됩니다. 그러니까 하나님이 다윗에게 이 역할을 맡기신 것이에요. 다윗에게 개인적인 아픔을 견디는 정도가 아니라 사건마다 완벽한 구원의 방식을 보이라고 하십니다. 구속사의 모델로 다윗을 우뚝 세우신 것입니다.

하나님께서 다윗을 돌보시는 것은 단지 다윗만을 위해서가 아닙니다. 그의 삶을 통해 하나님의 속성을 우리에게 더욱 구체적으로 보여 주시려는 뜻입니다. 그리고 이런 하나님의 구원 계획은 예수님이 다시 오심으로 완성될 것입니다.

다윗은 시편에서 이와 같이 고백합니다.

"내가 주를 위하여 비방을 받았사오니 수치가 나의 얼굴에 덮였나이다 내가 나의 형제에게는 객이 되고 나의 어머니의 자녀에게는 낯선 사람이 되었나이다"(시 69:7~8).

과연 예수님의 고백 같지 않습니까? 백성이 당할 형벌과 저주를 예수님이 온몸으로 받아 십자가에서 피를 쏟으신 것처럼, 오늘 다윗의 고난도 굉장합니다.

한 집사님이 교회 홈페이지에 이런 글을 올리셨습니다.

> 제 자녀는 너무나 하찮습니다. 고쳐 쓸 수도 없어 보입니다. 정말 내 마음대로 할 수 있었다면 벌써 버렸을 것입니다. 7년 전 수능시험을 보던 날에는 첫 시간에 시험을 보지 않겠다고 도중에 나와 버리기도 했습니다. 저는 '합격'이라는 좋은 품질을 기대하지 않았기에 놀랄 일도 아니었습니다.
> 그로부터 긴 세월이 흘렀건만 아들은 더 안 좋은 쪽으로 달려가고 있습니다. 얼마 전에는 핸드폰 장물을 팔아넘기다가 불구속 상태까지 이르렀습니다. 그러나 주님이 늘 '오래 참음이 구원이 될 줄로 여기라'(벧후 3:15) 하며 위로해 주심에 소리 없는 눈물을 머금게 됩니다. 저는 품질이 합격이라야 하나님께 드릴 수 있다고 생각했습니다. 그런데 제 아들은 품질이 너무 나빠서 내놓을 수도 없고 하나님께 드린다는 것은 상상도 하지 못했습니다. 그럼에도 말씀으로 이 인생을 해석해 주시는 목사님과 아둘람 공동체가 있기에 오늘 하루를 지탱합니다.
> 수능시험을 치르는 날이면 이 땅의 모든 수험생과 부모님을 위하여 기도하게 됩니다. 친한 지체들의 자녀들은 그 이름을 불러 가며 시험을 끝까지 잘 치르고, 후에도 지켜 주시기를 간구합니다.

참고로 이 집사님은 교사이고, 남편은 훌륭한 공무원입니다. 모든 걸 갖춘 집안인데, 아들이 정말 오랫동안 안 변하고 있습니다. 고난

중에 자녀 고난이 최고인데 이분이 오랫동안 다윗의 고난을 겪고 계신 것 같습니다. 하지만 이런 위기 가운데도 이 부부가 교회 직분을 잘 감당하며 다른 지체들의 위기를 지켜 주고 있습니다. 자식에게 배신당하는 사건 중에도 그 곁에 요나단 같은 지체들이 있기에 요동하지 않으십니다. 그야말로 '하나님의 돌보심'으로 다윗같이 걸어가고 계십니다.

그러므로 우리도 피투성이라도 살아 있어야 합니다. 내가 힘들어도 남을 돕는 데 남은 힘을 아끼지 말아야 합니다. 그리하면 요나단과 같은 사랑의 형제, 믿음의 지체를 통해 하나님이 반드시 돌보아 주실 것을 믿습니다.

† 내가 도와준 사람으로부터 배신을 당해서 피투성이가 될 만큼 큰 상처를 입은 적이 있습니까? 그때 나는 어떻게 대처했습니까? 복수의 칼을 갈았습니까, 남을 돕는 일에 더욱 수고했습니까? 그때 나를 도와준 요나단과 같은 지체는 누구입니까?

† 내가 피투성이가 되어도 이 모든 어려운 환경이 나와 지체를 구원하시려는 하나님의 돌보심임이 인정됩니까?

'내 탓이로소이다'는
항상 상대편의 입장을 생각해 보는 것입니다.
내가 배신을 당해도 나를 배신하는 사람의 입장에 서서
사건을 바라보아야 합니다.
그리하면 저절로 '내 탓이로소이다'가 됩니다.
매사 '내 탓이로소이다' 인정하는 것이야말로
최고의 깨달음입니다.
신비한 능력이고, 신성한 성품에 참여하는 것입니다.
나를 배신한 사람 앞에서도 평강을 누리는 비결입니다.

 우리들 묵상과 적용

저희 부부는 고시 공부를 하다가 만난 사이입니다. 하지만 저만 시험에 합격하는 바람에 결혼 후 아내는 저에게 무시당한다며 힘들어했습니다. 자신도 고시에 합격하여 세상적으로 인정받겠다면서 고시 공부에 매진하였습니다. 피차 고집이 센 저희 부부는 화기애애하게 대화하다가도, 자기주장이 먹히지 않으면 비꼬고, 무시하는 말로 서로를 찌르곤 하였습니다. 그러다 아내는 첫째 아이를 출산하면서 공부를 중단하게 되었고, 어느 날부터인가 날마다 말씀을 묵상하는 교회에 다니기 시작했습니다. 그런데 그때부터 아내가 달라지기 시작했습니다. 말끝마다 자기주장만 늘어놓던 아내가 제 입장에서 말을 들어 주었습니다. 아이 양육과 집안일도 자신의 소명이라면서 충실히 임했습니다. 또한 방해받지 않으려고 저와 아들이 일어나기 전에 먼저 깨어 큐티하는 모습을 보여 주었습니다.

저는 '아내가 교회 다니더니 사람이 되어 가고 있구나' 생각했습니다. 그래서 주일마다 아내를 교회까지 태워다 주는 '서비스'도 했습니다. 하지만 세상 성공이 우상이었던 저는 '내 힘으로 내 인생을 이끌어 갈 수 있다' 하며 교회 안에는 일절 발을 들이지 않았습니다. 아내가 "함께 예배드리자" 하면 버럭 화를 내곤 했습니다.

그러다 근 1년 동안 밤잠도 제대로 이루지 못할 정도로 직장에 문제가 생겼습니다. 육체적·정신적 고통으로 많이 지쳐 있을 그때 아내의 권유로 함께 예배를 드리기 시작했습니다. 하지만 제 마음속에는 그저 내 문제가 잘 해결되기를 바라는 기복적인 바람뿐이었습니다. 하루는 열 감기에 걸린 둘째 딸을 교회에 데리고 간다고 아내를 정죄하며 난리를 피우기도 했습니다. 그럼에도 고민하던 직장 일은 제가 생각하지도 않은 방법으로 잘 해결되었고, 그때부터 저는 '매사 내가 할 수 있는 것이 없고, 오직 주님이 하시는 것'을 깨닫게 되었습니다.

그러던 어느 날입니다. 아내가 정신과 약을 먹고 있다는 것을 알고 제가 바로 다윗을 배신한 '그일라'임이 깨달아졌습니다(삼상 23:7). 이후 저는 피투성이가 된 아내를 살리고자 교회의 양육 훈련도 받고, 힘든 사람을 돕는 영혼 구원의 사명을 조금씩 감당하게 되었습니다.

지금 저희 부부는 말씀 안에서 한 언어로 대화합니다. 서로의 권면에 토를 달지 않고 "옳소이다" 합니다. 다윗처럼 나의 힘을 빼고 나니 모든 게 '나 때문에'가 된 것입니다(삼상 23:10). 이 모두가 나와 동행해 주신 주님의 돌보심 때문입니다. 우리의 영원한 요나단이 되어 항상 우리를 돌보시는 하나님, 사랑합니다(삼상 23:16~17).

 영혼의 기도

아버지 하나님, 살릴 수도 죽일 수도 없는 식구들이 내 옆의 사울로 자리매김하고 있습니다. 이제 우리는 하나님을 알고, 너무나 많은 은혜를 받으며 가는데 내 옆의 사울은 불쌍해서 어찌해야 할지 모르겠습니다. 또 한편으로는 내가 일등만을 원하는 사울임이 깨달아집니다. 머리로는 알아도 가슴으로는 인정이 안 되어서 요나단처럼 이인자의 마음을 가지기가 참 어렵습니다. 인정받는 것이 우상이기에 불쌍한 사울이 우리 가운데 똬리를 틀고 앉아 있습니다. 주여, 우리를 불쌍히 여겨 주옵소서.

주님, 위기의 때에 다른 사람을 돕는 것이 하나님의 돌보심이라고 하십니다. 또한 그 돌본 사람이 나를 배반하리라고 가르쳐 주시는 것이 하나님의 돌보심이라고 하십니다. 집마다 직장마다 배신하고 배신당하는 일이 일어납니다. 이런 와중에 우리가 무슨 수로 나를 배신한 사람을 도울 수 있겠습니까? 어떻게 신성한 성품에 참여하는 자가 될 수 있겠습니까? 정말 갈 길을 모르겠기에 하나님이 날마다 말씀으로 가르쳐 주옵소서.

이제는 나를 배신하는 식구, 나를 배신하는 직장 동료 때문에 내가 피투성이가 되어도 내 곁에 계신 주님 때문에, 주님의 돌보심을 믿고 걸어가기로 결단합니다. 피투성이가 되어도 살아만 있기를 원합니다. 별 인생이 없지만 우리 모두가 하나님의 돌보심으로 별을 나누어 주는 인생이 될 수 있도록 역사하여 주옵소서. 예수님 이름으로 기도드립니다. 아멘.

Chapter 2

하나님의 보복

사무엘상 24장 1~22절

> 하나님 아버지, 악을 악으로 갚지 않고
> 우리를 위해 대신 보복해 주실
> 하나님을 기다리기 원합니다.
> 말씀해 주옵소서. 듣겠습니다.

그동안 얼마나 다윗을 괴롭힌 사울이었습니까? 그런데 드디어 다윗에게 사울을 단칼에 죽일 수 있는 절호의 기회가 생깁니다. 한마디로 복수의 기회가 찾아온 것입니다. 여러분은 이럴 때 어떻게 하겠습니까? '드디어 하나님이 나를 돌아보시고 기도에 응답하셨구나' 하면서 복수의 칼을 뽑아 들지 않겠습니까? 하지만 다윗은 다릅니다. 하나님께 맡깁니다. 그렇다면 하나님은 다윗을 위해 어떻게 보복해 주실까요? 말씀을 통해 하나님이 우리를 위해 어떻게 보복하시는지 살펴보겠습니다.

악을 악으로 갚지 않으십니다

사울이 블레셋 사람을 쫓다가 돌아오매 어떤 사람이 그에게 말하여 이르되 보소서 다윗이 엔게디 광야에 있더이다 하니 _삼상 24:1

'엔게디'는 사해 서편 연안에 자리한 최고의 오아시스 성읍입니다. 그 이름에는 '새끼 염소의 샘'이라는 뜻이 담겨 있습니다. 엔게디 광야는 곳곳에 석회동굴이 있기에 다윗이 숨기에는 최적의 장소였습니다. 하지만 사울이 감시망을 쫙 펼쳐 놔서 다윗은 그 어디에도 숨을 곳이 없습니다. 다윗의 일거수일투족이 사울에게 완벽히 포착되었습니다. 마치 유리 상자 안에 있는 것과 같습니다.

성도들의 삶도 마찬가지입니다. 도무지 숨을 데가 없습니다. 성도에게 세상은 짙은 어둠 속이기에 뒤뚱뒤뚱 걸어갈 수밖에 없습니다. 그런 성도들을 어둠에 익숙한 사탄이 불꽃같이 쳐다보고 있습니다. '언제 넘어질까' 주시하고 있는 것입니다.

> 사울이 온 이스라엘에서 택한 사람 삼천 명을 거느리고 다윗과 그의 사람들을 찾으러 들염소 바위로 갈새 _삼상 24:2

사울은 다윗을 잡으려고 이른바 이스라엘 특공대 3,000명을 데리고 쳐들어옵니다. 600명에 불과한 다윗 공동체의 다섯 배가 되는 규모입니다. 사울은 개인적인 야욕과 정치적인 목적을 이루기 위해 국민의 군대까지 동원합니다. 전형적인 악한 지도자입니다. 왕이 되어서 하는 일이 '다윗 죽이기'입니다. '다윗 찾아 삼만리'가 일과입니다. 수없이 방언하고 기도하고 예언하고 회개한 사울 아닙니까. 하지만 그때뿐입니다. 돌아서면 또다시 다윗을 죽이려고 나섭니다.

이런 모습이 비단 사울에게만 있겠습니까? 우리도 예외가 없습니다. 수없이 방언하고 눈물 흘리며 회개하고도 돌아서면 또 넘어집니다. 기도해도 악한 습관이 계속 나옵니다. 아무리 교회를 다녀도 계속 미운 사람이 생깁니다. 미운 짓을 하는 그 사람이 도저히 용서가 안 됩니다. 평정한 마음을 갖기가 어렵습니다.

> 길 가 양의 우리에 이른즉 굴이 있는지라 사울이 뒤를 보러 들어가니라 다윗과 그의 사람들이 그 굴 깊은 곳에 있더니 _삼상 24:3

다윗에게 악을 악으로 갚을 절호의 기회가 왔습니다. 원수가 제 발로 걸어 들어온 것입니다. 맹수로부터 양 떼를 보호하고 비바람을 막아 주는 "길 가 양의 우리"는 거친 벼랑 끝에 있는 석회동굴을 이용해서 만든 천연 요새 같은 곳입니다. 사람의 눈에 잘 띄지 않고 접근도 어려워 안전하게 숨을 수 있지만 굉장히 위험한 곳이기도 합니다.

그러니 도망자 다윗으로서는 이만한 은신처가 없습니다. 아무도 못 찾으리라고 판단하고 거기에 둥지를 틀고 동료들과 같이 숨어 있었던 것입니다.

그런데 다윗을 뒤쫓던 사울이 똑같은 판단을 하고 '뒤를 보기 위해' 그 굴로 들어갑니다. '뒤를 보러' 들어갔으니 갑옷도 벗고 칼도, 창도 다 내려놓았을 것입니다. 그야말로 무장해제, 무방비 상태입니다. 더구나 동굴 안이니 독 안에 든 쥐나 다름없습니다. 번듯한 왕궁에서 사는 사울이 어두운 동굴에 익숙할 리도 없습니다. 다윗을 잡으려고 수많은 정보를 수집하고 수많은 특공대를 데리고 왔지만, 정작 하나님의 인도를 받지 않기에 그 모든 것이 무용지물입니다.

사울은 아무리 많은 정보를 얻어도 구속의 핵심을 모르기에 늘 코끼리 뒷다리를 잡습니다. 골을 슈팅해야 할 결정적인 순간에 헛다리를 짚는 것입니다.

반면에 다윗은 어떻습니까? 사울을 본 것만 해도 몇 번째입니까? 십 광야에서도 사울은 다윗을 못 봤지만 다윗은 사울을 봤습니다(삼상 23:15). 지금도 마찬가지입니다. 어두운 동굴에서 다윗은 사울을 보지만 사울은 다윗을 못 봅니다. 왜 그렇습니까? 하나님이 사울의 판단을 흐리게 하셨기 때문입니다.

이렇듯 인간의 판단과 하나님의 판단은 비교가 안 됩니다. 하늘과 땅 차이입니다. 인간은 하나님 앞에서 '뛰어 봤자 벼룩'입니다. 그러니 사울이 왕이면 뭐 합니까? 수많은 정보를 가지고도 도리어 함정에 빠질 수밖에 없는 것입니다.

또한 사울은 예배 중독자임에도 불구하고 기도의 힘을 믿지 않습니다. "사울이 기도했다"는 말씀이 없습니다. 우리가 열심히 기도해도 그렇습니다. '이 기도가 무슨 효험이 있겠어?' 하는 사람은 응답 받을 수 없습니다. 그러니 가는 곳마다 함정에 빠지는 것입니다.

하지만 다윗은 다릅니다. 이때부터 그의 진가가 나타납니다.

다윗의 사람들이 이르되 보소서 여호와께서 당신에게 이르시기를 내가 원수를 네 손에 넘기리니 네 생각에 좋은 대로 그에게 행하라 하시더니 이것이 그 날이니이다 하니 다윗이 일어나서 사울의 겉옷 자락을 가만히 베니라 _삼상 24:4

다윗에게 절호의 기회가 찾아옵니다. 다윗의 부하들도 "기회는 이때입니다" 합니다. 하나님이 사울을 다윗의 손에 넘기겠다고 하신 "이것이 그 날"이라고 합니다. 그래서 다윗도 "맞다, 맞다" 하면서 사울을 죽이러 갑니다.

하지만 다윗은 사울의 겉옷 자락만 가만히 벱니다. 왜 그랬을까요? 가만가만 말씀을 떠올려 보니까, 하나님을 생각하니까 사울을 죽일 수가 없는 것입니다.

다윗처럼 '내 탓이로다' 하는 사람에게는 결정적일 때 하나님이 지혜를 주십니다. 다윗은 원수 사울이 무방비 상태로 있어도 결코 뒤통수를 치지는 않겠다고 결심합니다. 간단하게 승리할 수 있음에도 그리하지 않습니다. '정정당당하게 싸우자' 합니다.

하나님의 사람은 아무리 사랑하는 부하의 말이라도 따라서는 안 될 때가 있습니다. 다수가 항상 옳은 것도 아닙니다. 하나님의 뜻이 아니라면 아무리 '내 귀에 듣기 좋은 말'이라도 솔깃하면 안 됩니다.

우리 눈앞에 돈이 어른거려도 그렇습니다. 다들 "기회는 이때다, 투자해라" 하여도 그 말에 솔깃하면 안 됩니다. 불법으로 번 돈은 앞으로는 남을지언정 뒤로는 밑지게 마련입니다. 당장 내가 손해를 보는 것 같아도 하나님의 사람답게 정직히 행하여 나중에 많이 남는 인생이 되기를 바랍니다.

5 그리 한 후에 사울의 옷자락 벰으로 말미암아 다윗의 마음이 찔려
6 자기 사람들에게 이르되 내가 손을 들어 여호와의 기름 부음을 받은 내 주를 치는 것은 여호와께서 금하시는 것이니 그는 여호와의

기름 부음을 받은 자가 됨이니라 하고 **7** 다윗이 이 말로 자기 사람들을 금하여 사울을 해하지 못하게 하니라 사울이 일어나 굴에서 나가 자기 길을 가니라 _삼상 24:5~7

다윗은 사울의 옷자락만 베었는데도 마음이 찔려 괴로워합니다. 이런 일까지 회개하는 다윗의 영적 예민함이 그저 놀랍기만 합니다.

그런데 여러분, 사울이 죽으면 누가 덕을 봅니까? 다윗은 더 이상 쫓겨 다니지 않아도 되니 얼마나 좋습니까? 공동체도 평안해질 것입니다. 이야말로 나도 살고 공동체도 살리는 길 아닙니까? 하지만 이것은 어디까지나 인간적인 생각입니다.

믿음의 사람은 하나님이 기름 부은 자를 함부로 해쳐서는 안 됩니다. 공동체에 손해를 끼쳐도 그에 대한 징벌은 하나님께 맡겨야 합니다. 그러므로 다윗도 이렇게 생각했을 것입니다.

'사울은 하나님이 기름을 부으신 왕이다(삼상 10:1). 사울을 죽이고 내가 왕이 되려는 건 옳은 생각이 아니다. 내 손에 피를 묻혀서는 안 된다. 이것은 하나님의 뜻이 아니다. 하나님이 나에게도 기름을 부어 주셨으니(삼상 16:13) 때가 되면 나를 왕으로 세워 주실 것이다.'

그렇습니다. 악을 악으로 갚지 않으려면 이렇듯 영적 예민함이 있어야 합니다. '해야 할 일'과 '하지 말아야 할 일'을 잘 분별해야 합니다. '하고 싶은 일을 잘하는 것'보다 '해서는 안 될 일을 안 하는 것'이 훨씬 중요합니다. 아무리 열심을 부려도 '해서는 안 될 일'을 하면 실패할 수밖에 없습니다. '해서는 안 되는 일'을 안 하면 적어도 중간은

갑니다. 그래서 믿음의 반대는 '자기 열심'이라고 하는 것입니다.

그렇다면 우리는 '공동체에 손해를 끼치더라도 내 손으로는 기름 부은 자를 해치지 않는' 적용을 어떻게 할 수 있을까요? 내 배우자가 공동체 안에서 말썽을 피우고 손해를 끼쳐도 이혼만은 하지 않는 것입니다. 내 남편이 처가에서, 내 아내가 시댁에서 깽판을 쳐도 이혼만은 하지 않는 것입니다. 왜 그래야 합니까? 하나님이 짝지어 주신 것을 사람이 나눌 수 없기 때문입니다(마 19:6). 이것이 최우선적인 하나님의 명령입니다. 가정이 먼저입니다. 어디서든 하나님이 세우신 질서를 지켜야 합니다. 그러려면 영적인 예민함이 필요합니다. 늘 영적인 고민을 해야 합니다.

한 집사님의 큐티 나눔입니다.

엄마가 7살 때 돌아가신 후 저는 눈치만 보고 도둑질을 일삼으며 자랐습니다. 그런 어린 시절을 생각하면 너무나 부끄럽습니다. 그런데 정신분석학을 공부하면서 '도둑질하는 심리가 엄마의 젖가슴처럼 포근한 것을 그리워하는 마음에서 비롯된다'라는 사실을 알게 되었습니다. 그때 자신에 대한 연민으로 많이 울었습니다. 이후 교회에서 말씀을 들으며 '훔치지 않는 적용'을 한다고는 했지만 걸리지 않을 만큼 훔치고 있는 제 모습을 보게 되었습니다. 학교에서 사무용품으로 쓰는 A4용지를 조금씩 집으로 가져오던 습관을 끊기가 참 어려웠습니다. '학교에서 주는 재료비로 개인용품을 사지 않겠다'라는 다짐을 수없이 했지만 아직도 '이것만은 괜찮을 것 같다' 하는 마음이 있습니다.

참고로 이분은 선생님입니다. 이분이 날마다 큐티를 하면서 영적으로 예민해지셨습니다. 자기 죄에 대해 찔림을 받고 이런 오픈을 하셨습니다.

우리도 그렇습니다. 이분처럼 영적 예민함으로 고민하면서 적용해야 할 것들이 얼마나 많은지 모릅니다. 교회 비품을 마음대로 쓰거나, 회식비용을 마음대로 쓰면 안 됩니다. 교회가 커졌다고 마구 돈을 써서도 안 됩니다. 전기 함부로 켜고 냉난방도 함부로 켜면 안 됩니다. 성도들의 헌금을 피같이 여기고 아껴야 합니다. 그래서 우리보다 더 환난당하고 빚지고 원통한 사람들을 도와야 하지 않겠습니까?

다윗은 비록 날마다 쫓기는 삶이라도 하나님이 주신 환경으로 여기고 잘 누리고 있으니까 고난의 순간에도 하나님께 묻고 인도함을 받고 있습니다. 영적 감수성을 발휘해 결사적으로 하나님을 의지하면서, '내 탓이오'를 외칩니다. 결코 악을 악으로 갚지 않습니다. 사울을 미워하지 않고 그저 잘 기다립니다.

누군가가 나를 힘들게 해도 그렇습니다. 비록 힘들어도 그 상대를 위해 눈물로 기도해야 합니다. 그래서 그가 회개하고 돌이킬 때까지 잘 기다려야 합니다. 하나님이 원하시는 최고의 보복이란 바로 이런 것입니다. 절호의 기회라고 내 손으로 원수를 갚아 버리면, 결국 악을 악으로 갚는 것입니다. 하나님은 그런 보복을 금하십니다. 그래서 다윗이 외나무다리에서 만난 사울을 도로 보낸 것입니다. 이런 적용은 영적 예민함 없이는 절대로 할 수 없습니다. 안 믿는 사람은 죽었다 깨어나도 하지 못할 적용입니다.

† 악인에게 쫓겨 더 이상 숨을 곳도 없고, 숨 쉴 수도 없는 한계상황에 처한 적이 있습니까? 악인에게 복수할 절호의 기회가 온 적이 있습니까? 그때 나는 어떻게 했습니까? 영적 예민함으로 악을 악으로 갚지 않으려 노력합니까?

† 내가 사랑하는 사람의 말일지라도 하나님을 생각함으로 듣지 말아야 할 것은 무엇입니까?

선으로 악을 갚는 것이 적극적인 하나님의 방법입니다

8 그 후에 다윗도 일어나 굴에서 나가 사울의 뒤에서 외쳐 이르되 내 주 왕이여 하매 사울이 돌아보는지라 다윗이 땅에 엎드려 절하고 9 다윗이 사울에게 이르되 보소서 다윗이 왕을 해하려 한다고 하는 사람들의 말을 왕은 어찌하여 들으시나이까 10 오늘 여호와께서 굴에서 왕을 내 손에 넘기신 것을 왕이 아셨을 것이니이다 어떤 사람이 나를 권하여 왕을 죽이라 하였으나 내가 왕을 아껴 말하기를 나는 내 손을 들어 내 주를 해하지 아니하리니 그는 여호와의 기름 부음을 받은 자이기 때문이라 하였나이다 11 내 아버지여 보소서 내 손에 있는 왕의 옷자락을 보소서 내가 왕을 죽이지 아니하고 겉옷자락만 베었은즉 내 손에 악이나 죄과가 없는 줄을 오늘 아실지니이다 왕은 내 생명을 찾아 해하려 하시나 나는 왕에게 범죄한 일이 없나이다 _삼상 24:8~11

길가 양의 우리 안에서 사울을 살려 보낸 다윗은 돌아가는 사울을 소리쳐 부르고 땅에 엎드려 자신의 결백을 호소합니다. 그런데 사울을 뭐라고 부릅니까? 8절에서는 '내 주 왕이여', 10절과 11절에서는 '여호와의 기름 부음을 받은 자', '내 아버지여'라고 합니다.

인간적으로 보면 이런 아부가 없습니다. 하지만 이것은 결코 아부가 아닙니다. 마음에서 우러나는 사울에 대한 최고의 존경과 충성심의 표시입니다. 적극적으로 자신을 낮추고 종의 형체를 취합니다.

자신을 죽이려고 뒤쫓는 사울 아닙니까? 그럼에도 어찌 다윗이 이런 마음을 갖게 되었을까요? 무엇보다 이때 다윗이 인생 최고의 기쁨을 맛보지 않았을까 합니다. 사울을 죽일 수 있었지만, '마음이 찔려' 악을 악으로 갚지 않았기 때문입니다. 영적 예민함으로 자기와의 싸움에서 이긴 것입니다. 이 세상에서 가장 힘든 싸움이 자기와의 싸움인데 그 전쟁에서 이겼으니 더 이상 바랄 게 없었을 것입니다.

골리앗과 싸울 때는 물맷돌과 막대기를 들었던 다윗입니다. 하지만 사울과의 싸움에는 아무런 무기를 들지 않았습니다. 오직 믿음만 가지고 나아갔습니다.

그러므로 결백한 자신의 심경을 떳떳하게 밝힙니다.

12 여호와께서는 나와 왕 사이를 판단하사 여호와께서 나를 위하여 왕에게 보복하시려니와 내 손으로는 왕을 해하지 않겠나이다 13 옛 속담에 말하기를 악은 악인에게서 난다 하였으니 내 손이 왕을 해하지 아니하리이다 14 이스라엘 왕이 누구를 따라 나왔으며 누구의 뒤

를 쫓나이까 죽은 개나 벼룩을 쫓음이니이다 **15** 그런즉 여호와께서 재판장이 되어 나와 왕 사이에 심판하사 나의 사정을 살펴 억울함을 풀어 주시고 나를 왕의 손에서 건지시기를 원하나이다 하니라

_삼상 24:12~15

"나는 왕을 죽일 생각이 전혀 없습니다. 왕이신 당신이 왜 죽은 개나 벼룩 같은 나를 쫓아다니십니까?"

이 물음 속에는 다윗의 신앙고백이 담겨 있기도 합니다. '나는 간 곳없고 구속하신 주님만 있기에 하나님만 높아져야 한다. 그런데 왕은 하나님이 기름 부으신 자가 아닌가?'라는 것입니다.

내가 아내라면, 나의 우선순위는 남편입니다. 내가 남편이라면, 나의 우선순위는 아내입니다. 내 배우자가 잘나고 못나고는 상관없습니다. 하나님이 기름 부으셨기 때문입니다. 다윗이 이처럼 낮은 마음으로 외치니 사탄이 치명적인 상처를 받습니다. 이것이 사탄을 놀라게 하는 방법입니다. 이것이 악을 선으로 갚는 하나님의 보복입니다.

이처럼 하나님의 보복은 상대방의 사과를 받아 내는 것이 아닙니다. 그것은 상대방의 사과와 상관없이 악을 선으로 갚는 것입니다. 그러려면 상대방이 내가 어떻게 하느냐에 따라 달라질 것이라는 기대를 없애야 합니다.

미국에서 베스트셀러 작가로도 널리 알려진 스토미 오마샨 (Stormie Omartian) 목사는 "진정한 치료는 가해자가 자신의 죄를 인정하거나 그에게서 사과를 받을 때 이루어지는 것이 아니다"라고 말합니

다. 가해자를 용서하고 화해를 원해야지, '너도 잘못을 인정하고 내게 사과해야 한다'라는 생각에만 빠져 있으면 상대를 또다시 대적자로 만들며 더 나쁜 상태가 된다는 것입니다. 그러므로 나를 가해한 사람을 만날 때는 그 어떤 보상을 기대하지 말고, 겸손한 마음으로 마주하라고 합니다.

그녀 역시 어린 시절 어머니로부터 이해할 수 없는 학대를 받았다고 합니다. 그녀의 어머니는 온갖 이유로 그녀를 옷장에 가두고 입에 담을 수 없는 욕설을 퍼부었습니다. 성인이 되어 어머니를 용서하게 된 오마샨은 어머니에게 무조건 당신을 용서하겠노라고 말하지 않았습니다. "나의 십 대는 끔찍했다" 솔직히 이야기하며, "나도 엄마를 미워하고 존중하지 않았다"고 자신의 잘못을 고했습니다. 그녀는 어머니가 "그래, 너를 용서한다. 너는 그렇게 나쁜 아이가 아니었단다. 네가 얼마나 잘 자랐는지 보렴"이라는 말이라도 해 주기를 바랐답니다. 하지만 어머니는 이전 모습 그대로였습니다. 오히려 "네가 얼마나 끔찍한 딸이었는지 아니? 너 때문에 내 인생은 망가졌어" 하며 그녀를 책망했습니다. 그럼에도 오마샨은 어머니를 원망하지 않았습니다. 약간의 실망만 느꼈다고 합니다. 어머니가 달라질 것을 기대하지 않았기 때문입니다.

다윗이 그랬습니다. 사울이 전혀 달라지지 않아도 다윗은 보복하지 않았습니다. 하나님께 맡기고 누구도 미워하지 않았습니다. 그저 '내 탓이라' 여기고 누구도 원망하지 않았습니다. 이것이 하나님의 보복입니다.

자, 그러니 이제 어떤 일이 일어납니까?

16 다윗이 사울에게 이같이 말하기를 마치매 사울이 이르되 내 아들 다윗아 이것이 네 목소리냐 하고 소리를 높여 울며 **17** 다윗에게 이르되 나는 너를 학대하되 너는 나를 선대하니 너는 나보다 의롭도다 **18** 네가 나 선대한 것을 오늘 나타냈나니 여호와께서 나를 네 손에 넘기셨으나 네가 나를 죽이지 아니하였도다 **19** 사람이 그의 원수를 만나면 그를 평안히 가게 하겠느냐 네가 오늘 내게 행한 일로 말미암아 여호와께서 네게 선으로 갚으시기를 원하노라 _삼상 24:16~19_

혈기 충만하던 사울이 순식간에 은혜 충만해집니다. 사울은 이랬다저랬다 정말 헷갈리게 하는 인물입니다. 어찌됐든 다윗은 드디어 사울로부터 멋진 고백을 받아 냅니다. 악인의 회개를 받아 낸 것입니다.

이로써 다윗은 숨 쉴 틈을 얻었습니다. 사울의 회개가 다윗에게는 잠깐의 휴식이 되었습니다.

다윗은 사울에게 쫓겨 다니는 힘든 상황에서도 늘 하나님이 베푸시는 은혜를 경험했습니다. 끊임없이 도피하는 중에도 하나님은 그에게 떡도 주시고, 칼도 주시고, 그일라도 구원하게 하셨습니다. 자기 지체를 400명에서 600명으로 늘어나게도 하시고, 세계적인 아들이자 친구인 요나단에게 사랑과 애정과 격려도 받게 하셨습니다.

저는 이것이 성도의 인생인 줄 믿습니다. 여러분은 날마다 기도

해도 응답이 없다고 불평하지만 가슴에 손을 얹고 생각해 보세요. 신앙생활 하면서 정말 힘든 일만 있습니까? 하나님은 결코 우리를 힘들게 내버려두시는 분이 아닙니다. 되돌아보면 늘 '기가 막힌' 기쁨도 주십니다. 설령 "내 평생에 그런 때가 전혀 없었다"라고 해도 그렇습니다. 지금 이렇게 말씀을 읽고 듣는 그 자체가 쉼이고, 격려이고, 축복 아니겠습니까?

† 힘든 상황에서도 늘 하나님이 베푸시는 은혜를 경험하고 있습니까? 날마다 기도해도 응답이 없다고 불평하지는 않습니까?
† 나를 힘들게 한 사람의 악행을 선으로 갚기 위해 내가 적용해야 할 것은 무엇입니까?

최고의 보복은 용서입니다

20 보라 나는 네가 반드시 왕이 될 것을 알고 이스라엘 나라가 네 손에 견고히 설 것을 아노니 21 그런즉 너는 내 후손을 끊지 아니하며 내 아버지의 집에서 내 이름을 멸하지 아니할 것을 이제 여호와의 이름으로 내게 맹세하라 하니라 22 다윗이 사울에게 맹세하매 사울은 집으로 돌아가고 다윗과 그의 사람들은 요새로 올라가니라

_삼상 24:20~22

17절에서 다윗을 향해 "너는 나보다 의롭도다"라고 고백한 사울입니다. 그리고 20절에서는 "나는 다윗 네가 반드시 왕이 될 것을 안다"라고 합니다.

사울이 변하지 않아도 그와 상관없이 하나님께 맡긴 다윗입니다. 오직 사랑으로 사울을 품고, '내 주', '내 아버지' 하면서 사울에게 꿇어 엎드려 절하며 부하로서의 모습을 보여 주니 이런 일이 일어난 것입니다.

하지만 '이것으로 끝'이 아닙니다. 사울은 그럼에도 변하지 않습니다. 이후 또다시 다윗을 뒤쫓습니다. 사울이 이토록 다윗을 죽이려 드는 이유가 무엇입니까?

본래 사울은 준수하고 가식이 없는 사람이었습니다. 그런데 왕의 자리가 사울을 이상하게 만들었습니다. 다윗이 왕이 될 것을 생각하니 그 마음에 시기와 질투가 들끓는 것입니다. 곧, 머리로는 알아도 가슴으로는 인정이 안 되는 것입니다.

하지만 우리는 진정으로 회개하지 않는 사울이 날마다 곁에서 들들 볶아 주었기에 다윗이 위대하게 되었음을 잊지 말아야 합니다. 예수님이 그러셨듯이 다윗도 시험을 치러야 했기에 사울이 수고한 것입니다.

내 옆에도 이런 사울이 있게 마련입니다. 내 식구, 내 직장 동료 중에 나를 힘들게 하는 그 한 사람, 그가 바로 나의 훈련을 위해 수고하는 사울입니다.

그런데 교양 있는 우리는 그런 사울 때문에 죽을 지경입니다. 사

하나님의 보복

울 같은 남편, 사울 같은 아내가 어떤 날은 마구 좋다고 하다가 어떤 날은 마구 죽이려 듭니다. 어느 장단에 춤을 춰야 할지 모를 때가 한두 번이 아닙니다.

잘난 배우자, 잘난 상사에게 순종하지 못할 사람이 어디 있겠습니까? 그러나 순종이란 그런 게 아닙니다. 세상 지위가 어떠하든 관계와 질서 속에서 내 색깔과 내 소리를 죽이는 것이 순종입니다. 사울 같은 사람이 교회 안에 수백 있어도 그렇습니다. 때가 될 때까지 관계와 질서에 순종하고, 나 한 사람이 그들을 넉넉히 품고 가면 언젠가는 하나님이 그 사울을 잠잠하게 해 주실 것입니다. 이 또한 하나님의 보복하심입니다.

"네가 이 나라 왕이 될 것이라"고 했던 사울의 말이 진심이어도 그렇습니다. 사울이 하나님 나라 왕이 아니기에 자기가 한 말을 금세 뒤집습니다. "내 아들아, 네가 나를 선대했구나" 울면서 회개했어도 그때뿐입니다. 금세 딴청을 부립니다. 근본적인 변화가 없기에 늘 선을 악으로 갚으려 하는 것입니다.

호세아서 7장 4절에 "그들은 다 간음하는 자라 과자 만드는 자에 의해 달궈진 화덕과 같도다 그가 반죽을 뭉침으로 발효되기까지만 불 일으키기를 그칠 뿐이니라"고 합니다.

사울은 마치 '달궈진 화덕'과 같습니다. 오늘 회개해도 내일 다시 달궈진 화덕이 되어서 뭘 또 지져 먹을지 모릅니다. 왜 그렇습니까? 사무엘을 만났을 때나 다윗을 만났을 때나 백날 은혜를 받고 눈물을 흘려도 구체적인 죄 고백이 없었기 때문입니다.

밧세바와 간음한 다윗은 시편 51편에서 "내가 주께만 범죄하여 주의 목전에 악을 행하였다"(시 51:4)라고 자신의 죄를 고백했습니다. 나아가 "우슬초로 나를 정결하게 하소서 내가 정하리이다 나의 죄를 씻어 주소서 내가 눈보다 희리이다"(시 51:7) 하고 맹세했습니다.

그러므로 사울도 진정한 회개를 하려면 "내가 이제 다시는 다윗을 핍박하지 않고 다윗에게 왕위를 넘겨주겠다"라는 맹세가 따라야 했습니다. 여기까지 가야 진정한 회개입니다. 하지만 사울은 그러지 않았습니다.

성경 주석가 매튜 헨리(Matthew Henry)는 사울의 회개에 대해 다음과 같이 평가했습니다.

"사울의 회개는 다윗의 무죄를 입증했지만, 자신의 참된 회개는 입증하지 못했다."

그렇습니다. 후회와 회개는 비슷해 보이지만 실상은 크게 다릅니다. 진정한 회개에는 책임이 수반됩니다. 그렇기에 우리가 지체들 앞에서 죄를 고백하고 적용하기로 결단하며 가는 것이 가장 참된 회개입니다.

그런데 우리들교회 주일예배 때 공동체 앞에서 자기 죄를 오픈하고 회개하며 말씀 따라 적용하기로 결단하는 지체들의 간증을 듣고 이렇게 말하는 분이 있습니다.

"내일 내가 어떻게 변할 줄 알고 그렇게 오픈하고 간증하는가? 그러니까 나는 죽을 때까지 오픈 안 해!"

"저것이 과연 죄 고백 간증이 맞는가? 완전 무용담 아냐? 하나같이 바람피운 얘기, 술에 빠졌던 얘기를 하는데, 정작 바람 안 피우고 술 안 마시려고 애쓴 사람은 왜 간증 안 시키나? 이게 다 짜고 치는 고스톱 아닌가?"

맞습니다. 죄지은 걸 자랑삼아 무용담처럼 오픈하고 간증하는 사람도 가끔은 있습니다. 자기 죄를 제대로 알지 못해 진정으로 회개가 안 되어서 그렇습니다. 하지만 그럼에도 지체들 앞에서 자기 부족함을 털어놓는다는 게 어딥니까? 무용담 삼아 하더라도 일단 오픈하는 것이 중요합니다. 그리하면 하나님이 살펴 주시리라 믿습니다. 죄가 힘을 잃게 되는 줄 믿습니다.

내 몸에 종기가 나서 곪아도 그렇습니다. 그냥 두면 덧나고 통증도 더 심해집니다. 초기에 고름을 짜내고 환부를 도려내야 합니다. 지저분하고 고통스럽지만 그래야 치유됩니다.

또 어떤 분은 "지질한 게 무슨 자랑이라고 오픈하느냐?"라고 합니다. 하지만 다윗 공동체에도 모두 환난당하고 빚지고 원통한 이들이 모였습니다. 이야말로 성경적인 공동체입니다. 주님도 말씀하셨지요.

"건강한 자에게는 의사가 쓸 데 없고 병든 자에게라야 쓸 데 있느니라 나는 의인을 부르러 온 것이 아니요 죄인을 부르러 왔노라"(막 2:17).

그럼에도 "지질한 사람들이 모인 교회는 싫다. 교양 있는 사람들이 모인 교양 있는 교회가 좋다" 하는 분들이 있습니다. 하지만 이건 착각입니다. 교회는 교양 있는 사람끼리 만나는 '로터리클럽'이 아닙니다. 그렇다고 교회 성도들이 교양이 없다는 얘기는 아니지만 교회는 어디까지나 죄인들의 공동체입니다. 내가 죄인임을 아는 사람들이 모인 곳입니다.

정말 온 집안 식구가 사울 같은 어떤 집사님의 간증문을 읽었습니다. 애정결핍이 있는 아버지는 운수업을 하면서 돈을 좀 벌자 바람을 피우기 시작했습니다. 어머니는 "사명자가 되지 않으면 암에 걸리고 자녀들이 잘못된다"는 누군가의 허무맹랑한 말을 철석같이 믿고 기도원 원장이 되었다고 합니다. 그런데 아버지가 외도하자 어머니는 의부증이 심해져서 두 분이 정말 끔찍이도 싸우셨답니다.

그래서 이 집사님은 마치 도망치듯 집을 떠나 결혼했습니다. 하지만 폭력적인 남편을 만나는 바람에 이혼을 생각하고 깊은 우울증에 빠졌습니다. 어렸을 때부터 집안에서 폭력과 의심, 부부싸움만 보고 살았는데 막상 자신이 그런 상황에 놓이니 얼마나 살기가 싫었겠습니까? 그때 기독교 방송을 통해 제 설교를 듣고 교회로 오게 되었는데, 오자마자 '나를 예수 믿게 하기 위해 남편이 수고했음'이 깨달아졌답니다. 말씀으로 인생이 해석된 것입니다.

그런데 2년쯤 지난 후 이번에는 "아버지가 어머니의 기도원에 드나들던 어떤 여자 목사와 '썸씽'이 있는 것 같다"는 소식을 듣게 되었답니다. 그래서 이분이 집안 식구들을 다 소집하고는 "우리 중에 죄인 아닌 사람이 누가 있는가? 우리는 다 악하고 음란하다. 다 솔직하게 오픈하면 죄 사함을 받는다"라고 말했습니다.

그랬더니 아버지가 그 자리에서 끊지 못하는 음란을 고백하시고, 그 주일에 부모님이 교회에 등록하는 역사가 일어났습니다. 하지만 얼마 못 가 두 분 다 교회로 향한 발길을 끊으셨습니다. 그럼에도 이 집사님은 말합니다.

"변하지 않는 부모님이지만 제가 옥토가 되어 말씀을 잘 깨닫고 가라고 하나님이 허락해 주신 부모임이 100% 인정됩니다. 이제는 교회에 오시든 안 오시든 구원을 위해 기도하게 됩니다."

어머니에게 매를 맞고 자라서인지 집사님도 혈기가 많습니다. 남편도 무서운 아버지 밑에서 억눌려 자라서 자존감은 없고 자존심만 높다고 합니다. 그래서 집사님이 혈기로 남편을 무시하는 눈빛만 보여도 남편은 못 견디고 집사님을 때린다는 겁니다. 그러고는 곧장 죄책감에 괴로워하고, 울며 사과한답니다.

이런 일이 반복되니 이야말로 사울 같은 집안 아닙니까? 하지만 이 집사님은 소망의 끈을 놓지 않았습니다. 이후 교회의 양육 훈련을 받으면서 다음과 같은 소감문을 남겼습니다.

"저도 혈기를 못 참고 4살 난 아이를 때리는 바람에 코피가 터지는 일도 있었습니다. 이런 일을 겪고는 스스로 정신과를 찾아가 처방을 받고 지금 두 달째 약을 먹고 있습니다. 저는 어린 시절 상처로 인해 남편과 자녀를 부지중에 오살해 온 영적 맹인이었습니다. 이런 죄를 볼 수 있도록 천국 공동체로 인도해 주신 주님께 감사와 찬양을 드립니다."

가족끼리 맨날 지지고 볶아도 그렇습니다. 최고의 부를 누리고 교양 있게 살지만 교회에 안 나오는 가정보다 백번 낫지 않습니까? 예수를 믿기에 백번 천 번 나은 것입니다. 하나님이 이 부부에게 얼마나 큰 은혜를 베풀어 주셨는지 모릅니다. 폭력을 일삼던 남편이 교회에서 양육도 받고 지금은 부부가 함께 교회를 섬기고 있습니다. 악을 선으로 갚으니 이 가정에 인생 최고의 감사와 찬양이 넘치게 된 것입니다.

내 인생에 반드시 보복해야 할 일이 있어도 그렇습니다. 이제는 하나님께 다 맡기시기 바랍니다. 우리가 다 예수님의 배를 타고 항해하기에 하나님이 다 처리해 주실 줄 믿습니다. 최고의 보복을 해 주실 것입니다.

† 나의 회개는 일시적인 회개입니까, 진정한 회개입니까?
† 누군가에게 미움과 질시를 당해도 그것이 나의 훈련을 위한 하나님의 선물임이 인정됩니까? 그럼에도 보복하고자 여전히 벼르고 있는 것은 무엇입니까?
† 악을 갚을 절호의 기회가 왔음에도 내 손으로 갚지 않고 하나님께 보복을 맡긴 적이 있습니까? 그래서 결국 최고의 복수인 용서를 했습니까?

 우리들 묵상과 적용

아버지는 외국에서 사업을 하시다 40대 젊은 나이에 돌아가셨습니다. 아버지를 우상처럼 섬기던 어머니는 뒤늦게 외국에 아버지의 현지처가 있었다는 사실을 알게 되었습니다. 그런 까닭에 아버지와 너무나도 빼닮았던 저는 본의 아니게 어머니의 사랑으로부터 멀어졌습니다. 이후 학창 시절의 저는 밖으로만 나돌면서 크고 작은 사고를 저질렀습니다. 그러니 어머니로부터 더욱 미움을 받았습니다.

저는 그런 어머니에 대한 복수심에 사로잡혔습니다. '가족이 믿는 예수님은 절대 믿지 않겠다'며 다짐하기도 하고, 악을 악으로 갚기 위해 안정적이던 직장 생활도 그만두었습니다. 그리고 7년 가까이 연고도 없는 엔게디 광야 같은 지방으로 내려가 술과 음란으로 공허함을 달래며 살았습니다(삼상 24:1). 그럼에도 삶이 해석되지 않아 결국 술이 제 생활의 전부가 되고 말았습니다. 이후 결혼과 동시에 서울로 올라와 사업을 다시 시작했지만, 심각한 알코올 의존 증상으로 정상적인 사회생활이 어려웠습니다. 아내의 전도로 교회에 나갔지만 가정도 훼파되어 갔습니다.

수요예배를 드리던 어느 날입니다. 그날도 예배 도중에 아내 몰래 나가서 술을 마시고 다시 예배당으로 들어왔습니다. 그리고 잠을 자려고 의자에 앉는 순간 목사님의 목소리가 제 귀에 크게 들려왔습니다. "지금 당신이 술을 마시고 있고, 또 마셨기에 지금 이 자리에 꼭 있어야 하는 거예요!" 저는 순간 '앗! 들켰네. 어떻게 내가 술을 마시고 온 것을 아시지?' 하는 마음이 들었습니다. 그리고 눈을 크게 뜨고 난생처음 목사님의 설교를 끝까지 들었습니다. 그 후 양육을 받으며 정신과에 가 보라는 권면도 받고, 상담과 치료를 통해 비로소 객관적인 제 모습을 볼 수 있었습니다. 그리고 얼마 전에는 좋은 집과 높은 연봉을 주겠다는 외국 회사의 입사 제안을 받았지만 달콤한 유혹도 거절할 수 있었습니다.

요즘 저는 하루 15시간을 서서 일하며 빵을 포장하고 있습니다. 하지만 이렇게 낮아지니 교회에서는 저에게 부목자 역할을 맡기셨습니다. 나름 영적인 예민함으로 직분을 감당하다 보니 지체들의 고난과 어려움이 진심으로 체휼됩니다(삼상 24:5). 생명과 경건에 속한 비밀도 조금씩 깨우쳐집니다. 이제는 다윗의 고백처럼 죽은 개나 벼룩 같은 저를 통해서 하나님만을 높이기를 원합니다(삼상 24:14). 이제는 상대방의 사과와 상관없이 악을 선으로 갚는 제가 되기를 원합니다. 하나님의 보복을 알게 해 주신 하나님, 사랑합니다.

 영혼의 기도

주님, 하나님의 보복이 무엇인지 알게 해 주시니 감사합니다. 하나님의 보복은 상대방의 사과를 받아 내는 것이 아니라고 하십니다. 상대방의 반응이 어떠하든지 악을 선으로 갚는 것이라고 하십니다. 최고의 사랑으로 갚으면 최고의 감사가 임한다고 하십니다.

그런데 너무 보복하고 싶은 사람이 식구로, 형제로, 동료로 내 옆에 있습니다. 아무리 말씀을 들어도 해석되지 않는 관계 고난이 있습니다. 숨을 곳도 없고 숨쉬기도 어렵습니다. 그저 악을 악으로 갚고 싶은 마음뿐입니다. 악을 선으로 갚으라고 하시지만 내 힘으로는 불가능합니다. 그래서 인생이 슬픕니다.

자신과의 싸움에서도 날마다 이기지를 못합니다. 아무런 죄도 없이 자신을 비워 종의 형체를 가지신 주님처럼 나를 내려놓지도 못하고 낮아지지도 않습니다. 바위 같은 우리의 이 가치관을 불쌍히 여기시고 깨뜨려 주옵소서.

이제는 악으로 악을 갚지 않은 다윗처럼 나의 원수를 하나님께 맡기겠습니다. 일시적인 회개가 아닌 진정한 회개를 통해 더욱 낮아지고 낮아지기를 원합니다.

주여, 그러기 위해 우리에게 영적인 예민함도 허락해 주옵소서. 하나님이 어떻게 우리를 위해서 싸워 주시는지 하나님의 보복과 사랑을 경험하고 감사하며 살아갈 수 있도록 역사하여 주옵소서. 예수님 이름으로 기도드립니다. 아멘.

Chapter 3

생명 싸개

사무엘상 25장 1~44절

하나님 아버지, 분노를 일으키고
분노할 수밖에 없는 인생 가운데
오직 말씀만을 붙들게 하옵소서.
생명 싸개 속에 싸인 인생임을
알게 해 주옵소서.
말씀해 주옵소서. 듣겠습니다.

한 저명한 의사가 분노와 수명의 상관관계를 연구하는 논문을 발표했습니다. 그 논문 중에는 '남을 화나게 하는 것은 곧 그를 죽이는 행위'라는 내용이 있었습니다. '분노가 사람을 죽일 수 있다'라는 것입니다. 그런데 그 자리에 참석한 다른 의사가 그의 논리를 신랄하게 비난했습니다. 그러자 화가 난 의사는 고함을 지르다 분노가 너무 차올라 그 자리에서 죽었다고 합니다. 그의 주장이 틀리지 않았음을 생생하게 증명한 셈입니다.

본문을 보니 나발처럼 남의 분노를 일으키는 사람이 있고, 그의 도발에 격동하여 분노하는 다윗이 있습니다. 그리고 분노를 가라앉히는 아비가일이 있습니다. 이처럼 사람의 감정이라는 게 쉽게 조절되지 않습니다.

미국의 심리학자인 대니얼 골먼(Daniel Goleman)은 전 세계 학교에서 감성지능(EQ)을 가르쳐야 한다고 주장했습니다. 자신의 감정을 인식하고 조절하며 타인의 감정에 공감하는 능력 역시 배움이 필요하다는 것입니다.

한 조사에 의하면 대한민국이 가장 감정이 상한 나라라고 합니다. 전 세계를 몇 바퀴 돌고 내린 결론이라고 합니다. 유난히 피해의식이 많아서일까요? 예수 믿는 우리는 상한 감정을 어떻게 조절해야 할까요? 결론부터 말씀드리자면, 오직 하나님의 생명 싸개 속에 있어야 감정도 제어할 수 있고 보호를 받을 수 있습니다. 그렇다면 다윗의 상한 감정은 어떻게 보호받을까요?

분노를 일으키는 총체적인 위기에서 보호해 주십니다

분노를 일으키는 일은 여러 가지입니다. 그런데 지금 다윗에게는 총체적인 위기가 찾아왔습니다.

첫 번째는 영적 위기입니다.

사무엘이 죽으매 온 이스라엘 무리가 모여 그를 두고 슬피 울며 라마 그의 집에서 그를 장사한지라 다윗이 일어나 바란 광야로 내려가니라 _삼상 25:1

사람은 누구나 죽습니다. 그런데 다윗이 평생의 원수인 사울을 용서했더니 그때 사무엘이 죽습니다. 즉, 다윗의 영적 멘토가 없어진 것입니다. 사무엘이나 사울이나 다윗이나 모두 태어난 날에 대한 언급은 없는데 죽은 날은 이처럼 다 언급되어 있습니다.

사무엘이 죽으니 온 무리가 애곡합니다. 앞으로 보겠지만, 곧 등장할 나발이 죽었을 때는 "여호와께서 나발을 치시매 그가 죽으니라"(삼상 25:38)는 이야기밖에 없습니다. 똑같은 죽음 같지만 다릅니다. 우리도 사무엘처럼 잘 죽어야 합니다.

아무튼 사무엘이 죽은 것이 다윗에게는 굉장한 영적 위기입니다. 사무엘이야말로 다윗에게는 둘도 없는 영적 멘토였습니다. 그만큼 의지했었습니다. 그런 사무엘이 떠났으니 다윗이 얼마나 두려웠겠습니까? 사울을 넘어섰다고 생각했는데 또다시 두려움이 임한 것입니다. 그래서 사울을 피해 먼 아라비아 최남단까지 피난을 갑니다.

두 번째는 육적 위기입니다.

막상 바란 광야로 피난을 가서 보니 다윗 공동체에 먹을 양식이 없습니다. 600명이 잘 곳과 먹을 것을 구하는 게 다윗의 일과입니다. 하지만 이 육적인 위기야말로 다윗을 지도자로 키우려는 하나님의 훈련입니다.

남편들은 기본적으로 처자식을 먹여 살릴 능력부터 갖추어야 합니다. 기본적인 것도 안 하면서 리더십을 갖고자 하면 안 됩니다. 아내들도 그래요. 그 기본에 대한 기준을 높게 두지 마세요. '기본도 수준이 있어야죠' 하는 분도 있겠지만 그 기준을 낮추시기를 바랍니다. '까짓것 내가 앞으로 잘될 텐데' 하면서 무책임하게 신용카드를 박박 긁는 사람도 절대로 성공하기 어렵습니다.

세 번째는 정신적인 위기입니다.

다윗이 부자인 나발에게 양식을 구하러 갔다가 무시당합니다.

남자들에게는 무시당하는 것이야말로 큰 위기입니다.

> 2 마온에 한 사람이 있는데 그의 생업이 갈멜에 있고 심히 부하여 양이 삼천 마리요 염소가 천 마리이므로 그가 갈멜에서 그의 양 털을 깎고 있었으니 3 그 사람의 이름은 나발이요 그의 아내의 이름은 아비가일이라 그 여자는 총명하고 용모가 아름다우나 남자는 완고하고 행실이 악하며 그는 갈렙 족속이었더라 4 다윗이 나발이 자기 양 털을 깎는다 함을 광야에서 들은지라 5 다윗이 이에 소년 열 명을 보내며 그 소년들에게 이르되 너희는 갈멜로 올라가 나발에게 이르러 내 이름으로 그에게 문안하고 _삼상 25:2~5

2, 3절을 살펴보니 마온에 사는 그 한 사람, 나발이 '심히 부하다'고 합니다. 그의 아내 아비가일은 총명하고 용모가 아름답지만, 나발은 완고하고 행실이 악한 사람입니다. 나발이라는 이름은 '어리석다'라는 뜻입니다. 그런데 어찌 다윗이 하나님께 묻지도 않고 나발을 찾아갈 수 있습니까? '같은 유다 지파 사람이니까 나를 도와주겠지' 하고 믿었겠지만 나발이나 사울이나 다른 것이 없습니다.

> 6 그 부하게 사는 자에게 이르기를 너는 평강하라 네 집도 평강하라 네 소유의 모든 것도 평강하라 7 네게 양 털 깎는 자들이 있다 함을 이제 내가 들었노라 네 목자들이 우리와 함께 있었으나 우리가 그들을 해하지 아니하였고 그들이 갈멜에 있는 동안에 그들의 것을 하나

도 잃지 아니하였나니 8 네 소년들에게 물으면 그들이 네게 말하리라 그런즉 내 소년들이 네게 은혜를 얻게 하라 우리가 좋은 날에 왔은즉 네 손에 있는 대로 네 종들과 네 아들 다윗에게 주기를 원하노라 하더라 하라_삼상 25:6~8

다윗은 예전에 떡 다섯 덩이 때문에 여든다섯 명의 제사장을 죽게 만든 경험이 있습니다. 그래서 이번에는 나발에게 아주 겸손하게 양식을 구합니다. 미련하고 졸부 같은 나발에게 "나는 네 아들이고 내 부하는 너의 부하"라고 하면서 비굴하게 낮아진 자세까지 취합니다.

양털 깎는 때는 지금으로 말하면 추수할 때입니다. 이때가 되면 주인은 자기가 얻은 이익의 일부를 양을 지켜 준 목자들에게 주는 것이 관행이었습니다. 다윗도 자신의 부하들이 나발의 양 떼를 성실하게 지켜 주었기에 양식 일부를 받는 것을 당연하게 여겼을 것입니다. 그럼에도 다윗은 정중하게 예의까지 갖춥니다. 나발에게 세 차례나 평강을 빌어 줍니다. 그리고 "우리가 너희 것을 지켜 주었으니 우리에게 양식을 달라"고 합니다. 하지만 욕심쟁이 나발의 반응은 어떻습니까?

9 다윗의 소년들이 가서 다윗의 이름으로 이 모든 말을 나발에게 말하기를 마치매 10 나발이 다윗의 사환들에게 대답하여 이르되 다윗은 누구며 이새의 아들은 누구냐 요즈음에 각기 주인에게서 억지로 떠나는 종이 많도다 11 내가 어찌 내 떡과 물과 내 양 털 깎는 자를 위하여 잡은 고기를 가져다가 어디서 왔는지도 알지 못하는 자들에

게 주겠느냐 한지라_삼상 25:9~11

　　한마디로 다윗을 굉장히 무시합니다. 비록 지금은 도망자 신세지만 다윗이 누굽니까? 한때 왕에게 총애를 받던 왕의 사위입니다. 게다가 왕자 요나단과도 절친입니다. 주로 왕족과 놀다가 미련한 나발에게 갖은 무시를 당하니 다윗이 폭발하지 않겠습니까? 그동안 사울을 통해 훈련받은 것이 전부 헛수고로 돌아갑니다. 이것이 사탄의 획책(劃策)입니다. 우리 속에 분노를 일으켜 지금까지 받은 훈련을 소용없게 만듭니다. 사람이 이렇게 연약합니다.

　　그렇다면 우리는 이럴 때 어떻게 해야 합니까? 우선 나발의 입장이 되어 생각해 보아야 합니다. 나발은 왜 다윗을 무시할까요?

　　물론 피해의식도 있겠지만 나발은 바보가 아닙니다. 다윗이 골리앗을 물리친 사실도 다 알고 있습니다. 사울은 천천이요, 다윗은 만만인 것도 압니다(삼상 18:7). 자기 부하들이 다윗으로부터 은혜를 받았다는 사실도 명백히 압니다.

　　그런데 생각해 보세요. 다윗이 위기에서 건져 주었는데도 그일라 사람들이 다윗을 배반했습니다. 왜 그랬습니까? 아비아달이 다윗을 도왔다가 여든다섯 명의 제사장이 무참히 죽임당한 걸 보았잖아요. 나발도 사울이 두려웠을 것이에요. 사울 치하에서 재물을 형성한 나발입니다. 다윗을 도와주었다가는 자칫 사울에게 모든 재산을 빼앗길 수도 있습니다. 더구나 지금 다윗은 비렁뱅이가 되어 육백 명을 데리고 다닙니다. 그 모양이 사울에 비할 바가 못 되었겠지요. 나발은 근본적으로 탐욕이 심한 사람입니다. 어리석은 부자입니다.

누가복음을 보면, 주님은 많은 재물을 쌓은 뒤 '쉬고 즐기자' 하는 어리석은 부자에게 이렇게 말씀하십니다.

"어리석은 자여 오늘 밤에 네 영혼을 도로 찾으리니 그러면 네 준비한 것이 누구의 것이 되겠느냐 하셨으니"(눅 12:20).

나발은 어리석은 부자처럼 자신의 한 치 앞을 내다보지 못했습니다. 자기 죽음을 준비하지 못했습니다. 다윗을 반역 세력으로, 거지로 취급했습니다. 다윗이 대단한 줄은 알지만, 자기 재물을 지키기 위해 다윗을 무시한 것입니다.

본디 사업가는 피도 눈물도 없어야 한다고 하지요. 정에 쏠리면 사업을 못 한다고도 합니다. 지금 나발이 그렇습니다. 속된 말로 '개무시'를 해야 다윗이 두 번 다시 안 오지 않겠습니까? 부자들은 이렇게 피도 눈물도 없는 것이 있습니다. 나발은 욕심도 많고 믿음도 없고 구속사를 전혀 모릅니다. 이런 나발에게 뭘 기대하겠습니까. 그런데 다윗이 나발에게 기대했다가 무시를 당하고 확 무너졌습니다. 헐크처럼 폭발해서 나발에게 "내가 너를 죽이겠다"라고 합니다. 그토록 사울에게 당하고도 사건을 해석하지 못합니다.

† 나에게는 영적 멘토가 있습니까? 그는 누구입니까?
† 지금 나는 어떤 위기에 처해 있습니까? 그 위기 가운데 나발 같은 사람을 의지했다가 무시당한 적은 없습니까?

분노로 인한 멸망의 위기에서 건져 주십니다

12 이에 다윗의 소년들이 돌아서 자기 길로 행하여 돌아와 이 모든 말을 그에게 전하매 **13** 다윗이 자기 사람들에게 이르되 너희는 각기 칼을 차라 하니 각기 칼을 차매 다윗도 자기 칼을 차고 사백 명 가량은 데리고 올라가고 이백 명은 소유물 곁에 있게 하니라 _삼상 25:12~13

다윗의 소년들이 다윗에게 나발의 모든 말을 전합니다. 그러자 다윗은 즉시 나발에게 복수하러 갑니다. 그런데 지난 23장에서 그일라를 구원하기 위해 블레셋을 칠 때는 먼저 하나님께 물어보았던 다윗입니다. 하지만 지금은 묻지도 않습니다. 칼을 차고 이를 갈면서 나발에게 갑니다. 그 마음에 분노가 얼마나 가득한지 21, 22절에 이렇게 기록되어 있습니다.

21 다윗이 이미 말하기를 내가 이 자의 소유물을 광야에서 지켜 그 모든 것을 하나도 손실이 없게 한 것이 진실로 허사라 그가 악으로 나의 선을 갚는도다 **22** 내가 그에게 속한 모든 남자 가운데 한 사람이라도 아침까지 남겨 두면 하나님은 다윗에게 벌을 내리시고 또 내리시기를 원하노라 하였더라 _삼상 25:21~22

선으로 악을 갚던 다윗의 모습과는 너무나 대조적입니다. 자신을 죽이려고 지겹도록 쫓아다니는 사울도 용서한 다윗입니다. 그런 사울에 비하면 나발의 잘못은 비교도 안 됩니다. 먹을 것 한번 안 챙겨 주었다고 칼을 차고 죽이려 드는 모습이 다윗답지 않습니다. 혈기를 부리면서도 그런 자신을 합리화합니다. 다윗이 왜 이리되었을까요?

성경을 차례차례 읽어 보니 사울도 다윗도 감정 기복이 있습니다. 시쳇말로 '업다운'(Up and Down)이 있습니다. 오랜만에 다윗이 다운되었습니다. 성경은 다윗이 위대하다고 하지 않습니다. 유능하고 뛰어난 사람을 하나님이 쓰시는 것이 아닙니다. 시대마다 하나님이 택하여 쓰시는 사람이 있을 뿐, 그 사람이 위대한 것은 아닙니다. 그러므로 사람은 믿음의 대상이 아닙니다. 다윗 역시 한낱 사람입니다. 사람이라서 참는 데 한계가 있습니다.

지금 다윗이 어떤 상황에 놓여 있습니까? 장인인 사울이 이유 없이 자신을 죽이려 합니다. 장인과의 갈등은 고부간의 갈등보다 더 치사한 부분이 있다고들 하지요. 그 갈등이 너무 오래 지속됩니다. 아내 미갈에게도 외면당했습니다. 그런 데다 자신을 무시했던 부모 형제를 부양해야 하고, 600명의 환난당한 자들도 책임져야 합니다. 여러 어려움이 겹친 상황에서 의지하던 사무엘마저 죽었습니다. 영적·육적·정신적 위기에 빠져서 폭발 일보 직전이었습니다. 그럼에도 다윗은 사울을 용서했습니다. 그렇게 마지막 사울 시험까지 통과하자 스스로 선 줄로 착각했습니다.

그런데 나발이 "이새의 아들이 누구냐?" 하면서 자신과 아버지까지 무시하니 그만 뇌관이 폭발하고 만 것입니다. 큰일에는 거뜬히 승리했는데, 작은 일에 무너지고 만 것입니다.

사람은 강한 자 앞에서 폭발하지 않습니다. 혈기도 약한 자한테나 부립니다. 지금은 교회를 이끄는 목회자가 되었지만 과거에 시집살이를 할 때는 시댁에서 제가 가장 약한 사람이었습니다. 그러니 시어머니도 남편도, 심지어 도우미 아주머니들까지도 다 저에게 와서 폭발했습니다. 다윗이나 우리나 다 연약해서 그렇습니다. 인간이 얼마나 약하고 어리석은지 모릅니다.

이스라엘 백성도 여리고 성에서 승리하고, 금세 아이 성에서 패했습니다. 그 바람에 가나안 정복을 그르칠 뻔했습니다. 큰 실수를 할 뻔했습니다. 우리가 내일 일을 모릅니다. 저도 한때는 이혼하려 했고 자살하려 했습니다. 결정적으로 큰 실수를 할 뻔했습니다. 그러나 하나님의 생명 싸개 속에 싸여 있어서 결정적일 때 늘 저를 돕는 손길이 있었습니다. 다윗에게도 결정적일 때 돕는 손길이 있었습니다.

† 스스로 선 줄로 착각했다가 큰 실수를 한 적이 있습니까?
† 나는 주로 어디에서, 누구에게 폭발합니까?
† 큰일에는 거뜬히 승리했다가도 작은 일에 무너진 사건은 무엇입니까?

분노를 가라앉히는 아비가일 공동체가 있습니다

14 하인들 가운데 하나가 나발의 아내 아비가일에게 말하여 이르되 다윗이 우리 주인에게 문안하러 광야에서 전령들을 보냈거늘 주인

이 그들을 모욕하였나이다 **15** 우리가 들에 있어 그들과 상종할 동안에 그 사람들이 우리를 매우 선대하였으므로 우리가 다치거나 잃은 것이 없었으니 **16** 우리가 양을 지키는 동안에 그들이 우리와 함께 있어 밤낮 우리에게 담이 되었음이라 **17** 그런즉 이제 당신은 어떻게 할지를 알아 생각하실지니 이는 다윗이 우리 주인과 주인의 온 집을 해하기로 결정하였음이니이다 주인은 불량한 사람이라 더불어 말할 수 없나이다 하는지라 _삼상 25:14~17

하인들 가운데 하나가 현재 상황을 곧이곧대로 나발의 아내 아비가일에게 알립니다. 심지어 이 하인은 자기 주인 나발이 "불량한 사람"이라고 합니다. 미련한 나발이 이처럼 총명한 하인을 길러 냈을 리만무합니다. 아비가일이 평소에 양육해 둔 '아비가일 공동체'가 있었으리라고 봅니다. 그 양육 덕분에 한 사람이 일당 천만을 합니다. 한두 사람이 예수를 제대로 믿으면 이렇게 공동체를 변화시키고, 공동체를 살립니다.

18 아비가일이 급히 떡 이백 덩이와 포도주 두 가죽 부대와 잡아서 요리한 양 다섯 마리와 볶은 곡식 다섯 스아와 건포도 백 송이와 무화과 뭉치 이백 개를 가져다가 나귀들에게 싣고 **19** 소년들에게 이르되 나를 앞서 가라 나는 너희 뒤에 가리라 하고 그의 남편 나발에게는 말하지 아니하니라 **20** 아비가일이 나귀를 타고 산 호젓한 곳을 따라 내려가더니 다윗과 그의 사람들이 자기에게로 마주 내려오는

것을 만나니라_삼상 25:18~20

하인의 말을 들은 아비가일은 즉시 다윗에게 최상의 음식을 넉넉히 실어 보냅니다. 분노로 말미암아 위기에 처한 다윗을 돕습니다. 다윗은 이 아비가일 공동체 덕분에 또 살아납니다. 하나님의 생명 싸개 속에 싸여 있으니 때마다 돕는 손길이 있는 것입니다.

우리도 다윗처럼 실수할 수 있습니다. 누구도 완전할 수는 없습니다. 피차 연약합니다. 그러므로 가정에서 교회에서 직장에서 서로 서로 도와야 합니다. 우리는 스스로 분노를 조절할 수 없습니다. 또한 분노의 피해는 시간이 갈수록 커지기에 가능한 한 빨리 분노를 처리해야 합니다. 그러므로 부부싸움을 하더라도 아비가일 공동체 같은 '목장'에서 해야 합니다. 믿는 지체들의 도움을 받아야 합니다. 그래서 공동체가 중요합니다.

아비가일은 남편 나발에게 말하지 않고 다윗에게로 내려갑니다. 이는 남편을 무시해서가 아닙니다. 남편을 사랑하기 때문에 말하지 않는 것입니다. 지혜란 이런 것입니다. 요나단도 아버지 사울을 사랑하기에 말하지 않은 것이 있었습니다. 그럼에도 마지막까지 아버지 사울 곁에 남아 있었습니다. 구원을 위해서라면 이처럼 말해야 할 때가 있고, 말하지 말아야 할 때가 있습니다. 하나님 편에서 판단해야 합니다.

여리고 기생 라합은 이스라엘 정탐꾼을 숨겨 주고 여리고 왕에게 모르는 척 거짓말을 했습니다(수 2:4). 설령 그녀가 "구원을 위해 그리했다"고 솔직히 말했대도 여리고 사람들은 이해하지 못했을 것입니다. 구원받지 않은 사람은 절대로 못 알아듣습니다. 엘리트라고 다 알아듣는 게 아닙니다. 하지만 이 일이 얼마나 중요했으면 여리고 기생 라합이 예수님의 족보에 올라갔겠습니까(마 1:5)? 그녀가 생명을 내놓고 거짓말하고 정탐꾼을 숨겨 주었기에 예수님의 조상에 오른 것입니다. 그래서 구원의 길은 십자가의 길입니다.

23 아비가일이 다윗을 보고 급히 나귀에서 내려 다윗 앞에 엎드려 그의 얼굴을 땅에 대니라 **24** 그가 다윗의 발에 엎드려 이르되 내 주여 원하건대 이 죄악을 나 곧 내게로 돌리시고 여종에게 주의 귀에 말하게 하시고 이 여종의 말을 들으소서 **25** 원하옵나니 내 주는 이 불량한 사람 나발을 개의치 마옵소서 그의 이름이 그에게 적당하니 그의 이름이 나발이라 그는 미련한 자니이다 여종은 내 주께서 보내신 소년들을 보지 못하였나이다 **26** 내 주여 여호와께서 살아 계심을 두고 맹세하노니 내 주도 살아 계시거니와 내 주의 손으로 피를 흘려 친히 보복하시는 일을 여호와께서 막으셨으니 내 주의 원수들과 내 주를 해하려 하는 자들은 나발과 같이 되기를 원하나이다 **27** 여종이 내 주께 가져온 이 예물을 내 주를 따르는 이 소년들에게 주게 하시고 **28** 주의 여종의 허물을 용서하여 주옵소서 여호와께서 반드시 내 주를 위하여 든든한 집을 세우시리니 이는 내 주께서 여호와의 싸움을 싸우심이요 내 주의 일생에 내 주에게서 악한 일을 찾을 수 없음이니이다 **29** 사람이 일어나서 내 주를 쫓아 내 주의 생명을

찾을지라도 내 주의 생명은 내 주의 하나님 여호와와 함께 생명 싸개 속에 싸였을 것이요 내 주의 원수들의 생명은 물매로 던지듯 여호와께서 그것을 던지시리이다 30 여호와께서 내 주에 대하여 하신 말씀대로 모든 선을 내 주에게 행하사 내 주를 이스라엘의 지도자로 세우실 때에 31 내 주께서 무죄한 피를 흘리셨다든지 내 주께서 친히 보복하셨다든지 함으로 말미암아 슬퍼하실 것도 없고 내 주의 마음에 걸리는 것도 없으시리니 다만 여호와께서 내 주를 후대하실 때에 원하건대 내 주의 여종을 생각하소서 하니라 _삼상 25:23~31

아비가일은 먼저 남편의 잘못을 자기 잘못으로 돌립니다. 남편의 악함과 미련함에 대해 지혜로운 말로 다윗을 이해시킵니다. 요약하자면 이렇습니다.

"원수 갚는 일은 하나님께 달려 있습니다. 악한 자는 징벌받아 마땅합니다. 그런데 내가 보니 다윗 당신에게는 악한 것을 찾을 수 없습니다. 당신이 속한 유다 지파에게는 확실히 소망이 있습니다. 하나님이 당신을 통해 유다 지파의 든든한 집을 세우실 것입니다. 당신은 하나님의 생명 싸개 속에 싸여 있는 안전한 사람입니다. 당신은 과거에 물맷돌로 골리앗을 물리치지 않았습니까. 그런데 앞으로 유다의 왕이 될 몸이 피를 흘려서 흠을 만들면 되겠습니까. 당신은 피를 흘리면 안 됩니다. 당신은 절대로 슬퍼할 일을 해서는 안 됩니다. 친히 보복해서도 안 됩니다. 함부로 살아서는 안 되는 대단한 인생입니다. 훗날 당신이 잘되었을 때 나를 생각해 주십시오."

아비가일의 상황 분석은 정말 놀랍습니다. 다윗과 나발이 음식을 주고받는 육적인 문제를 넘어섰습니다. 더 중요하고 근본적이고 영적인 다윗의 신분을 총체적으로 분석했습니다. 다윗의 과거·현재·미래가 하나님의 구속사 안에서 이루어지고 있으니, 몸을 함부로 굴리면 안 된다는 것입니다. 다윗으로서는 요나단을 넘어서는, 사무엘과 비견되는 구속사적인 처방을 아비가일로부터 들은 것입니다.

우리도 구속사적으로 성경을 읽는다면 아비가일처럼 해석하고 처방할 수 있습니다. 아비가일은 남편을 대신하여 합당한 사죄를 합니다. 나아가 요나단이나 사무엘만큼 다윗의 존재 가치를 잘 이해합니다. 이런 모습을 보고 다윗도 무장 해제됩니다. 그래서 다윗이 그녀의 말을 듣습니다.

지금까지 여자라면 미갈만 알았던 다윗이 아비가일을 보고 얼마나 놀랐겠습니까. '아, 이런 여자도 있구나' 감탄했을 것입니다. 다윗은 죄도 잘 짓지만 이렇게 깨닫기도 잘합니다. 돌이키기도 잘합니다. 이런 사람이 생명 싸개 속에 싸여 있는 사람입니다.

반면에 사울과 나발은 어떻습니까? 돌이킴이 없습니다. 생명 싸개 속에 들어오라고 해도 좀체 들어오지 않습니다.

분노를 가라앉히는 것도 그렇습니다. 내가 잘나고 착해서 저절로 되는 것이 아닙니다. 말씀의 가치관으로만 가능합니다. 아비가일 공동체에 속해 있어야 합니다. 그래야 분노도 조절하고, 술도 끊을 수 있습니다. 도박도 끊고, 음란도 끊을 수 있습니다. 공동체의 능력은 겪어 보지 않으면 모릅니다. 그러므로 하나님의 말씀이 살아 있는 공동체로 들어와야 합니다. 믿음의 공동체를 떠나서도 안 됩니다.

> 32 다윗이 아비가일에게 이르되 오늘 너를 보내어 나를 영접하게 하신 이스라엘의 하나님 여호와를 찬송할지로다 33 또 네 지혜를 칭찬할지며 또 네게 복이 있을지로다 오늘 내가 피를 흘릴 것과 친히 복수하는 것을 네가 막았느니라 34 나를 막아 너를 해하지 않게 하신 이스라엘의 하나님 여호와의 살아 계심을 두고 맹세하노니 네가 급히 와서 나를 영접하지 아니하였더면 밝는 아침에는 과연 나발에게 한 남자도 남겨 두지 아니하였으리라 하니라 35 다윗이 그가 가져온 것을 그의 손에서 받고 그에게 이르되 네 집으로 평안히 올라가라 내가 네 말을 듣고 네 청을 허락하노라 _삼상 25:32~35

아비가일의 권면을 들은 다윗은 자기보다 자기 문제를 더 잘 알고 있는 그녀에게 탄복합니다. "나에게 너를 보낸 하나님을 찬송한다"라는 말까지 합니다. 사무엘이 죽은 후 하나님이 자신에게 또 한 명의 멘토를 보내 준 것을 깨달았기 때문입니다.

당시 분노에 사로잡힌 다윗의 마음을 다스릴 수 있는 사람이 그 누가 있었겠습니까? 아비가일은 자기 남편을 구하기 위해 먼저 다윗에게 무릎을 꿇었습니다. 그리고 공정하게 하나님의 구속사를 이야기했습니다. 그런데 이로 말미암아 구해진 사람은 나발이 아닙니다. 다윗입니다. 아비가일이 남편의 편을 들지 않고 하나님 편에서 공정하고 공의롭게 이야기한 것이 다윗을 구했습니다. 하나님은 생명 싸개 속에 있는 사람을 이처럼 신기하고 오묘하게 지켜 가십니다. 그러니 믿는 사람에게는 '내 배우자, 네 배우자', '내 자녀, 네 자녀'가 없습니다. 그래서 천국에서는 장가도 시집도 안 간다고 합니다. 하늘나라에서는 구원받은 사람끼리만 모입니다.

저는 아비가일처럼 말하면 이 세상에 응답 안 되는 기도가 없을 것 같고, 안 들을 사람이 없을 것 같습니다. 다윗도 33절에서 "내가 피를 흘릴 것과 친히 복수하는 것을 네가 막았느니라"고 합니다. 34절에서도 "네가 급히 와서 나를 영접하지 않았으면 다 죽였을 것"이라고 합니다. 35절에서는 "알았다, 이제 평안히 올라가라 네가 말한 것을 내가 다 들어주겠다"라고 합니다.

그런데 아비가일의 말을 안 듣는 사람이 있었으니, 바로 그 남편 나발입니다. 구원의 가치관이 없으니 이 기가 막힌 말을 나발만 안 듣는 것입니다. 자기 부인이 얼마나 훌륭한 사람인지도 모릅니다.

아무튼 대단한 선지자도 아닌 시골 아낙 아비가일이 절체절명의 순간에 다윗을 구해 냈습니다. 다윗이 주님의 배에 승선하여 생명 싸개 속에 싸여 있기에 하나님이 때마다 구해 주시고, 아비가일 같은 멘토를 붙여 주시는 것입니다.

아비가일의 믿음이 좋아서가 아닙니다. 그녀의 믿음이 좋았다면 나발 같은 인간과 왜 결혼했겠습니까? 겉보기에 나발은 심히 부자에다 믿음 있는 유다 지파 사람입니다. 그래서 결혼했는데, 알고 보니 그에게는 믿음이 하나도 없었습니다. 그러니 나발과 사는 게 너무 힘이 들었을 것입니다. 돈이고, 세상이고 다 내려놓고 하나님만 붙잡았을 것입니다. 그러다 보니 그 입에서 진주 같은 구원의 언어가 나올 수 있었던 것입니다. 이런 아비가일 한 사람 때문에 나발의 집도 피의 복수가 막아졌습니다. 다윗도 죄를 짓지 않을 수 있었습니다.

하나님은 때마다 의외의 인물을 쓰십니다. 비천한 자를 쓰십니다. 하나님은 하나님을 나타내기 위해 금 그릇이 아닌 질그릇을 쓰십니다. 앞서 말했지만 유능하고 위대한 사람을 쓰시는 게 아닙니다. 시골 아낙 아비가일 같은 사람을 쓰신다는 것이 너무 놀랍습니다.

이스라엘 백성에게 가나안으로 들어가는 길목을 열어 준 사람도 기생 라합이었습니다. 마태복음에 보면 여호수아도 갈렙도 못 오른 예수님의 족보에 라합이 올랐습니다. 라합은 히브리서의 믿음장에도 오르고(히 11:31), 야고보서에도 칭찬받는 인물로 등장합니다(약 2:25). 여리고에서 가장 무시당하던 기생이었지만 이스라엘의 구국 공신이 되었습니다.

라합 같고 아비가일 같은 한 사람이 중심 잡고 있을 때 집안이 살아나고 공동체가 살아납니다. 하지만 이후 나발은 어떻게 됩니까?

아비가일이 나발에게로 돌아오니 그가 왕의 잔치와 같은 잔치를 그의 집에 배설하고 크게 취하여 마음에 기뻐하므로 아비가일이 밝는 아침까지는 아무 말도 하지 아니하다가 _삼상 25:36

아비가일은 다윗에게는 급히 떡을 가지고 갔는데, 자기 남편만 보면 급한 게 없어집니다. 지금 아비가일이 얼마나 큰일을 하고 왔습니까? 온 집안을 살렸습니다. 그런데 그런 일을 남편에게는 일절 말하지 않습니다. 부부가 같은 일에 기뻐하고 슬퍼하지 못합니다. 아비가일은 나발에게 "다윗에게 음식을 주라"는 말도 안 했습니다. "다윗이 당신을 죽일 것"이라는 말도 안 했습니다. "당신과 우리 집안의 구원을 위해 내가 다윗에게 꿇어 엎드리고 왔다"는 말도 안 합니다. 그저 저만 잘나서 "노세, 노세" 하며 취해 있는 남편에게는 이처럼 말을 안 해야 할 때가 있는 것입니다.

그런데 다음 날 아침이 되자 그 일을 남편에게 말합니다.

> 아침에 나발이 포도주에서 깬 후에 그의 아내가 그에게 이 일을 말하매 그가 낙담하여 몸이 돌과 같이 되었더니_삼상 25:37

아비가일이 아침에야 이 일을 말한 이유가 무엇입니까? 나발이 여전히 다윗을 떨거지로 여긴다면 다윗이 나발을 치러 올 명분이 되기 때문입니다. 그러니 남편에게 맞아 죽는 한이 있더라도 할 말을 한 것입니다. 그랬는데 지금 어떤 일이 일어납니까? 아비가일이 나발에게 맞아 죽을까 봐 하나님이 먼저 나발을 치십니다. 나발이 '낙담했다'는 것은 그의 심장이 죽었다는 의미입니다. 나발이 졸도한 것입니다.

> 한 열흘 후에 여호와께서 나발을 치시매 그가 죽으니라_삼상 25:38

예수 믿는 배우자를 너무 힘들게 하면 하나님이 나발처럼 데려가실 수 있습니다. 제 남편이 그랬습니다. 예수 믿는 저를 정말 힘들게 했습니다. 제가 이상한 데 다니는 것도 아니고, 남편의 구원을 위해 순종하는데도 왜 그랬는지 모르겠습니다. 더구나 제 남편은 나발과 달리 굉장히 의로웠습니다. 불쌍한 사람도 잘 도왔습니다. 하지만 저로 하여금 하나님의 일을 하지 못하게 하고, 입도 뻥긋 못 하게 했습니다. 그래서 하나님이 빨리 천국에 데려가신 게 아닌가 생각합니다.

"살아 있는 십자가는 죽은 십자가보다 무겁다. 잔인한 가장을 둔 아내와 자녀들보다 더 무거운 십자가를 지고 있는 사람은 없다." 어느 신학자가 한 말입니다. 정말 그렇지 않습니까? 술에 취해 가족들을 때리고 살림살이를 부수는 가장이 있다고 해 보세요. 그 집안사람이 아니라면 절대 모를 일입니다. 그러나 가족들은 고스란히 그 폭력을 감당해야 합니다. 가장 무거운 십자가를 져야 하는 것입니다.

그런데 여기에서 "아비가일은 왜 쓸데없는 이야기를 해서 남편을 죽이냐?", "남편에게 왜 다윗 이야기를 하는가?" 할 수 있습니다. 저도 우리 남편이 쓰러졌을 때 "당신이 회개하고 천국 가야 한다"고 하니 주변에서 "왜 그런 말을 해서 살 소망을 끊냐"고 하는 사람들이 있었습니다. 하지만 우리는 구원에 관해서는 확신이 있어야 합니다.

어쨌든 다윗이 치지 않았어도 나발이 죽었습니다. 만약 다윗이 아비가일 얘기를 안 듣고 자기 손으로 나발을 죽였더라면 다윗은 평생 후회할 뻔했습니다. 왜, "아내 말을 잘 들으면 자다가도 떡이 생긴다"라는 속담도 있지 않습니까? 그러니까 남편들은 아내 말을 잘 들으시길 바랍니다. 아내들도 남편 말을 잘 들으십시오. 무엇보다 믿음의 공동체의 권면을 잘 들으시길 바랍니다. 제발 먼저 물어보세요. 혼자서 뭔가 결정하고 행동하지 마십시오.

> **39** 나발이 죽었다 함을 다윗이 듣고 이르되 나발에게 당한 나의 모욕을 갚아 주사 종으로 악한 일을 하지 않게 하신 여호와를 찬송할지로다 여호와께서 나발의 악행을 그의 머리에 돌리셨도다 하니라 다윗이 아비가일을 자기 아내로 삼으려고 사람을 보내어 그에게 말하게 하매 **40** 다윗의 전령들이 갈멜에 가서 아비가일에게 이르러 그에게 말하여 이르되 다윗이 당신을 아내로 삼고자 하여 우리를 당신께 보내더이다 하니 **41** 아비가일이 일어나 몸을 굽혀 얼굴을 땅에 대고 이르되 내 주의 여종은 내 주의 전령들의 발 씻길 종이니이다 하고 **42** 아비가일이 급히 일어나서 나귀를 타고 그를 뒤따르는 처녀 다섯과 함께 다윗의 전령들을 따라가서 다윗의 아내가 되니라
>
> _삼상 25:39~42

남편이 죽은 지 열흘밖에 되지 않았는데 아비가일이 다윗을 따라갑니다. 본문을 도덕적으로만 보면 해석이 안 됩니다. 아비가일이 너무 이상한 여자입니다. 다윗도 이상합니다. 더구나 아비가일의 행동에는 주저함이 없습니다. 급히 일어나서 다윗의 뒤를 따릅니다.

다윗을 위한 일이라면 아비가일은 늘 급합니다. 양식도 급하게 가져다주었습니다. 아내 되는 일에도 급합니다. 그런데 나발과의 일에서는 항상 잠잠히 기다렸습니다. 이스라엘이 치렀던 여리고 전쟁

이 그랬습니다. 여리고 성을 무너뜨리기 위해 먼저 가만히 정탐했습니다. 그러나 육적인 것을 무너뜨리고 영적 성전을 세우기 위한 결단은 급히 해야 합니다.

아비가일이 다윗과 결혼한 것을 어떻게 봐야 하는지 해석이 안 되는 사람들이 많겠지요. 저는 아비가일이 믿음의 선택을 했다고 봅니다. 예전에 제가 힘든 남편과 살 때는 이 본문을 보면서 아비가일이 부럽기도 했습니다. '나에게는 이런 일이 안 생기나?' 한 적도 있습니다. 그런데 지금 돌이켜 보면 그것은 육적인 부러움이었습니다. 믿음을 가장한 에로스적 부러움에 불과했습니다.

하지만 아비가일은 믿음의 선택을 했습니다. 사명을 선택한 것입니다. 당시 다윗은 사울에게 쫓기는 몸이었습니다. 가진 것도 없었습니다. 먹여 살려야 할 식구도 600명이나 되었습니다. 반면에 아비가일에게는 부자 남편 나발이 남기고 간 재물이 있었습니다. 평생 편하게 먹고살 수 있었습니다. 그럼에도 모든 것을 내려놓고 지체 5명만 데리고 급하게 떠났습니다. 다윗에게서 예수 씨를 보았기 때문입니다. 예수 신랑을 택한 것입니다. 그러므로 믿음의 선택이 맞습니다. 저는 다윗보다는 아비가일이 믿음의 선택을 했다고 봅니다.

> 43 다윗이 또 이스르엘 아히노암을 아내로 맞았더니 그들 두 사람이 그의 아내가 되니라 44 사울이 그의 딸 다윗의 아내 미갈을 갈림에 사는 라이스의 아들 발디에게 주었더라 _삼상 25:43~44

아비가일과 결혼한 다윗이 금세 또 아히노암과 결혼합니다. 아히노암도 유다 지파 사람이고 아비가일도 유다 지파 사람입니다. 그런데 사울은 베냐민 사람입니다. 베냐민과 유다 지파 간에 지역감정의 싸움이 있었기에 다윗으로서는 세를 과시하려는 의도도 있었을 것입니다. 하지만 그 뒤에도 다윗은 끊임없이 처첩을 얻어 들입니다. 역대상 3장 1절에서부터 9절까지 보면 다윗의 처첩들이 얼마나 많은지 모릅니다. 밧세바를 얻기 위해서는 살인까지 합니다.

구약 시대에 여러 아내를 얻어 들이는 것은 관습이기도 했습니다. 하지만 일부다처는 하나님이 금하신 것입니다. 아무리 관습이라고 해도 가정 안에 비극의 근원이 됩니다.

더욱이 아비가일은 다윗이 믿음으로 선택한 아내가 아닙니다. 다윗은 아비가일과 결혼하며 하나님께 묻지도 않았습니다. 다윗에게 있어서 아비가일은 그저 많은 여자 중 하나였습니다.

그러니 아비가일이 결혼을 통해 누린 게 무엇이 있었겠습니까? 나발과도 살아 보았기에 별 인생, 별 남자가 없음을 알았을 것입니다. 그러므로 다윗에 대해서도 인간적인 기대를 하지 않았을 것입니다. 아비가일은 그저 위기에 빠진 다윗을 구해 주는 역할을 했을 뿐입니다.

아비가일은 성경이 꼽는 아름다운 여자 중 한 사람입니다. 우리가 지금까지 묵상해서 알 듯이 매우 지혜로운 여인이기도 했습니다. 그럼에도 이후 성경에서 그 이름을 찾아볼 수 없습니다. 마태복음의 예수님 계보에도 오르지 못했습니다. 이유가 무엇일까요?

아비가일은 남편이 죽자마자 다윗을 따라갔습니다. 그 때문에 도덕적으로 분명히 오해의 소지가 있습니다. 그러므로 성경이 더 이상 그 이름을 언급하지 않은 게 아닌가 합니다. 너무 아름답고 지혜롭지만 그녀로 인해 다른 사람들이 결혼과 이혼과 재혼에 대해 이상한 소망을 품고 헛된 꿈을 꿀까 봐 그 존재를 없게 하신 것이 아닌가 싶습니다. 원래 이방인이었던 라합과는 입장이 좀 다릅니다. 반면에 죄지은 사람은 예수님의 계보에 다 올랐습니다. 다윗과 간음한 밧세바도 올랐습니다. 죄지은 사람들이 은혜가 많은 것은 분명합니다.

언젠가 한 집사님이 교회 홈페이지에 '남편 급수 매기기'라는 글을 올렸습니다.

단순히 일만 안 하는 남편은 C급에 속합니다. 실직하거나 부도나서 일을 못 하게 된 남편들은 정상이 참작되지만, 평생 일을 안 하는 남편은 B급이라 할 수 있지요. 그중에도 종일 손 까딱 안 하고 뒹굴면서 게임이나 야동만 보다가 일에 지친 아내가 귀가하면 '밥 달라, 뭐 달라' 하면서 성질내는 남편은 A급입니다. 아내가 아파서 응급실 갔다가 수술까지 하고 간신히 집에 왔는데도 집에 오자마자 "바지 사 달라"고 못살게 구는 남편은 특A급에 올려 줄 수밖에 없습니다.

일은 잘하지만 A급에 속하는 남편도 있습니다. 식구들 고생 고생시키다가 돈을 좀 벌자마자 여자와 바람피우고, 그 여자와 일어난 일들을 아내에게 소상히 보고하여 상처에 소금을 뿌려 대는 '또라이'형 남편이 그런 사람입니다. 그러면서 아내에게 폭력을 행사하면 특A급이 되는 거지요. 단순히 폭언을 일삼는 남편은 B급이고, 폭력이 더해지면

A급, 여기에 알코올의존증까지 있어서 살림을 부수고 칼까지 들었다 놨다 하면 특A급입니다.

이런 갖가지 급수의 남편들이 득시글거리지만 한 가지 희한한 건 이런 남편들이 예배에 참석하고 목장에 오기만 하면 1㎝씩, 아니면 1㎜씩이라도 변한다는 겁니다. 제가 그걸 목격했습니다. 마약으로 열두 번 감옥에 갔다 오고 도박 중독까지 있는 어느 특A급 남편도 요즘 그 끊기 힘든 도박을 끊고 수요예배까지 오는 모습을 보며 '변하지 않을 사람은 없구나' 싶습니다. 그래서 특A급 남편도 포기하지 말고 기다리라 말해 줄 수 있습니다.

더구나 특A급일수록 변하면 많은 사람을 놀라게 하고 전도할 수 있으니 더 큰 기대를 해도 되지 않겠습니까. 우리 주변에는 가족 속을 썩이지도 않고, 눈물 흘리게 하지도 않아서 급수에 오르지 않는 남편들도 있습니다. 하지만 뒤집어 보면 그런 남편에게는 기대할 것이 없습니다. 예수님이 없으니 그 인생에 무슨 기적을 체험할 일이 있겠습니까!

이후 이 글을 읽고 특A급임을 자처한 한 남편 집사님이 이런 간증을 남겼습니다.

저는 '특A급' 남편입니다. 도박으로 많은 돈을 탕진하고도 아내를 죽지 않을 만큼 심하게 구타했습니다. 도박 빚을 대신 갚아 준 아내에게 '교회에 다니겠다'는 조건을 내밀고 500만 원을 더 받아 냈습니다. 그러고 2004년 6월 15일 교회 창립 1주년에 등록했습니다. 담임목사님은 "좋은 교회를 만나면 인생의 방황이 끝난다"라고 말씀하셨는데, 그럼에도 저는 여전히 도박 중독을 끊지 못했습니다. 그러면서도 '내가 계속 도박하는 건 안 변하는 공주(공포의 주둥아리) 같은 아내 때문'이라고 합리화했습니다. 한편으로는 아내가 교회에서 제 얘기를 신나게 나눈 덕분(?)에 목사님의 눈물의 기도를 집중적으로 받는 특혜를 누리기도 했습니다.

그런데 올 1월부터 좋아하던 돈을 내려놓고 아내에게 가정 경제권을 넘겨주었습니다. 수중에 돈이 없으니 도박을 끊을 수밖에 없었습니다. 그리고 그렇게 간청해도 나가지 않던 수요예배에 전념하게 되면서 말씀이 나팔 소리같이 들리기 시작했습니다. 요즘은 수요일만 되면 '오늘은 무슨 말씀을 주실까?' 가슴이 설렙니다. 사울처럼 일시적인 치유가 아닌, 말씀 안에서 진정한 치유가 일어나기를 소망하게 됐습니다.

징하게 안 변하는 저를 끊임없는 관심과 사랑으로 처방해 주시고 눈물로 기도해 주신 목사님의 사랑에 머리 숙여 감사드립니다. 짐승같이 악을 행하는 저와 이혼도 안 하고, 인고의 세월을 눈물의 기도와 순종으로 나를 여기까지 인도해 준 아내에게도 감사와 사랑을 전합니다. 사고뭉치 아빠 때문에 '어른아이'로 자란 딸에게도, "아빠 술 끊어!" 하며 염려해 주는 초딩 아들에게도 "많이 사랑하고, 미안하다" 말해 주고 싶습니다.

정말 우리 곁에도 이렇게 나팔 같은 남편과 아비가일 같은 아내가 있습니다. 미국 새들백 교회의 '하나님 앞에서 겁나게 오픈하는 사역'이 미국 사회를 회복시키는 운동이 되어서 곳곳에 큰 역사를 일으키고 있다고 합니다. 우리들교회 성도님들의 오픈도 우리 사회를 회복시키는 데 큰 영향을 미치리라 믿습니다. 우리가 지질한 죄와 수치를 오픈하여도, 하나님이 우리를 생명 싸개 속에 싸매여 지키고 보호하시는 줄 믿습니다.

† 나는 아비가일 공동체에 속해서 양육을 잘 받고 있습니까?
† 내 배우자, 내 자녀의 구원을 위해 해야 할 말은 무엇이고, 하지 않아야 할 말은 무엇입니까?
† 나는 예수 믿는 배우자를 너무 힘들게 하고 있지는 않습니까? 나는 몇 급에 해당하는 배우자입니까?

 우리들 묵상과 적용

결혼 초부터 아내는 고부갈등으로 힘들어했습니다. 저는 그런 아내를 무시했습니다. 불같은 화를 내기도 했습니다. 다윗이 사울에게는 꼼짝 못 하다가 나발에게 폭발한 것처럼 말입니다(삼상 25:21~22). 그런 탓에 아내는 정신적인 위기를 맞고 우울증과 공황장애에 시달렸습니다.

하루는 아내가 허리를 다쳐서 옴짝달싹 못 했습니다. 마지못해 집안일을 해야 했던 저는 오만 혈기를 부리고, 돕지 않는 자녀들에게 고함을 질렀습니다. 그런데 갑자기 아내가 아들의 학교 준비물을 사러 가야 한다며 아픈 허리를 붙잡고 일어났습니다. 저는 처자식 먹여 살리려고 회사에서 무시당해 가며 열심히 일하고, 집에 와서 집안일까지 하고 있는데 아내가 억지 부리며 나서는 모습을 보고 분노가 충천해서 "악!" 소리를 질렀습니다. 이런 육적 위기에서 '뛰쳐나갈까? 술이나 마셔 버릴까?' 별별 생각을 다 했습니다.

이후 목장예배를 앞두고 '어떻게든 아내와 화해해야 할 텐데' 하는 마음이 들었습니다. 그런데 그날 출근해서 아침 회의를 마치고 나니 윗분이 대뜸 "축하한다"라고 하셨습니다. 그해 우수 간부로 선발되어 가족 포함 해외여행을 가게 되었다는 것입니다. 그 순간 '하나님은 왜 병 주시고 약 주시지?' 하는 기분이 들었습니다. 곧바로 자리로 돌아와 큐티책을 펴고 그날 본문을 보았습니다. "그는 교만하여 아무

것도 알지 못하고 변론과 언쟁을 좋아하는 자니 이로써 투기와 분쟁과 비방과 악한 생각이 나며"(딤전 6:4). 이 말씀을 보는 순간 '하나님이 내 마음을 정확히 알고 계시구나' 깨달아졌습니다. 의로움과 교만으로 아내와 분쟁하고 비방하며 나발 같은 악한 생각으로 가족들을 대했던 저의 죄를 알게 해 주시고, 분노의 위기에서 보호해 주셨음도 알게 되었습니다(삼상 25:29).

이후 저는 아내에게 전화해서 "내 여권 어디 있냐?" 하고 물었습니다. 그러자 아내는 한숨을 쉬며 "뭐 하려고?" 했습니다. 저는 농담삼아 "여행이나 가련다"라고 했습니다. 그랬더니 아내는 "미쳤냐? 통장에 마이너스가 얼만지 아냐?" 하며 분을 냈습니다. 다른 때 같았으면 저도 같이 분노했을 것입니다. 그러나 내 죄를 보고 나니 아내의 그런 입장이 백번, 천 번 이해되었습니다. 회사에서 온 가족 여행 상품권 받은 얘기를 전했더니 아내는 금세 "옛! 썰!" 하며 좋아했습니다.

그날 저녁 목장 식구들도 저희 가정을 '특A급 분노를 가라앉힌 아비가엘 공동체'라고 칭찬해 주었습니다. 끝나지 않을 분노 속에서 멸망할 수밖에 없었던 우리 부부를 생명 싸개 속에 보호해 주신 하나님, 사랑합니다(삼상 25:29).

 영혼의 기도

하나님 아버지, 하나님의 생명 싸개 속에 싸여 있어도 다윗처럼 먹을 것이 없고 멘토가 없어지면 영적·정신적·육적인 위기에 하릴없이 무너지는 우리임을 고백합니다. 행여 무시당하면 죽고 싶을 만큼 분노가 치밀기도 합니다. 불쌍히 여겨 주옵소서.

그런데 다윗의 분노를 잠재운 것은 그 어느 것도 아닌 말씀의 처방임을 보았습니다. "너는 함부로 살아서는 안 되는 존재다. 네 손에 피를 묻히면 안 된다. 너를 위해서 하나님이 계획을 가지고 계신다"라는 그 말씀 때문에 다윗이 살아났음을 알게 되었습니다. 또한 다윗에게 이런 처방을 한 아비가일 공동체의 힘이 얼마나 위대한지도 알게 되었습니다.

반면에 죽어도 생명 싸개에 들어오지 못하는 나발도 보았습니다. 그런 나발이 내 옆에도 있고 내 속에도 있습니다. 저마다 이기적이고 돈을 좋아하기에 함부로 나발을 향해 손가락질할 수 없습니다. 용서해 주옵소서.

이제는 나발처럼 분노를 일으키지도 않고, 다윗처럼 분노하지도 않겠습니다. 십자가를 길로 놓고 가는 적용을 하며 분노를 잠재우는 아비가일처럼 되기를 원합니다. 내 속에 이기적인 나발도 주님이 말끔히 처리해 주시기를 간절히 원합니다. 그래서 우리 모두가 생명 싸개 속에 싸여서 말씀대로 믿고 살고 누리며 살아갈 수 있도록 도와주옵소서. 예수님 이름으로 기도드립니다. 아멘.

Chapter 4

큰 일을 행하겠고

사무엘상 26장 1~25절

> 하나님 아버지, 인생에서 반복되는
> 시험 가운데 우리가 '큰 일을 행하겠고'의
> 주인공이 되기를 원합니다.
> 말씀해 주옵소서. 듣겠습니다.

여러분은 무슨 큰일을 행하고 싶은가요? 집이라도 사고 부자가 되고 싶은가요? 아니면 이름을 내고 싶은가요? 저는 큰일 할 사람은 따로 있다고 생각했습니다. 걸레나 빨던 제가 무슨 큰일을 하리라고 생각했겠습니까? 저는 한 번도 '큰 교회 목사가 되어야지', '나라를 위해 큰일을 해야지', '우리 아이들이 큰일을 행했으면 좋겠다' 이런 생각을 해 본 적이 없습니다. 그런데 제가 우리들교회 목사가 되었으니 정말 큰일을 하는 것이 아니겠습니까? 어떻게 해서 이처럼 큰일을 행하게 되었을까요?

사울이 다윗에게 "큰 일을 행하겠고"(삼상 26:25)라고 합니다. 그런데 다윗은 큰일의 개념을 알고 있는데 사울은 정작 큰일의 중심에 있으면서도 그 개념을 모릅니다. 그렇다면 여기서 큰일이란 어떤 일을 의미할까요? 또 어떤 사람이 큰일을 행할 수 있을까요?

큰일을 행하려면 인생의 목적이 하나님 나라여야 합니다

이 세상에서 가장 큰일은 하나님 나라의 일입니다. 이보다 더 큰일은 없습니다. 물론 사울도 예배 중독자처럼 열심히 예배를 드렸습니다. 하지만 그 인생의 목적은 하나님 나라가 아니었습니다. 그는 오직 자기 나라를 세우고자 했습니다. 그러므로 얼마나 큰 비극을 초래했는지 모릅니다. 그럼에도 우리는 잘생기고 유명한 왕 사울이 세상 큰일은 다 행한 줄 압니다. 하지만 하나님 나라의 큰일을 행하려면 반드시 거기에 걸맞은 훈련이 필요합니다. 하나님은 다윗을 통해 그 훈련의 과정을 보여 주십니다.

> 십 사람이 기브아에 와서 사울에게 말하여 이르되 다윗이 광야 앞 하길라 산에 숨지 아니하였나이까 하매 _삼상 26:1

다윗은 엔게디에서 사울의 악을 선으로 갚았습니다. 바란에서는 분노를 가라앉히므로 나발과의 싸움에서도 이겼습니다. 이후 다윗은 사울을 피해 나발의 성읍에서 약 10km 정도 떨어진 십 광야로 갑니다.

이곳은 다윗과 같은 지파인 유다 사람들의 성읍입니다. 사울을 피해 다니던 다윗으로서는 열두 지파 중에서 그나마 믿고 의지할 데가 유다 지파밖에 더 있겠습니까?

그런데 지난 23장에서 유다 지파인 십 사람들이 사울에게 다윗을 밀고했던 적이 있습니다. 다행히 다윗은 사울에게 붙잡히지 않았습니다. 도리어 사울을 살려 주었습니다. 사울도 다윗을 축복했습니다. 그러니 다윗은 '나도 사울을 용서하고, 사울도 나를 축복해 주었는데 설마 사울이 나를 죽이려 들겠어? 설마 고향 사람들이 또 나를 밀고하겠어'라고 생각했을 것입니다. 웬걸요, 십 사람들이 또다시 사울에게 다윗을 밀고합니다. 이번에는 다윗이 은신하고 있는 위치가 하길라산이라고 정확하게 알려 줍니다.

아무리 사람이 믿음의 대상이 아니라고는 하지만, 이 지경이 되면 다윗도 너무나 낙담되지 않겠습니까? '이제 나는 누구를 믿고 사나요, 하나님!' 이런 탄식이 절로 나올 것입니다. 그래도 열두 지파 중에 내 지파 사람들에게 갔는데, 이렇게 또 배신당하니 맥이 풀립니다.

우리도 신앙생활을 하다 보면 맥이 풀리는 사건들이 오게 마련입니다. 그러나 큰일을 행하는 사람은 항상 상대방 입장에 서서 사건을 바라봐야 합니다.

그렇다면 십 사람들이 이럴 수밖에 없었던 이유는 무엇일까요? 그들은 다윗이 골리앗을 때려잡은 이스라엘의 구국 영웅임을 그 누구보다 잘 압니다. 그럼에도 사울이 두려워서 자기들만 살겠다고 다윗을 밀고한 적이 있습니다(23장). 그런 과거로 인해 마음에 찔림이 없지 않았을 것입니다. 다윗을 두 번 다시 보고 싶지도 않았을 것입니다. 다윗이라는 존재 자체가 몹시 거북했을 것입니다. '다윗이 사라져 주었으면, 죽어서 아예 없어져 버렸으면……' 하고 생각하지 않았을까요?

'어떻게 저럴 수 있을까?' 하지만 사람의 본능이 그렇습니다. 한 번 배반한 사람은 또 배반할 수 있습니다. 처음이 어렵지 두 번째는 뭐든지 쉽지 않습니까? 게다가 사울의 위세는 여전히 대단했습니다. 그러니 십 사람들로서는 사울 쪽에 붙을 수밖에 없었을 것입니다.

그렇다면 다윗의 입장은 어떻습니까? 자기를 배신한 고향 사람을 찾아간 것이 잘 한 일입니까, 잘못한 일입니까? 이것은 옳고 그름의 문제가 아닙니다. 이때는 다윗이 죽는 한이 있더라도 거기로 가야 했습니다. 그 과정 자체가 다윗을 끊임없이 당하게 하시는 하나님의 훈련이기 때문입니다. 예수님의 조상은 그냥 되는 것이 아닙니다. 한 번 배신을 당했음에도 다윗이 고향 사람들을 찾아간 것은 그만큼 그가 큰일을 할 사람이라는 사실을 보여 줍니다.

오래전 제 설교를 듣고 은혜를 많이 받았다고 하신 분이 있었습니다. 그러나 이분은 저의 권면대로 적용하기를 힘들어했습니다. 이후에 길거리에서 마주쳤는데, 저를 꺼리는 눈치가 역력했습니다. 처음에는 '왜 저러실까?' 했습니다. 그런데 시간이 흘러 그 마음이 헤아려졌습니다. '아무리 내 설교를 듣고 은혜를 많이 받았다고 해도 자격지심이 있으면 나를 꺼릴 수 있겠구나.'

제가 그토록 이혼을 말렸음에도 결국 이혼한 분들 역시 그렇겠죠. 저를 대하기가 얼마나 불편하겠습니까?

이렇듯 큰일을 행하려면 항상 상대방 입장에 서서 사건을 바라보아야 합니다. '왜 남편이 이혼하자고 하나?', '왜 아내가 이혼하자고 하지?', '아이들은 왜 저러지?', '사장은 왜 저러나?' 하며 상대방의 입장을 헤아려 보아야 합니다. 그리하면 그 어떤 큰일도 능히 감당하게 되리라 믿습니다.

그런데 우리는 흔히 이런 말을 자주 듣습니다.

"나는 예수 믿는 사람에게 당한 게 있어서 절대로 예수 안 믿어!", "목사한테 당했어, 장로한테 속았어!"

그러나 사무엘서를 읽어 보니 예수 믿는 사람이 배신하는 이야기가 자주 나옵니다. 배반하고 배신하고 밀고합니다. 이스라엘이 믿음의 공동체지만 악한 세상과 다를 바 없습니다. 믿는 사람 사이에도 배반과 미움이 당연히 존재합니다. 사람은 믿음의 대상이 아니기 때문입니다. 교회 공동체 안에서도 얼마든지 배신당할 수 있습니다. 그러나 불신자와 신자는 차원이 다르기에, 믿음의 공동체 안에서 배반과 미움도 경험해 보면서 우리가 성숙해집니다. 믿는 사람에게 배반당했다고 상처 입고 예수를 안 믿는다면 여러분만 손해입니다. 이것을 미리 알고 가는 것과 모르고 가는 것은 천지 차이입니다.

부부 관계도 그렇습니다. "당신만 믿고 결혼했는데, 사람이 어찌 이럴 수가 있어!" 하는 것은 "나는 바보야"라는 말이나 다름없습니다. "내 죄라면 당신을 믿은 것밖에 없어! 내가 당신한테 얼마나 착하게 대했는데!!" 이래 봐야 소용없습니다. 착한 것이 얼마나 악한 것인지를 알아야 합니다. 이것을 알고 결혼하는 것과 모르고 하는 결혼은 하늘과 땅 차이입니다.

주님은 이 세대를 향해 "악하고 음란하다"(마 12:39)라고 하셨습니다. 이 진리를 명심해야 합니다. 그리하면 그 누구도 탓하지 않게 됩니다. 이해하게 됩니다. 포용할 수 있습니다. 기다릴 수 있습니다. 그런데 사람을 마냥 착한 줄로만 여기면 누구도 이해하지 못합니다. "어떻게 사람이 이럴 수 있어, 저럴 수 있어!" 하며 원망만 늘어놓게 됩니다.

사무엘서는 우리를 하나님 나라로 인도하는 지침서입니다. 우리 악의 실상을 적나라하게 보여 주기 때문입니다. 사무엘서를 묵상하면서 여기에 나오는 악한 이야기들이 전부 내 이야기로 들린다면 그야말로 대박입니다. 배반을 당해도 "어떻게 나를 배반할 수 있냐!"가 아니라 "나라도 그랬겠다"라는 생각을 갖게 되기 때문입니다. 그리하면 어떤 배반의 사건도 능히 통과할 수 있습니다. 이야말로 큰일을 행할 수 있는 저력이 됩니다.

> 사울이 일어나 십 광야에서 다윗을 찾으려고 이스라엘에서 택한 사람 삼천 명과 함께 십 광야로 내려가서 _삼상 26:2

다윗과 사울은 피차 인생의 목적이 다릅니다. 다윗은 인생의 목적이 '하나님 나라'인데 사울은 '다윗 죽이기'입니다. 그래서 밀고를 받자마자 특공대 삼천 명을 데리고 십 광야로 내려갑니다. 자다가도 다윗 이야기만 들으면 벌떡벌떡 일어나는 사울입니다. 왜 그럴까요?

사울은 외모가 출중했습니다. 처음 사울이 등장했을 때 그를 어떻게 묘사했는지 기억나세요? "이스라엘 자손 중에 그보다 더 준수한 자가 없고 키는 모든 백성보다 어깨 위만큼 더 컸더라"(삼상 9:2)고 했습니다. 사울은 그 준수한 외모가 평생 자랑거리였을 겁니다. 그런데 자기보다 더 큰 골리앗이 위협해 오자 기가 팍 죽었습니다(삼상 17:11). 어찌할 바를 몰라 쩔쩔매고 있을 때 그 골리앗을 때려잡은 인간이 바로 애송이 다윗입니다. 외모로나 권세로나 자기와 비교도 안 되는 다윗이 골리앗을 때려잡았습니다. 자존심이 팍 상했습니다. 그러는 판에 이스라엘 모든 성읍에서 여인들이 나와서 춤추며 어떤 노래를 불렀습니까? "사울이 죽인 자는 천천이요, 다윗은 만만이로다!"(삼상 18:7).

이 노래가 그의 열등감을 자극했습니다.

사울의 열등감은 무엇입니까? 그는 어릴 때부터 부끄러움을 많이 탔습니다. 왕으로 지목받았을 때도 짐 보따리 사이에 숨어 있던 사람입니다(삼상 10:22). 아버지가 두려워서 아버지의 암나귀를 찾으러 여러 날을 헤매기도 했습니다(삼상 9:3~5). 게다가 그는 살인을 저지르고 동족상잔 전쟁을 일으킨 베냐민 가문 출신입니다(삿 19~20장). 그래서 "어떻게 저런 사람이 왕이 될 수 있지, 저 베냐민 집에서 무슨 선지자가 나와?"라는 무시의 소리도 들어야 했습니다. 한마디로 그는 한에 사무쳐 있었습니다.

이러한 사울의 열등감은 어떤 방법으로도 치료가 되지 않았습니다. 그래서 오직 자존심 하나 지키려고 온 에너지를 쏟아부었습니다. 평생 체면에만 집착하다가 끝내 자살로 생을 마감합니다. 열심히 예배드리며 산 것 같지만 사울의 소원과 하나님의 소원이 일치하지 않았습니다.

하나님의 소원은 세상 모든 나라가 복을 누리는 것입니다. 그래서 사울과 이스라엘을 그 대표로 세웠습니다. 그런데 사울은 하나님의 축복을 보여 주기는커녕 저주만 보여 주었습니다. 요즘 기독교가 꼭 그렇습니다.

그럼에도 하나님은 소원이 있으십니다. 우리 인생의 목적이 하나님 나라가 되기를 원하십니다. 하나님 나라가 목적이 되지 않으면 우리 인생은 실패할 수밖에 없습니다.

제아무리 높은 권세를 가져도 그렇습니다. 하나님 나라가 목적이 되지 않으면 인생의 상처와 열등감을 이겨 낼 수 없습니다. 그래서 자살한 유명인을 우리는 적잖이 보았습니다. 잘난 사람은 자기가 영원히 잘날 줄 압니다. 사울이 그랬습니다. 마음만 먹으면 다윗쯤이야 손쉽게 처리할 수 있다고 생각했습니다. 자기보다 못난 애송이라 여겼기 때문입니다. 그 자만심을 내려놓지 못해서 다윗을 쫓고 또 쫓아 다녔습니다. 결국 사울에게는 이 자만심이 너무나 위중한 중독이 되었습니다.

도박 중독, 주식 중독이 그렇죠. '한 번만 더 지르면 돈을 딸 텐데, 이번에는 정말 오를 텐데……'라는 자기 확신에 사로잡힙니다. '마음만 먹으면 언제든 끊을 수 있다'라는 자만심도 한몫합니다. 그래서 매번 '이번이 정말 마지막이야' 하면서 도박장을 찾고, 주식투자를 합니다. 하지만 그런다고 중독이 끊어지나요? '한 번만 더, 한 번만 더' 하다가 점점 더 깊은 수렁에 빠져드는 것입니다.

이 세상이 다 그렇습니다. 오직 이기고 이기는 데 중독됐습니다. 다들 이기고 이기는 것이 인생의 목적입니다. 그래서 "너 죽고 나 살자" 합니다. "네가 죽어야 내가 산다, 네가 떨어져야 내가 붙는다" 합니다. 인간에게는 선한 것이 하나도 없습니다. 그런 인간의 목적은 실패하게 마련입니다. 하나님 나라가 목적이 되어야 균형 잡힌 인생을 살 수 있습니다.

그래서 하나님은 이스라엘을 출애굽시키실 때 금세 구해 주지 않으셨습니다. 애굽 왕 바로를 강퍅하게 하셔서 열 가지 재앙을 다 겪게 하셨습니다. 그래야 이스라엘 백성이 애굽을 끊을 수 있기 때문입니다. 반면에 바로는 열 가지 재앙에도 불구하고 자기가 할 수 있는 일은 다 했습니다. '내가 해결할 수 있다'라는 착각에 사로잡혀서 버틸 대로 버텼습니다. 그러다 결국 무너졌습니다. 그때부터 모세가 큰일을 행하기 시작했죠.

하나님은 내가 버티고 버틸 때는 결코 일하지 않으십니다. 힘이 다 빠질 때까지 기다리십니다. 나중에 뭘 안 해 봤다고 후회하고, 하나님 핑계를 댈까 봐서 "그래, 네가 하고 싶은 일 다 해 봐라" 하시는 것입니다.

사실 저는 도박 중독, 알코올중독보다 더 무서운 것이 '내가 할 수 있다'라는 자만 중독이라고 생각합니다. 바로가 그랬고, 사울이 그렇습니다. 자기 나라가 견고한 진에 둘러싸인 사람들입니다. 차라리 술 중독, 도박 중독은 끊어지기라도 합니다. 자신이 중독에 빠져 있다는 사실도 인지합니다. 스스로 끊지 못하는 것 때문에 애통해하기도 합니다. 그래서 하나님을 의지합니다.

하지만 바로나 사울처럼 자만에 빠진 사람은 아무리 힘든 사건이 와도 애통함이 없습니다. 갖출 것 다 갖추었으니 하나님 찾고 부르짖을 일도 없습니다. 죽는 날까지 자기만 믿고 삽니다. 이런 사람들은 교회에서 아무리 큰 직분을 맡아도 그 인생의 목적이 하나님 나라가 아닐 수 있습니다. 하나님 나라의 큰일을 행하는 게 아니라 자기 일만 행하는 것입니다.

† 내가 도와주었던 사람으로부터 배신당한 적이 있습니까? 그 사건을 통

해 하나님보다 사람을 더 믿고 살아온 내 죄를 보았습니까? 그럼에도 여전히 앙심을 품고 있지는 않습니까?
† 내 인생의 목적은 무엇입니까? 세상 성공, 돈, 무병장수입니까, 하나님 나라입니까?
† 지금 나는 하나님 나라 큰일을 행하고 있습니까, 내 일만 열심히 하고 있습니까? 큰일을 행하기 위해 내려놓아야 할 나의 중독은 무엇입니까?

큰일을 행하려면 사탄의 정체를 보고 준비해야 합니다

3 사울이 광야 앞 하길라 산 길 가에 진 치니라 다윗이 광야에 있더니 사울이 자기를 따라 광야로 들어옴을 알고 4 이에 다윗이 정탐꾼을 보내어 사울이 과연 이른 줄 알고 5 다윗이 일어나 사울이 진 친 곳에 이르러 사울과 넬의 아들 군사령관 아브넬이 머무는 곳을 본즉 사울이 진영 가운데에 누웠고 백성은 그를 둘러 진 쳤더라 _삼상 26:3~5

다윗이 엔게디 광야의 동굴에 숨어 있었을 때는 사울이 우연히 그 동굴로 들어왔습니다. 다윗을 뒤쫓아 온 것이 아니라 단순히 '뒤를 보러' 들어왔습니다. 하지만 지금은 다릅니다. 사울은 다윗이 숨은 곳을 알고 그 뒤를 추적해 왔습니다. 그 사실을 다윗도 알고 있습니다. 그럼에도 다윗은 더 이상 도망가지 않습니다. 경거망동하지도 않습니다. 먼저 정탐꾼을 보냅니다. 그리고 사울이 진 친 곳에 이르러 동태를 살핍니다. 사울이 진영 가운데 누워 있는 것까지 환히 꿰뚫어 봅니다. 그러고는 곧장 반격에 나섭니다.

> 이에 다윗이 헷 사람 아히멜렉과 스루야의 아들 요압의 아우 아비새에게 물어 이르되 누가 나와 더불어 진영에 내려가서 사울에게 이르겠느냐 하니 아비새가 이르되 내가 함께 가겠나이다 _삼상 26:6

다윗은 먼저 "누가 나와 함께 가겠느냐"고 묻습니다. 이때 자기 몸을 돌보지 않고 다윗과 동행하겠다고 자원한 지체는 아비새입니다. 아비새는 이처럼 다윗을 상관으로 택했고, 아브넬은 사울을 상관으로 택했습니다. 일생을 살아가면서 어떤 주인을 택하는가는 참 중요한 문제입니다.

그런데 다윗은 이 위험한 순간에 왜 단 한 사람만 데리고 적진으로 가고자 했을까요? 이쯤 되니 사울 안에 있는 사탄의 정체를 알게 된 것입니다.

사탄과의 싸움은 혈과 육의 싸움이 아닙니다. 만일 다윗이 혈과 육으로 사울과 싸우고자 했더라면 많은 군사를 이끌고 가지 않았겠습니까? 사탄과의 싸움은 그 반대의 영인 '온유의 영'으로 싸워야 합니다.

우리의 모든 전쟁도 그렇습니다. 부부간에, 부모 자식 간에, 직장 동료 간에 모든 전쟁과 갈등 가운데 사탄의 정체를 보아야 합니다. 혈과 육으로 싸워서는 안 됩니다. 성품이 아니라 십자가로 처리된 온유의 영으로 싸워야 합니다. 그리하면 승리하지 못할 전쟁이 없습니다. 모든 전쟁이 참 쉬워집니다.

> 다윗과 아비새가 밤에 그 백성에게 나아가 본즉 사울이 진영 가운데 누워 자고 창은 머리 곁 땅에 꽂혀 있고 아브넬과 백성들은 그를 둘러 누웠는지라 _삼상 26:7

다윗이 가까이 가서 보니 사울은 진영 가운데 누워 자고 있습니다. 삼천 명의 부하가 있어도 목숨을 걸고 사울을 지키는 자는 단 한 명도 없습니다. 다 누워 있습니다. '제아무리 다윗이라도 그렇지. 이 밤에 어떻게 혼자 호랑이 굴로 들어오겠어?'라고 생각한 것입니다. 그나마 머리맡에 창을 딱 꽂아 놓고 그것을 방비책으로 여깁니다.

그런데 생각해 보세요. 다윗이 몰래 그 창을 뽑아서 사울을 죽이면 얼마나 전쟁이 간단히 끝납니까? 자신을 지키겠다고 꽂아 놓은 창 때문에 사울은 되레 죽게 생겼습니다. 부잣집일수록 집 둘레에 CCTV를 설치하고 경보장치를 하는데, 도둑은 그런 집만 골라서 들어간다고 합니다. 그 장치들이 "나 돈 있음" 하고 알리는 것이기 때문입니다.

부지런했던 제 남편은 늘 화초를 가꾸었습니다. 그러다 보니 집에 낫이 여러 개 있었습니다. 남편은 도둑이 들어올 때를 대비해서 늘 낫을 머리맡에 두고 잤습니다. 낯선 사람이 많이 드나드는 병원인지라 만약을 대비해서 이곳저곳에 낫을 두기도 했습니다. 또 불날 때를 대비해서 탈출용 밧줄을 준비해 두고, 물이 안 나올 때를 대비해 늘 욕

조에 물을 받아놓으라고도 했습니다.

그뿐만이 아닙니다. 남편은 "언제 다시 전쟁이 일어날지 모른다"하며 그때를 대비해서 전대를 마련했습니다. 그 한쪽에는 달러, 다른 한쪽에는 원화, 또 다른 쪽에는 금붙이를 넣어 두었습니다. 전쟁이 나면 그것만 챙겨 들고 도망갈 수 있도록 말입니다. 그러고는 저더러 "전쟁이 나면 꼭 전대를 차고 피난 가라"고 신신당부했습니다. 자기는 의사라서 북한으로 가도, 일본으로 가도 잘 살 수 있지만 오직 걱정은 저라고 했습니다. "만약 전쟁이 나서 헤어지게 되면 홀수 해 1월 1일에는 남산타워에서, 짝수 해 1월 1일에는 부산에서 만나자"라고 기약하기도 했습니다. 저에게 그것을 반복해서 외우게 했죠. 불현듯이 "홀수 해는 어디?"라고 물어보며 약속을 상기시키곤 했는데 제가 제대로 대답하지 못하면 얼마나 화를 냈는지 모릅니다.

제가 그것을 왜 외우겠습니까? 전쟁 나면 명분 있게 딱 헤어질 생각만 하고 있는데요……. 저를 그토록 욕하고 구박하고 외출도 못하게 하면서 어떻게 또다시 만날 생각을 할 수 있을까요? 나는 남편 때문에 힘들어 죽을 것 같은데 남편은 저를 염려해서 그러는 것이랍니다. 저를 위한다고 이러니 착각도 이쯤 되면 예술입니다.

남편이 저를 얼마나 사랑했는지 얼마든지 미화할 수 있지만, 이렇게 솔직히 이야기하는 것은 남편의 그 모든 행위가 믿음 없이 한 것이었기 때문입니다. 모두 헛것이었기 때문입니다.

또한 남편은 집안에 간으로 아픈 사람이 하나도 없는데도 한 달에 한 번씩 간기능검사를 했습니다. 간염 환자가 우리나라에 너무 많은 데다 자신이 의사로서 환자를 많이 접하고 대민 봉사를 자주 하기에 전염되는 것을 우려해서였습니다. 그런데 이런 사람이 급성 간암으로 하루아침에 갔습니다.

이처럼 사람은 자기가 하는 일을 자기가 모릅니다. 공부도 결혼도 직장도 사업도 마찬가지입니다. 그 어떤 것도 믿음 없이 하는 사람은 결코 큰일을 행할 수 없습니다.

제 남편이 아무리 완벽했어도 큰일을 준비하지는 못했습니다. 세상적인 준비는 철저히 했지만 진짜 준비해야 할 것은 안 한 것입니다. 그러다 하루아침에 간암으로 갔습니다. 그럼에도 택한 백성인지라 마지막에 겨우 구원을 얻고 천국에 갔습니다. 너무나 부끄러운 구원이기에 여러분에게 그렇게 되지 말라고 제가 날마다 외치는 것입니다.

† 지금 여러분은 무슨 준비를 열심히 하며 살고 있습니까? 남을 죽이기 위해, 남을 밟고 일어서기 위해 준비합니까? 아니면 남을 살리기 위해서 준비합니까?

† 부부간에, 부모 자식 간에, 직장 동료 간에 갈등이 일어났을 때 그 관계와 내 믿음을 무너뜨리려는 사탄의 정체가 보입니까? 그것을 보지 못해 날마다 혈과 육으로 싸웁니까?

큰일을 행하려면 반복되는 시험에 합격해야 합니다

하나님은 우리를 얼마나 끊임없이 시험하시는지 모릅니다. 하지만 큰일을 행하려면 반복되는 시험, 즉 재시험에 합격해야 합니다.

> 8 아비새가 다윗에게 이르되 하나님이 오늘 당신의 원수를 당신의 손에 넘기셨나이다 그러므로 청하오니 내가 창으로 그를 찔러서 단번에 땅에 꽂게 하소서 내가 그를 두 번 찌를 것이 없으리이다 하니 9 다윗이 아비새에게 이르되 죽이지 말라 누구든지 손을 들어 여호와의 기름 부음 받은 자를 치면 죄가 없겠느냐 하고 10 다윗이 또 이르되 여호와께서 살아 계심을 두고 맹세하노니 여호와께서 그를 치시리니 혹은 죽을 날이 이르거나 또는 전장에 나가서 망하리라 11 내가 손을 들어 여호와의 기름 부음 받은 자를 치는 것을 여호와께서 금하시나니 너는 그의 머리 곁에 있는 창과 물병만 가지고 가자 하고 12 다윗이 사울의 머리 곁에서 창과 물병을 가지고 떠나가되 아무도 보거나 눈치 채지 못하고 깨어 있는 사람도 없었으니 이는 여호와께서 그들을 깊이 잠들게 하셨으므로 그들이 다 잠들어 있었기 때문이었더라 _삼상 26:8~12

아비새는 "이때다" 하며 다윗에게 "사울을 죽이자" 합니다. 하지만 아비새는 이것이 하나님의 재시험임을 아직 모릅니다. 물론 주의 일을 할 때 이처럼 악역을 담당하는 부하도 있어야 합니다. 죄다 착한 부하만 있으면 일을 그르칠 수도 있습니다.

원수의 목숨이 다윗의 손아귀에 들어온 것이 이로써 몇 번째입니까? 24장의 엔게디 광야의 굴, 25장의 나발 사건, 그리고 지금 하길라산 길가의 사울 진영에서 하나님은 다윗에게 거의 똑같은 시험 문제를 내고 계십니다. "네가 한 번 용서했지만, 또 용서할 수 있느냐?" 하시는 것입니다.

엔게디 광야의 굴에서는 사울의 옷자락만 베고도 마음이 찔렸던 다윗입니다(삼상 24:4~5). 그런데 이번에는 지혜가 생겼습니다. 전보다 문제를 해결하는 속도도 빨라졌습니다.

지금 다윗 공동체의 상황은 어떻습니까? 가뜩이나 사울 때문에 떠돌아다니는 신세입니다. 먹을 것도 없이 고생입니다. 그러니 "사울이 눈앞에 있는데도 안 죽이면 도대체 어쩌자는 거냐!" 하는 불만이 터져 나오게 생겼습니다. 나발에게 양식을 얻으려다 거절당했던 상황과 다름이 없습니다. 다윗의 입장이 난감하게 되었습니다. 이 역시 고난입니다.

그런데 24장에서 사울을 용서했는데, 26장에서 용서하지 않으면 원칙이 시시때때로 달라지는 것 아니겠습니까? 큰일을 행하는 사람은 원칙이 분명해야 합니다. 한번 말했으면 지켜야 합니다. 원칙과 본질이 무너지면 영적인 지도력이 흔들리게 됩니다.

아비가일의 말처럼 다윗이 피를 묻히면 안 되는 것입니다(삼상 25:26~31). 큰일을 하는 사람이 자기가 원수를 갚으면 안 됩니다. 하나님이 나발을 처리해 주시는 것을 다윗이 이미 보지 않았습니까?

9절부터 12절까지 '여호와'라는 단어가 여러 차례 나옵니다. '여호와의 기름 부음 받은 자', '여호와께서 그를 치시리니', '여호와께서 금하시나니', '여호와께서 그들을 깊이 잠들게 하셨으므로'……. 나발 때문에 격동할 때는 단 한 번도 여호와께 묻지 않던 다윗이 이제는 오직 여호와만 부르짖고 있습니다. 하나님이 원수를 갚아 주시리라고 믿기 때문입니다.

다윗은 자기를 괴롭히는 사울 때문에 더욱 하나님을 바라게 됐습니다. 그러므로 사울과 아브넬은 다윗의 원수가 아닙니다. 하나님이 그들을 사용하셔서 다윗을 훈련하시는 것입니다. 다윗의 거룩을 위해 그들이 수고하는 것입니다. 그러므로 나를 힘들게 하는 사람을 탓하고 원망할 게 아닙니다. 우리는 그저 하나님만 부르짖고 가면 되는 것입니다.

다윗과 사울은 똑같이 기름 부음을 받았습니다. 하지만 사울은 여호와의 말씀을 버렸습니다(삼상 15:26). 반면에 다윗은 하늘을 향해 늘 열린 마음을 가졌습니다. 사울이 자신을 죽이려 하는데도 악을 악으로 갚지 않았습니다. 기름 부음 받은 사울을 인정했습니다. 선으로 악을 갚았습니다. 하나님과 친밀히 교제하며 사울의 구원을 위해 기도하고 또 기도했습니다. 이런 다윗이야말로 진짜 기름 부음을 받은 사람입니다.

저도 하나님과 친해지니 나를 힘들게 하는 남편이 저의 훈련을 위해 수고하고 있음이 깨달아졌습니다. 그래서 남편의 구원을 위해 생명을 내놓고 기도하게 되었습니다. 이것이 바로 큰일을 행하는 것입니다. 우리가 다 그렇습니다. 나를 힘들게 하는 그 사람, 그 일 때문에 내가 거룩해집니다.

앞으로 이 교회를 책임져야 할 세대는 우리의 어린 자녀들입니다. 우리 자녀들이 훗날 이 교회의 주역들입니다. 그래서 우리는 자녀들에게 믿음의 본을 보여야 합니다. 지금 우리가 아무리 힘든 인생을 살아도 그렇습니다. 예배를 사수하고, 날마다 큐티해야 합니다. 십자가를 길로 놓고 가며 죽었다 깨어나도 하지 못할 적용도 해야 합니다. 그래야 자녀들이 우리를 본받지 않겠습니까? 이 교회를 든든히 지키고, 하나님 나라를 지키지 않겠습니까? 그리하면 반드시 우리의 자녀들이 "큰 일을 행하겠고"의 주인공이 될 줄 믿습니다.

12절을 보면 하나님은 다윗이 비록 혼자 적진으로 들어갔어도 삼천 명 적군을 깊이 잠들게 하십니다. 다윗을 생명 싸개 속에 두어 보호하십니다. 이처럼 하나님 나라를 위해 자원하는 한 사람이 있으면 다윗 공동체처럼 살아나게 될 줄 믿습니다.

반면에 아무리 삼천 명이 있어도 그렇습니다. 사울의 측근이나 병사들은 다들 중요한 때에 잠만 잡니다. 하나님 나라를 위해 자원하는 한 사람이 없으니 망할 수밖에 없습니다.

13 이에 다윗이 건너편으로 가서 멀리 산 꼭대기에 서니 거리가 멀더라 **14** 다윗이 백성과 넬의 아들 아브넬을 대하여 외쳐 이르되 아브넬아 너는 대답하지 아니하느냐 하니 아브넬이 대답하여 이르되 왕을 부르는 너는 누구냐 하더라 **15** 다윗이 아브넬에게 이르되 네가

용사가 아니냐 이스라엘 가운데에 너 같은 자가 누구냐 그러한데 네가 어찌하여 네 주 왕을 보호하지 아니하느냐 백성 가운데 한 사람이 네 주 왕을 죽이려고 들어갔었느니라 **16** 네가 행한 이 일이 옳지 못하도다 여호와께서 살아 계심을 두고 맹세하노니 여호와의 기름 부음 받은 너희 주를 보호하지 아니하였으니 너희는 마땅히 죽을 자이니라 이제 왕의 창과 왕의 머리 곁에 있던 물병이 어디 있나 보라 하니 _삼상 26:13~16

다윗이 지혜롭게 안전거리를 확보하고는 사울의 부하 아브넬을 향해 외쳐 부릅니다. 그리고 신랄하게 야단칩니다. 그런데 다윗은 아브넬을 불렀는데 아브넬은 "왕을 부르는 너는 누구냐?"고 합니다. 조짐이 수상하지 않습니까? 훗날 사울이 죽자 이 아브넬이 왕좌를 노리며 야심을 드러내죠.

여러분은 이런 간신을 분별할 수 있어야 합니다. 간신들은 눈앞에서만 알짱거립니다. 정작 중요한 일 앞에서는 모른 척하고 잠만 잡니다. 권세를 누리려고만 하고 책임져야 할 때는 딱 빠져나갑니다.

17 사울이 다윗의 음성을 알아 듣고 이르되 내 아들 다윗아 이것이 네 음성이냐 하는지라 다윗이 이르되 내 주 왕이여 내 음성이니이다 하고 **18** 또 이르되 내 주는 어찌하여 주의 종을 쫓으시나이까 내가 무엇을 하였으며 내 손에 무슨 악이 있나이까 **19** 원하건대 내 주 왕은 이제 종의 말을 들으소서 만일 왕을 충동시켜 나를 해하려 하는

이가 여호와시면 여호와께서는 제물을 받으시기를 원하나이다마는 만일 사람들이면 그들이 여호와 앞에 저주를 받으리니 이는 그들이 이르기를 너는 가서 다른 신들을 섬기라 하고 오늘 나를 쫓아내어 여호와의 기업에 참여하지 못하게 함이니이다 20 그런즉 청하건대 여호와 앞에서 먼 이 곳에서 이제 나의 피가 땅에 흐르지 말게 하옵소서 이는 산에서 메추라기를 사냥하는 자와 같이 이스라엘 왕이 한 벼룩을 수색하러 나오셨음이니이다 21 사울이 이르되 내가 범죄하였도다 내 아들 다윗아 돌아오라 네가 오늘 내 생명을 귀하게 여겼은즉 내가 다시는 너를 해하려 하지 아니하리라 내가 어리석은 일을 하였으니 대단히 잘못되었도다 하는지라 _삼상 26:17~21

사울은 다윗의 음성을 알아듣고 감격합니다. 명백히 자기가 무엇을 잘못했는지도 압니다. 하지만 그것으로 끝입니다. 돌이킴이 없고, 구체적인 적용이 없습니다. 다윗이 원하는 바가 무엇인지도 모릅니다. 다윗은 사울의 자리를 원하는 것이 아닙니다. 그러나 사울은 다윗이 자기 자리를 빼앗으려 한다는 착각에서 벗어나지 못합니다.

사울은 19장과 24장에서도 자기 잘못을 인정했습니다. 이번에도 "내가 범죄하였도다, 내가 대단히 잘못되었도다"라고 합니다. 벌써 세 번째 회개입니다. 하지만 사울의 회개는 진정한 회개가 아닙니다. 자기 죄를 시인해도 그 자리에서 돌아서면 끝입니다. 그러고는 충동하는 무리의 말을 듣습니다.

사울은 다윗 말을 들으면 그의 말이 맞는 것 같습니다. 사무엘 말을 들어도 그의 말이 맞는 것 같습니다. 신접한 여인의 말도 맞는 것 같습니다(삼상 28장). 늘 분별하지 못하고 이 말 저 말에 휘둘립니다. 자신의 죄에 대해 더 이상 염려도, 근심도 하지 않습니다. 그러니 여전히 죄를 반복할 수밖에 없는 것입니다.

사울의 문제가 여기에 있습니다. 아비가일이 아무리 구속사 말씀을 전해 줘도 나발은 알아듣지 못했습니다. 사울도 마찬가지입니다. 말씀을 듣기는 들어도 돌이킴이 없습니다. 잘못된 일인 줄 알면서도 끊지 못합니다. 자기가 하고 싶은 것은 반드시 행동으로 옮겨야만 직성이 풀립니다. 술, 주식, 도박, 음란…… 모든 집착과 중독이 그렇습니다. 사울처럼 일시적인 감동만으로는 끊을 수 없습니다.

> **22** 다윗이 대답하여 이르되 왕은 창을 보소서 한 소년을 보내어 가져가게 하소서 **23** 여호와께서 사람에게 그의 공의와 신실을 따라 갚으시리니 이는 여호와께서 오늘 왕을 내 손에 넘기셨으되 나는 손을 들어 여호와의 기름 부음을 받은 자 치기를 원하지 아니하였음이니이다 **24** 오늘 왕의 생명을 내가 중히 여긴 것 같이 내 생명을 여호와께서 중히 여기셔서 모든 환난에서 나를 구하여 내시기를 바라나이다 하니라 _삼상 26:22~24

앞서 사울이 "다윗, 네 생명을 내가 귀하게 여기겠다. 다시는 너를 해하지 않겠다"고 했습니다. 이때 여러분이 다윗이라면 뭐라고 하겠습니까? "내 생명을 살려 주셔서 감사합니다" 하지 않겠습니까? 하지만 다윗은 "오늘 왕의 생명을 내가 중히 여긴 것 같이 내 생명을 여호와께서 중히 여기셔서 모든 환난에서 나를 구하여 내시기를 바라나이다"라고 대답합니다. 무슨 뜻입니까? "내가 다른 사람의 구원을 중히 여긴 것만큼 하나님이 내 영혼도 귀하게 여기실 것입니다. 그러므로 사울 당신이 나를 살려 준 것이 아닙니다. 하나님이 내 생명을 중히 여기셔서 구해 내신 것입니다"라는 말입니다.

그런데 우리는 어떻습니까? 회사가 내게 월급을 주고, 남편이 나를 밥 먹여 주니까 우리는 회사도, 남편도 무서워합니다. 눈앞에 보이는 것만 무서워서 영혼 구원은 생각조차 하지 못합니다. 그러나 직장이, 배우자가 나를 살리는 것이 아닙니다. 그 모든 것을 하나님이 통로로 사용하실 뿐입니다. 하나님이 나를 살리십니다. 이것을 믿으면 세상에 두려울 게 없습니다.

내가 다른 사람의 구원을 귀하게 여기면 그만큼 하나님이 내 영혼을 귀하게 여겨 주십니다. 한 영혼의 구원을 위해 전도하고, 기도하며 섬기는 것도 그렇습니다. 하나님이 이런 우리를 얼마나 귀하게 여겨 주시는지 모릅니다. 그것이 곧 내가 환난에서 구원되는 비결이기도 합니다.

사울이 다윗에게 이르되 내 아들 다윗아 네게 복이 있을지로다 네가 큰 일을 행하겠고 반드시 승리를 얻으리라 하니라 다윗은 자기 길로 가고 사울은 자기 곳으로 돌아가니라 _삼상 26:25

사울은 "네가 큰일을 행할 거다, 승리를 얻을 거다"라고 다윗을 축복합니다. 하지만 "너에게 왕위를 넘겨주겠다"는 말은 없습니다. 그러니까 말로만, 입으로만 다윗을 위하는 것입니다. 다윗도 사울의 말을 진심으로 받아들였다면 사울을 따라갔을 것입니다. 하지만 다윗은 자기 길로 갑니다. 사울도 자기 곳으로 돌아갑니다.

고린도후서 6장 15절에 "그리스도와 벨리알이 어찌 조화되며 믿는 자와 믿지 않는 자가 어찌 상관하며"라고 합니다. 사울은 인생의 주인이 자기 자신입니다. 하나님이 아닙니다. 그러므로 다윗은 사울이 아무리 자신을 칭찬해도 자기 길로 갑니다.

사람은 결코 믿음의 대상이 아닙니다. 사랑의 대상입니다. 다윗은 사울을 사랑하기에 기회가 와도 그를 죽이지 않았습니다. 그러나 사울을 믿지는 않았습니다. 우리도 이런 지혜가 필요합니다. 큰일을 행하려면 사람을 분별하는 능력이 필수입니다. 같이 가야 할 사람이 있고, 같이 가서는 안 될 사람이 있습니다.

사울로서는 지금이 다윗과 함께할 마지막 기회였는데 그만 놓치고 맙니다. 이후로 둘은 만날 일이 없습니다. 그러나 다윗이 마지막까지 사울의 회개를 받아 냈다는 점이 중요합니다. 사울 같은 사람을 녹이는 길은 인내와 용서뿐입니다.

저는 믿음은 한마디로 인내라고 생각합니다. 다윗이 얼마나 사울을 인내합니까? 참고 또 참습니다. 반복되는 시험 속에서 인내하고 또 인내합니다. 누가 믿는 사람은 다 착하다고 합니까? 믿는 사람도 배반합니다. 힘든 와중에 도와주었던 그일라가 다윗을 밀고했습니다. 우리는 이것을 알고 걸어가야 합니다.

저도 그렇습니다. 제 남편을 위해 생명을 내놓고 기도한 응답으로 남편이 마지막에 회개하고 갔습니다. 그래서 제가 지금 이 사역의 자리에 있는 것입니다. 우리는 내일 일을 모릅니다. 소중한 내 옆 사람의 회개를 반드시 받아 내야 합니다. 물론 쉬운 일은 아닙니다. 다윗처럼 수많은 훈련을 통과해야 합니다. 인내가 필요합니다.

저에게도 이혼의 위기, 죽을 위기, 집 나갈 위기가 있었습니다. 그런 위기들이 기회처럼 보이기도 했습니다. 하지만 그것은 피를 묻힐 기회였습니다. 사울을 쳐내는 일이었습니다. 저를 통해 가정 중수와 말씀 묵상 사역을 행하시는 것이 하나님의 계획이었습니다. 그런데 만일 제가 이혼하거나 집을 뛰쳐나갔더라면 어찌 되었겠습니까. 이혼해 봤자 좋은 것이 없습니다. 최초의 십자가인 나무 십자가가 최고의 십자가입니다.

돌이켜 보면 제가 사울을 치고 싶을 때마다 하나님이 저를 생명 싸개 속에 보호하셨다는 생각이 듭니다. 그런 결정적인 생각을 할 때마다 하나님이 막아 주셨습니다. 원수가 참소할 때마다 하나님이 저를 지켜 주셨습니다. 제가 몰라서 실수는 할지언정 하나님에 대한 원망의 마음은 들지 않게 하셨습니다. 제가 완전했다는 말이 아닙니다. 털어서 먼지 안 나는 사람이 어디 있겠습니까? 하나님이 저를 늘 덮어 가셨습니다.

언젠가 어떤 목사님의 부친께서 이런 고백을 하셨습니다.

"6·25전쟁 때 대한민국 군인으로서 북한 군인과 대치해서 총을

쏘며 사람을 죽일 수밖에 없었습니다. 비록 군인의 의무였어도 사람을 죽였다는 것 때문에 평생 마음이 힘듭니다."

이런 정죄감에 사로잡히면 우리는 어떤 문제에서도 자유로울 수 없습니다. 저는 지금도 너무 연약합니다. 아기 같습니다. 그래서 평생 말씀을 붙잡고 왔습니다. 그러므로 결정적일 때마다 하나님은 저를 덮어 주셨습니다. 유월(pass over)해 주셨습니다. 사람들이 "과부가 무엇을 하냐?"고 참소해도 그때마다 자유함을 주셨습니다. 실수하고 넘어질 때도 있었지만 생명 싸개 속에 보호해 주시고 모든 환난에서 구해 주셨습니다. 말씀을 보고 또 보고, 하나님의 음성을 듣고자 할 때마다 은혜를 더하여 주셨습니다. 그러므로 지금 이렇게 큰일을 행하게 하신 줄 믿습니다.

한 집사님의 나눔입니다.

요즘 저는 "술 끊고, 담배 끊고, 여자 끊고, 모임 끊고, 제사 끊었다"라는 말을 자주 하고 다닙니다. 그런데 믿음이 아니라 성품으로 끊다 보니 이걸 자랑으로 여깁니다.

각종 후유증과 부작용이 저를 괴롭히기도 합니다. 몸이 계속 아프고 몸무게는 6kg이나 불었습니다. 얼굴도 덩달아 부었습니다. 그런 저를 보고 그동안 "술 마시자, 골프 치러 가자" 하던 주변 사람들이 "얼굴 참 좋네, 약 먹냐? 오래 살겠다"라며 비아냥거립니다. 하지만 저는 그럴 때마다 속으로 '그래, 나 요즘 약 먹는다. 구약과 신약. 그것도 주식(主食) 삼아 아침저녁으로 먹고 있다. 이놈들아!' 합니다. 그리고 "개처럼 토한 토설물을 또다시 먹지는 않겠다"라고 목장예배를 드릴 때마다 나누며, 스스로도 날마다 다짐합니다. 비록 성품으로 하는 적용일지라도 저는 지금 너무 좋습니다. 이 좋음 또한 성령님의 이끄심이 아닌가 싶습니다. 하나님은 저의 속마음을 아실 것입니다. 비록 믿음은 부족해도 다섯 가지 악을 완전히 끊게 해 주시고, 새사람이 되도록 도와주시리라 믿습니다.

사소해 보여도 하나님 중심으로 살고자, 반복되는 시험에서 통과하고자 이분이 얼마나 사투를 벌이는지 모릅니다. 저는 이분이 앞으로 "큰 일을 행하겠고"의 주인공이 되실 줄, 반드시 승리하실 줄 믿습니다.

우리가 예배드리고 큐티하고 목장에서 나누는 일들도 그렇습니다. 쳇바퀴 돌듯 10년, 20년, 30년, 40년을 하루도 안 빠지고 말씀 보고 기도하고, 주일예배 수요예배 사수하고, 매주 공동체 모임에 가는 것을 남들이 보면 얼마나 우스운 일 같습니까? 우리 눈에 지금은 아무 것 보이지 않고, 늘 제자리에 있는 것 같아도 그렇습니다. 이전에 비하면 그래도 조금씩, 조금씩 하늘나라로 다가간 삶을 살고 있는 것입니다. 그러니 여전한 방식으로 생활예배를 드리는 것이 너무나 작은 일 같아도 이야말로 "가장 큰 일을 행하겠고"인 줄 믿습니다.

† 나를 힘들게 한 사람에게 복수하는 대신 가만히 가져온 창과 물병은 무엇입니까? 이와는 반대로 '그래도 죽지 않고 창과 물병만 잃어서 정

말 다행'이었던 사건이 있습니까? 그때 잃었던 창과 물병은 무엇입니까? 예를 들어 '내가 망해도 내 몸이 건강하니 얼마나 다행인가? 건강 말고 돈만 빼앗겨서 얼마나 다행인가?' 이렇게 창과 물병으로 적용해 보시기 바랍니다.

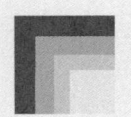 ## 우리들 묵상과 적용

저는 한 해에 표창을 네 번이나 받고, 비번인 날에는 각 업체에서 강의하는 등 여러 일을 하며 '멀티 공무원'이라는 별명까지 얻었습니다. 하지만 사울처럼 내 하고픈 대로 하면서 교만한 삶을 살았습니다. 목장예배에서는 옳고 그름을 따지기 일쑤고, 지체들의 나눔이 길어지면 "내가 저 지질한 소리를 왜 들어야 하냐!" 외치며 자리를 박차고 나간 일도 여러 번 있었습니다. 양육을 받으라는 권면을 들어도 "내가 왜 양육을 받느냐?" 하며 버텼습니다. 나이를 먹어도 목자가 되지 못하면 창피할 것 같아 마지못해 받기는 했지만, 양육을 받는 중에도 저의 혈기는 멈추지 않았습니다.

 그러다 '순종하라'는 설교 말씀이 귀에 들어와 일단 질서에 순복하는 자세로 양육을 마치니 부목자의 직분이 주어졌습니다. 그럼에도 말씀이 들리지 않았습니다. 성경을 보아도 바나바가 동네 이름인지 사람 이름인지 제대로 알지 못했습니다. 사울이 왜 바울이 되었는지 이해도 안 되었습니다. 성경에 무지한 제 모습에 열불만 났습니다. 예배를 마칠 때마다 주위 성도님들이 은혜를 받고 눈물을 흘리는 모습을 보면서 '왜 나는 감동이 없을까?' 하며 분을 냈습니다.

 그래서 하루는 목장예배에 가서 "나는 왜 말씀이 들리지 않는지 모르겠다. 이제부터 모임에 나오지 않겠다" 하며 혈기와 떼를 부렸습니다. 그랬더니 아내는 집에 오자마자 "매번 반복되는 시험을 통과하지 못하고, 어떻게 목장에서 그럴 수 있냐?" 하며 저를 책망했습니다. 마치 다윗이 아브넬에게 그랬던 것처럼 저를 신랄하게 야단쳤습니다(삼상 26:15~16). 하지만 저는 그런 아내를 원망하지 않았습니다. 오히려 '아내가 내 목숨 대신 내 창과 물병을 빼앗기 위해 이러는구나'라고 생각했습니다(삼상 26:11). '아내가 내 생명을 귀하게 여기고, 내 죄를 알게 해 주었으니 나도 이제는 어리석은 일을 안 해야지'라는 감동도 일어났습니다(삼상 26:24). 그다음 주일에는 1부부터 3부까지 목사님 설교를 열심히 들었습니다. 2부 예배 때는 난생처음 영접 기도도 받았는데 저도 결국 눈물을 흘리고 말았습니다. 그리고 그 주일 부목자 모임에서 처음으로 나의 죄를 회개하고, 적용도 하였습니다.

평소 담임목사님께서 "첫 남편, 첫 아내가 최고"라고 말씀하신 것같이 저도 그동안 첫 아내를 최고로 여기며 살았습니다. 그런데 이제 날마다 큐티하며 말씀이 한 62% 정도 들리니 안 그래도 좋던 부부 사이가 더욱 좋아졌습니다. 가정도 더욱 화목해졌습니다. 무엇보다 제 인생의 목적이 하나님 나라가 되었습니다. 사탄의 정체를 보게 하시고, 반복되는 시험을 잘 통과하게 하심으로 큰일을 행할 수 있도록 인도해 주신 하나님, 사랑합니다.

 영혼의 기도

아버지 하나님, 큰일을 행하려면 하나님 나라가 목적이 되어야 한다고 하십니다. 사탄의 정체를 보고, 반복되는 시험을 잘 통과해야 한다고 하십니다. 그럼에도 자기 나라가 목적이 되어서 돈 잘 벌고, 유명해지고, 큰 집에 사는 것이 큰일을 행하는 것인 줄 아는 우리입니다. 그래서 사탄의 유혹에 날마다 빠집니다. 반복되는 시험에도 날마다 걸려 넘어집니다. 어제는 되었는데 오늘은 안 되고, 작년에는 되었는데 올해는 안 되는 것들이 저마다 있습니다. 불쌍히 여겨 주옵소서.

무엇보다 하나님 나라의 큰일을 행하기 위해서는 좁은 길을 가야 한다는 것을 알게 되었습니다. 여전한 방식으로 생활예배 잘 드리며 가는 것이 십자가의 길이지만 그 좁은 길을 가기가 너무나 어렵습니다. 우리가 십자가를 든든히 지고 갈 수 있도록 도와주옵소서. 반복적으로 시험이 올 때마다 말씀을 붙들고 그 모든 시험을 통과할 수 있도록 역사하여 주옵소서.

이혼의 기회, 죽을 기회, 가출하고 사표 쓸 기회가 있어도 다윗처럼 피를 묻히지 않고 내 안의 사울만 가만히 쳐낼 수 있도록 우리의 마음을 붙들어 주옵소서. 가정과 직장과 교회와 나라에 세워 주신 하나님의 질서도 잘 지키게 하옵소서.

한 영혼을 귀하게 여기고 그 영혼의 구원을 위해 기도하며 섬기는 큰일을 잘 행하기로 결단하오니 우리의 영혼도 귀하게 여겨 주옵소서. 모든 환난에서 우리를 구하여 주옵소서. 예수님 이름으로 기도드립니다. 아멘.

Chapter 5

내 생각

사무엘상 27장 1절~28장 2절

하나님 아버지, 내 생각이 아니라
하나님의 생각을 따라 살아가는
우리가 되기를 원합니다.
말씀해 주옵소서. 듣겠습니다.

"왜 저는 가진 것도 없는데 욕심을 내지 말아야 하는지, 가진 것 하나 없는 빈털터리인데 하나님은 왜 작은 숨통마저 조이시는지 해석이 되지 않습니다. 억울하고 슬픈 마음에 다 포기하고 싶은 마음만 듭니다. 밀린 급여도 받을 수 없고, 다른 직장을 구하기도 만만치 않습니다. 실업 급여를 받는 일도 순탄하지 않습니다. 어찌 살라고 주시는 고난인지 도무지 해석이 안 됩니다. 억울해서 하나님께 성내고 싶어집니다. 제게 채찍만 주시는 것 같아 원통하고 원망스럽습니다. 이것도 다 계획하심인지요? 주님께 온전히 맡기지 못하고 인생을 해석하지 못하는 제가 무지한 것인지 정말 모르겠습니다."

한 청년이 제게 보낸 메일입니다. 이런 형편에 처한 분이 많을 것입니다. 이처럼 최악의 상황이 지속되면 하나님의 생각보다는 내 생각에 사로잡힐 수 있습니다. 성도에게는 이때가 위기입니다. 왜냐하면 내 생각은 더 큰 위기를 자초하기 때문입니다.

내 생각은 그저 인간적인 생각에 불과합니다

인간적인 생각이란 무엇인지 세 가지로 나누어 보겠습니다.

인간적인 생각은 **첫째, 사람에게 피하고자 합니다.**

1 다윗이 그 마음에 생각하기를 내가 후일에는 사울의 손에 붙잡히리니 블레셋 사람들의 땅으로 피하여 들어가는 것이 좋으리로다 사울이 이스라엘 온 영토 내에서 다시 나를 찾다가 단념하리니 내가 그의 손에서 벗어나리라 하고 2 다윗이 일어나 함께 있는 사람 육백 명과 더불어 가드 왕 마옥의 아들 아기스에게로 건너가니라

_삼상 27:1~2

지난 26장 25절에서 사울이 "네가 큰 일을 행하겠고 반드시 승리를 얻으리라"고 다윗을 축복하며 보냈습니다. 다윗도 악한 사울을 용서했습니다. 그야말로 다윗이 승리했습니다. 하지만 이런 승리의 때야말로 가장 위기의 때입니다. 이때부터 다윗이 '내 생각'에 사로잡히기 시작합니다. 어떤 생각을 하나요? '때가 되면 나는 결국 사울 손에 붙잡힐 것이다. 망할 것이다······.' 다윗의 '내 생각'은 한마디로 자포자기입니다.

지난 26장 19절에서 다윗은 "나를 해하려 하는 이가 여호와시면 여호와께서는 제물을 받으시기를 원하나이다"라고 고백했습니다. 자신을 죽이려는 사울의 위협이 하나님으로부터 말미암은 것이라면 기꺼이 죽고자 했습니다. 이는 곧 "하나님이 아니고는 나를 누구도 해할 수 없다"라는 의미이기도 합니다. 그랬던 다윗이 금세 나약한 생각에 빠진 것입니다. 그는 사울의 칼날을 피하고자 '블레셋 땅으로 피하는

것이 상책'이라고 생각합니다.

그런데 블레셋이 어떤 나라입니까? 다윗과 사울의 나라인 이스라엘과 철천지원수입니다. 다시 말해 '사울이 오지 못할 곳이라면 북극이라도 좋다' 하면서 다윗이 제 발로 원수 나라로 찾아간 것입니다.

마귀는 우리의 생각부터 점령합니다. 가룟 유다가 예수님을 팔아넘길 때도 마귀는 유다의 생각부터 점령했습니다. 그래서 내 생각이 무서운 것입니다.

그렇지만 우리는 이럴수록 다윗의 입장도 생각해 보아야 합니다. 다윗이 왜 이 지경까지 되었을까요?

다윗은 사울을 두 번이나 죽일 수 있었습니다. 그러나 하나님을 의지하여 사울을 용서했습니다. 사람의 능력으로는 하지 못할 일을 한 것입니다. 다윗이 적용을 정말 잘했습니다. 그러면 말이죠, 하나님도 다윗을 위해 뭔가 해 주셔야 하는 것 아닌가요? 다윗의 신변을 변화시켜 주셔야 하지 않습니까? 식솔들 먹을 것도 챙겨 주시고 모든 형편이 나아져야 하는 것 아닙니까? 그런데 사울에게 쫓긴 지 십 년이 지나도록, 더구나 사울을 용서했는데도 달라진 건 하나도 없습니다. 이 암담한 길을 얼마나 더 가야 할지 앞도 보이지 않습니다. 식솔들 보기도 참 민망했을 것입니다. 그런 생각 끝에 내린 결론이 '나를 죽이려는 사울이 있는 곳만 벗어난다면 그래도 먹고살 수는 있지 않을까?'입니다.

사울을 용서했지만 이처럼 여전히 두려워하는 모습이 다윗에게 있습니다. 사울을 두려워했다기보다 자기 안의 두려움으로부터 떠나지 못한 것입니다. 배우자가 바람을 피워도 그래요. 배우자에 대한 배신감에 괴롭지만, 그보다 내 안의 자존심 때문에 더 힘이 듭니다. 그러니 이런 다윗이 너무 이해되지 않습니까?

하지만 하나님의 생각은 다릅니다. 하나님의 생각은 다윗이 아무리 힘들어도 유다 땅에 머무는 것입니다. 예전에 다윗이 아둘람 굴을 떠나 모압으로 갔을 때도 하나님은 갓 선지자를 통해 "유다 땅으로 들어가라"(삼상 22:5)고 하셨습니다. 당시 다윗 생각에는 유다 땅에 있는 아둘람 굴보다 모압 땅이 더 안전할 것 같았습니다. 하지만 하나님이 보호하시는 그곳이 가장 안전한 땅입니다.

부도, 바람 등 각종 풍파를 맞고 위기에 처한 가정이라도 그래요. 당장 이혼하는 것이 현명해 보여도 "하나님이 짝지어 주신 것을 사람이 나누지 못한다"는 하나님의 명령을 지키는 가정이 가장 안전합니다. 하나님이 그 가정을 보호하십니다. "다윗은 다윗이고, 나는 나다"가 아닙니다. 말씀은 누구나 똑같이 적용해야 합니다.

우리가 문제를 만났을 때 '어디로 피하는가?'가 굉장히 중요합니다. 문제에서 완전히 피하는 것은 근본적으로 불가능합니다. 다윗이 '사울의 손에서 벗어나리라' 하지만 그럴 수 없다는 말입니다. 하지만 다윗은 자기 생각을 따라 가드 왕 아기스에게로 건너갑니다. 이것은 이제부터 다윗이 이중적인 삶을 살아야 한다는 의미이기도 합니다. 왜냐하면 블레셋 땅은 '세상'이기 때문입니다. 세상은 성도들과 대척점에 있는 적(敵)입니다. 사울의 손에서 벗어나 보겠다고 다윗이 '적과의 동침'을 택한 겁니다.

그런데 다윗이 자기 고향 사람인 골리앗을 죽였다고 배척하던 가드 사람들 아닙니까(삼상 21:10~15)? 하지만 이번엔 다윗 일행을 스스럼없이 받아들입니다. 그때는 다윗 혼자라서 무시해서 배척했지만, 지금은 600명의 사람을 데려오니 자기네 군사력이 보강되었다는 생각에서 수용합니다.

"까마귀 날자, 배 떨어진다"고 하지요. 마치 요나가 도망가려고 할 때 다시스행 배가 딱 온 것 같은 상황이 다윗 앞에서 일어납니다. 하지만 사람은 믿음의 대상이 아니라고 했습니다. 피차 이렇게 자기 유익을 좇아 붙었다 떨어졌다 합니다. 배신을 일삼습니다. 그러니 내가 돈이 있을 때는 따라붙었다가 돈이 없어지면 떠나가는 사람들을 이상하게 생각하지 마세요. 인생이 그렇습니다.

다윗도 이때는 별수 없었습니다. 하나님은 때마다 이 힘든 유다 땅에서 사울의 손으로부터 다윗을 건져 내셨습니다. 그럼에도 다윗은 오직 내 생각에만 갇혀 있습니다. 인간적인 생각을 벗어나지 못합니다. 그래서 결국 이방인 아기스에게로 갑니다. 사람을 믿고 피한 것입니다.

인간적인 생각은 **둘째, 가족을 넘어서지 못합니다.**

다윗과 그의 사람들이 저마다 가족을 거느리고 가드에서 아기스와 동거하였는데 다윗이 그의 두 아내 이스르엘 여자 아히노암과 나발의 아내였던 갈멜 여자 아비가일과 함께 하였더니 _삼상 27:3

성경은 일점일획도 틀림이 없습니다. 성경은 다윗이 블레셋으로 피신한 이유가 부하들의 식구와 두 아내, 곧 아히노암과 아비가일 때문이라고 밝힙니다. 여러 아내를 얻어 들이는 것이 당시 관습이기도 했지만, 그런 까닭에 다윗의 판단력이 흐려졌습니다. 블레셋으로 피신 가서 아내들과 잘살아 보겠다는 것은 다윗의 '내 생각'입니다.

고(故) 김동길 교수는 "일제 강점기를 지나며 아내와 자녀들이 있으면 바른말을 못 할까 봐 결혼하지 않았다"고 했습니다. 그의 누나인 고(故) 김옥길 총장도 같은 이유로 결혼하지 않았다고 합니다. 그 당시엔 그럴 수 있다고 생각합니다.

총명하고 용모가 아름다운 아비가일을 아내 삼고 나니 다윗도 좀 편하게 살고 싶었을 것입니다. 아무리 그래도 다윗이 블레셋으로 피신 간 것은 엄청난 범죄입니다. 자기 아내들 때문에 블레셋에 갔는데, 지금 육백 명의 사람들이 다윗을 맹목적으로 따라다니고 있잖아요. 그러니까 다윗이 그 육백 명까지 함께 범죄하게 한 것입니다.

여호수아서를 보면 땅을 분배할 때 가족대로 분배했다는 이야기가 많이 나옵니다. 가족 구원이 그만큼 중요합니다. 그러나 구원을 위해서는 가족을 넘어서야 할 때도 있습니다. 지금 다윗은 그러지를 못합니다. 결국 자기 가족은 물론 모든 지체까지 범죄하게 합니다. 불신 결혼하면 너무 많은 대가를 치러야 하는 것과 같습니다.

그런데 3절에 보면 '아비가일과 아히노암'이라고 해야 할 것 같은데, '아히노암과 아비가일'이라고 합니다. 결혼한 순서로 보자면 아비가일이 먼저 아닙니까? 이유가 무엇일까요? 다윗에게 아히노암이 우선인 겁니다. 아비가일보다 아히노암에게 마음을 더 빼앗겼다는 것입니다. 이런 내막이 성경에 기록되어 있습니다. 예수 그리스도의 조상 다윗도 세상에 없는 천사 같은 아비가일을 얻어 놓고도 아히노암을 또 얻었습니다. 그러고도 그게 무슨 자랑이라고 후처를 더 앞세웁니다.

다윗도 그럴진대 우리네 남편들은 얼마나 더하겠습니까. 그런데 말이죠, 더 좋은 것이 생겨야 끊지 내가 잔소리한다고 외도를 돌이키는 것이 아니에요. 정만 더 떨어질 뿐입니다. 그러니까 바람난 배우자라도 교회에 데려다만 놓으세요. 더 좋은 예수님을 만나야 바람도 멈춥니다. 바람난 배우자랑 어떻게 사느냐고요? 이혼하면 좋은 게 있을 것 같습니까? 천만에 만만에 말씀입니다. 하나님이 짝지어 주신 가정에 붙어 있는 것이 하나님께 보호받는 비결입니다. '내 생각'으로 '블레셋으로 피하는 것이 좋으리로다' 해서는 안 됩니다. 그냥 그곳 유다 땅에 있어야 합니다.

> 다윗이 가드에 도망한 것을 어떤 사람이 사울에게 전하매 사울이 다시는 그를 수색하지 아니하니라 _삼상 27:4

이혼하면 처음에는 좋을 수 있습니다. 더 이상 폭언에 시달리지도 않고, 지겨운 모습도 안 보니 너무 좋을 수 있습니다. 지금 다윗이 그렇습니다. 블레셋으로 가니 사울이 다시는 수색을 안 합니다. 다윗이 얼마나 편안했겠습니까? 언뜻 보기에 도피 생활도 이제는 끝인가 싶습니다. 하지만 다윗은 곧 큰 환난에 직면하게 됩니다.

지긋지긋한 배우자와 이혼하고, 돈 많고 예쁜 다른 이성을 만나서 재혼해도 그렇습니다. 그다음에는 문제가 더 많이 생기게 마련입니다. 그래서 "재혼은 아프리카 선교보다 더 어렵다"고들 하지요. 제가 지어낸 말이 아닙니다. 재혼한 사람들의 입에서 이구동성으로 나온 말입니다.

하나님은 다윗의 훈련을 위해 사울에게 사탄의 역할을 맡기셨습니다. 그런데 사울이 다윗을 수색하기를 그쳤다고 합니다. 왜 그렇습니까? 다윗이 세상에 빠지니 사탄도 이제는 더 이상 쫓아다닐 필요가 없어진 것입니다.

우리도 그래요. 사탄도 재미없어하는 사람이 되면 굉장히 치욕적으로 느껴야 합니다. 사탄이 쳐다도 안 보는 사람이 돼서는 안 돼요. 가족과 직장 상사에게 괴롭힘당하고 핍박당하는 인생이야말로 하나님의 장중에 있는 택자입니다. 아무 일도 없는 사람은 사탄도 맛을 안 보는 사람입니다. 내가 고난에 지쳐서, 삶이 힘들어서 이 책을 찾고 예배의 자리로 나왔다면, 나는 하나님께 제일로 사랑받는 사람입니다. 하나님의 생각으로 나를 채우시려고 하나님이 친히 불러 주신 것이에요.

인간적인 생각은 **셋째, 사람의 은혜를 구하고자 합니다.**

다윗이 아기스에게 이르되 바라건대 내가 당신께 은혜를 입었다면 지방 성읍 가운데 한 곳을 내게 주어 내가 살게 하소서 당신의 종이

어찌 당신과 함께 왕도에 살리이까 하니_삼상 27:5

다윗은 아기스에게 "당신께 은혜를 입었다면"이라는 표현까지 씁니다. 비굴하게 "여기서 살게 해 달라"고 간청합니다. 예수님의 조상이요, 이스라엘의 왕이 될 사람이 이방 시골 촌장 앞에 무릎을 꿇고 "당신의 종노릇도 마다하지 않겠다"라고 합니다. 하나님의 약속은 새까맣게 잊고, 사람에게 구걸합니다.

그런데 다윗은 왜 아기스와 함께 왕궁에 살지 않고 지방 성읍을 달라고 했을까요? 다윗은 아기스로부터 정치적·종교적으로 자유롭고 싶었을 것입니다. 이방인 왕과 함께하다 보면 마지못해 이방 신에게 절해야 할 때도 있지 않겠습니까? 가치관이 다르니 이런저런 갈등도 생길 것입니다. 그러므로 이런 불미스러운 일을 미리 막고자 아기스와 멀리 떨어진 성읍을 달라고 했을 것입니다. 나름대로는 다윗 공동체의 정체성을 지키기 위해 적용한 것입니다.

하지만 다윗의 내 생각에는 '내가 블레셋 땅으로 와도 우상숭배만 안 하면 되지 뭐, 블레셋을 지켜 주니까 지방 성읍 정도는 달라고 해도 괜찮지 뭐' 하는 자기 합리화가 있습니다. 먹고살기 위해서라면 아기스의 종, 즉 '사탄의 종'이라도 되겠다는 것입니다.

아기스가 그 날에 시글락을 그에게 주었으므로 시글락이 오늘까지 유다 왕에게 속하니라_삼상 27:6

그래서 다윗이 받은 땅이 시글락입니다. 이곳은 본래 유다 지파에 할당된 땅이었습니다(수 15:31). 그러다 시므온 지파에 주어졌고(수 19:5), 이후 블레셋으로 넘어갔습니다. 그만큼 유다와 가까운 땅입니다.

그러나 이 시글락은 이후 다윗의 인생에 어마어마한 태풍의 진원지가 됩니다. 최대 고난인 밧세바 사건에 버금가는, 아말렉 부족에게 아내와 자녀들이 사로잡히는 위기를 이 시글락에서 맞았습니다(삼상 30장). 그동안 사울에게 쫓겨 다니던 것과는 비교가 안 되는 고난입니다. 한편으로는 그 고난을 통해 시글락은 다시 유다 땅이 되었습니다.

이 말씀을 통해 이런 적용을 해 볼 수도 있습니다. 다윗이 시글락 땅에 거하게 된 것은 물론 '내 생각'의 결론입니다. 이해타산에 따른 것입니다. 하지만 우리가 이해타산으로, 내 유익을 위해 불신 배우자를 전도해도 그렇습니다. 불신결혼해서는 안 되겠지만, 불신 배우자가 예수를 믿게 된다면 이것이 곧 시글락이 유다 땅 되는 것 아니겠습니까?

하지만 분명한 것이 있습니다. 다윗이 아기스와 일정한 거리를 두기는 하지만, 사울을 피해 다닐 때보다 더 큰 대가를 치르게 됩니다. 우리가 '내 생각에 이게 좋으리로다' 하며 이혼하고, 불신결혼을 하고, 시글락으로 갔다가는 큰 대가를 치르게 됨을 알아야 합니다. 사람에게 피하려는 것은 지극히 인간적인 생각입니다. 지금 당장 내 눈에 보이는 편한 것만 생각해서는 안 됩니다. 내 생각을 버리고 하나님의 생각을 물어야 합니다.

† 다윗이 사울에게 쫓겨 블레셋으로 피한 것처럼 나를 힘들게 하는 부모, 형제, 남편, 아내를 피해서 가고 싶은 블레셋은 어디입니까?
† 힘든 일이 생기면 가장 먼저 찾아가는 사람은 누구입니까? 그래서 그 사람으로부터 많은 은혜를 받았습니까?
† 하나님의 생각을 묻지 않고 '이게 좋으리로다' 하며 내 생각대로 한 일은 무엇입니까?

내 생각으로는 잠시 평안하나 영원한 평안을 누리지 못합니다

다윗이 블레셋 사람들의 지방에 산 날 수는 일 년 사 개월이었더라
_삼상 27:7

디모데후서 4장 10절에 "데마는 이 세상을 사랑하여 나를 버리고 데살로니가로 갔다"고 합니다. 그런데 세상을 사랑해서 하나님을 버리고 간 사람의 명단 중에 다윗이 끼어 있습니다. 너무 놀랍지 않습니까? 우리가 이렇게 너나 할 것 없이 세상을 사랑합니다.

아무튼 다윗은 블레셋의 지방 성주가 되어서 1년 4개월 동안 통치합니다. 하나님의 관점에서 보자면 이 또한 훈련 기간입니다. 하지만 이때 다윗이 행복했을까요?

하나님의 사람은 사명 따라 와서 사명 따라 살다가 사명 따라 갑

니다. 그런데 이 1년 4개월 동안 사명을 잊은 다윗입니다. 사명을 감당하지도 못했습니다. 그러니 몸은 편안해도 마음은 아주 불편하지 않았을까요?

학창 시절, 비교적 부잣집 아이들이 많은 학교에 다녔는데 저는 집안이 망해서 가난했습니다. 그래서 기사가 운전하는 자가용을 타고 다니는 친구들이 너무 부러웠습니다. '나도 부자처럼 살아 봐야지' 생각했습니다. 그래서 남편과 첫선을 보던 날 기사를 데리고 나온 걸 보고 그야말로 '뿅' 가고 말았습니다. '나도 이제 다른 친구들과 레벨이 맞겠구나' 하며 시집을 갔죠. 바라던 대로 제가 행복했을까요? 행복은커녕 너무나 불행했습니다. 다윗이 블레셋에서 지낸 날이 '일 년 사 개월'이라는데 저는 햇수로 13년을 살았습니다. 남들 눈에는 저의 결혼생활이 굉장히 좋아 보였을 것이에요. 그러나 교회도 안 나가고, 봉사도 못 하고, 주의 일은커녕 집에서 걸레질만 했습니다. 그러니 제가 행복할 일이 뭐가 있었겠어요. 그때는 살림살이가 저의 사명이라고 할 수도 있겠지만 철저히 하나님이 안 계신 삶을 살았습니다. 1년 4개월 동안 다윗이 그리했던 것처럼 말입니다.

이때의 다윗에게는 하나님께 기도하고 경배하는 모습이 안 보입니다. 신앙인의 향기가 없습니다. 4대째 모태신앙인인 저도 그랬습니다. 블레셋 같은 부잣집으로 피신 가듯 시집간 후 신앙인의 모습을 찾아볼 수 없었습니다. 더구나 8절에 보면 다윗은 먹고살기 위해 남을 침략하기까지 합니다.

8 다윗과 그의 사람들이 올라가서 그술 사람과 기르스 사람과 아말렉 사람을 침노하였으니 그들은 옛적부터 술과 애굽 땅으로 지나가는 지방의 주민이라 9 다윗이 그 땅을 쳐서 남녀를 살려두지 아니하고 양과 소와 나귀와 낙타와 의복을 빼앗아 가지고 돌아와 아기스에게 이르매_삼상 27:8~9

가나안 정복 당시 그술 사람과 기르스 사람과 아말렉 사람들은 이스라엘이 쫓아내야 할 이방 족속이었습니다. 하지만 그들을 완전히 쫓아내지 못했기에 그 일부가 이스라엘 땅에 남아 있었습니다(수 13:1~13). 그리고 이곳저곳 떠돌며 이스라엘을 괴롭혔습니다. 그러니 다윗이 이들을 침노한 데는 나름대로 명분이 있었습니다. 비록 블레셋에 몸담고 있어도 내 민족을 생각해서 이스라엘의 원수들을 친 것입니다.

그렇다고 다윗이 사명을 감당하고 있는 것인가요? 다윗은 정작 하나님이 원하시는 적용은 하지 않고 이상한 적용만 하고 있습니다. 자신이 살아야 할 땅에 살지 않으면서 "나는 적용했어", "본래 유다 땅인 시글락을 달라고 했잖아?", "이방의 왕도에서 살지 않잖아", "애굽으로 가는 주민도 쳤어" 하며 핀트가 어긋난 적용만 합니다.

결혼했으면 가정이 우선입니다. 그리스도께서 교회의 머리이시듯 하나님은 남편을 아내의 머리로 세우셨습니다(엡 5:23). 그런데 이런 가정의 관계와 질서를 무시하고 전도하러 다닌다고 밖으로만 나도는 남편과 아내들이 있습니다. 지금 다윗의 모습이 딱 이와 같아요.

내 삶에는 말씀을 전혀 적용하지 않으면서 '나는 전도했다' 외치는 것과 똑같습니다.

이처럼 다윗이 하도 자기 합리화를 하니까 제대로 권면해 줄 사람도 없습니다. 그래서 하나님이 경을 치십니다. 앞으로 보겠지만 다윗이 그토록 사랑하는 두 아내, 아비가일과 아히노암이 아말렉에게 사로잡히는 어마어마한 일이 일어납니다(삼상 30:5). 이로써 하나님은 블레셋으로 떠난 것이 얼마나 중죄인지를 보여 주십니다.

> 10 아기스가 이르되 너희가 오늘은 누구를 침노하였느냐 하니 다윗이 이르되 유다 네겝과 여라무엘 사람의 네겝과 겐 사람의 네겝이니이다 하였더라 11 다윗이 그 남녀를 살려서 가드로 데려가지 아니한 것은 그의 생각에 그들이 우리에게 대하여 이르기를 다윗이 행한 일이 이러하니라 하여 블레셋 사람들의 지방에 거주하는 동안에 이같이 행하는 습관이 있었다 할까 두려워함이었더라 _삼상 27:10~11

다윗이 친 그술 사람과 기르스 사람과 아말렉 사람들은 가드 왕 아기스와는 한편입니다. 그러니까 자기 원수를 치고 아기스에게는 유다 사람을 쳤다고 둘러댄 겁니다. 멋대로 침노하더니 이제는 태연하게 거짓말까지 합니다. 아기스의 마음을 흡족하게 하기 위함입니다.

더구나 다윗은 그들을 단 한 사람도 살려 두지 않습니다. 이유가 무엇입니까? 누군가가 가드 왕 아기스에게 가서 "다윗이 유다 민족이 아니라 애굽으로 가는 사람들을 쳤다" 하고 이를 것 같아서 두려워했기 때문입니다.

하나님께 '묻자와 이르되' 하고 하나님의 원수를 죽인 것과 내 욕심으로 죽인 것은 차원이 다릅니다. 다윗은 하나님께 묻고 이들을 죽인 게 아닙니다. 그저 아기스에게 잘 보이고, 출세하려고 사람을 죽인 것입니다.

다윗이 타락했습니다. 살인에 거짓말을 일삼습니다. 교회에 다니면서 주의 일을 한다고는 하지만 회사에서는 불법을 저지르고, 집안에는 여자를 몇이나 데려다 놓고 사는 것과 다름없습니다. 이전의 다윗과 너무 대조됩니다. 그렇다고 우리는 다윗만 욕할 수 없습니다. 믿음의 조상 다윗이 이 지경이니 우리도 얼마든지 그럴 수 있습니다.

사람에 대한 두려움, 먹고살 것에 대한 두려움이 이처럼 거짓말로 이어질 수 있다는 것을 기억하십시오. 다윗이 지금 전쟁을 치르는 목적은 오직 재물 때문입니다. 세상의 전쟁도 마찬가지입니다. 기업 전쟁도, 부부간의 전쟁도 그 끝에 다 재물이 있습니다. 내가 더 잘살고 더 인정받으려고 하는 이유도 재물 때문입니다.

다윗은 나름대로 '나는 한시도 하나님의 백성임을 잊지 않는다' 하며 시글락으로 갔을 것입니다. 하지만 그곳은 애초부터 가지 말아야 할 곳입니다. 가지 말아야 할 곳에 갔기에 죄가 꼬리에 꼬리를 물고 이어지는 것입니다.

† 내 생각대로 살면서 얼마나 오랫동안 평안을 누리고 있습니까?
† 애초부터 가지 말아야 할 곳으로 갔다가 결국 죄에 빠진 적은 없습니까?

† 지금 무엇이 두렵습니까? 그 두려움 때문에 거짓을 일삼고 있지는 않습니까?

내 생각이 앞서면 두려워하던 일이 일어납니다

아기스가 다윗을 믿고 말하기를 다윗이 자기 백성 이스라엘에게 심히 미움을 받게 되었으니 그는 영원히 내 부하가 되리라고 생각하니라 _삼상 27:12

'환경에 장사 없다'라고 하지요. 지금 다윗이 그렇습니다. 그동안 사울이 핍박해 주었기에 하나님을 찾았던 다윗입니다. 그런데 사울이 뒤쫓기를 그치자 다윗이 세상을 쫓아다닙니다. 그러다 결국 일어나서는 안 될 일이 일어납니다. 자기 백성 이스라엘에게 심히 미움을 받던 다윗이 그 대신 아기스로부터 인정을 받게 된 것입니다.

예수를 믿던 사람도 세상에서 인정받은 뒤부터 하나님과 멀어지는 걸 종종 봅니다. 그래서 우리가 어디에서, 누구를 위하여 일하는가도 너무 중요합니다. 다윗도 예외는 아니었습니다. 자신을 인정해 주는 세상을 의지한 결과, 위기에 빠집니다. 인간은 100% 죄인입니다. 믿음이 이기는 것이지 사람이 이기는 게 아닙니다.

제가 남편에게 인정받고, 환경이 열렸더라면 말씀을 봤겠습니까? 돈을 마음대로 펑펑 쓰고 살았더라면 날마다 큐티를 했겠습니까?

절대로 그러지 않았을 것입니다. 오히려 남편이 저를 핍박해 주어서 제가 다른 길로 안 갔습니다. 오직 하나님만 찾았습니다. 그러므로 제가 인격적으로 하나님을 만나기까지 최고의 공로자는, 바로 저의 남편입니다. 남편이 집 밖으로 못 나가게 핍박해 줘서 저는 그저 말씀만 볼 수밖에 없었습니다. 그러니 고난이 제 인생에 얼마나 큰 축복이 되었는지 모릅니다. 생각할수록 저를 핍박해 준 남편이야말로 제 생명의 은인입니다.

그런데 다윗이 아기스로부터 인정받는 부하가 되니 이제 어떤 일이 일어납니까?

> 1 그 때에 블레셋 사람들이 이스라엘과 싸우려고 군대를 모집한지라 아기스가 다윗에게 이르되 너는 밝히 알라 너와 네 사람들이 나와 함께 나가서 군대에 참가할 것이니라 2 다윗이 아기스에게 이르되 그러면 당신의 종이 행할 바를 아시리이다 하니 아기스가 다윗에게 이르되 그러면 내가 너를 영원히 내 머리 지키는 자를 삼으리라 하니라 _삼상 28:1~2

믿는 사람이 원칙을 어기고 세상과 타협하면 반드시 대가를 치르게 됩니다. 지금 다윗이 그렇습니다. 원칙을 무시하고 눈앞에 좋은 것만 보고 쫓은 결과 엄청난 위기에 봉착하게 됐습니다. 블레셋과 이스라엘 사이에 전쟁이 일어난 것입니다. 다윗으로서는 마땅히 일어나야 할 일이 찾아왔습니다. 무슨 말씀을 전해도 다윗이 듣지 않으니, 결국 사건으로 말씀하실 수밖에 없는 하나님이십니다.

더구나 부하가 된 다윗에게 아기스가 내린 명령이 무엇입니까? "이스라엘을 향해, 네 고향 민족을 향해 총부리를 겨누라"고 합니다. 그리하면 "너를 내 머리 지키는 자로 삼겠다"라고 합니다. '내 생각'대로 인간적인 일에 열심을 부리다가 결국 하나님 나라를 대적해야 하는 기막힌 처지가 된 것입니다. 자기 나라 백성과 싸워야 하니 "네", "아니오"라고 분명하게 자기 입장을 밝히지도 못합니다. 애매모호하게 "당신이 아시리이다"라고 대답합니다.

이스라엘 왕으로 기름 부음 받은 다윗이 어쩌면 이럴 수가 있습니까? 내 생각의 결론이 이렇습니다. 선한 것이 하나도 없습니다. 쓸데가 없습니다. 잠시는 편안하나 평안이 없습니다. 꼬리에 꼬리를 물고 문제가 일어납니다. 세상이 그렇습니다. 늘 전쟁에서 이겨야 하기에 침노와 살인과 거짓을 일삼습니다. 그러나 원칙을 갖고 하나님 뜻대로 살면 하나님이 그다음을 책임져 주십니다. 문제를 막아 주십니다.

† 내 생각대로 했다가 맞닥뜨리게 된 두려운 일은 무엇입니까?
† 사람에게 인정받으려다가 하나님 나라를 대적하게 된 일은 없습니까?

내 생각을 버리려면 하나님의 생각을 물어야 합니다

다윗을 통해 보았듯이 내 생각이 얼마나 위험한지 모릅니다. 날마다 큐티해야 하는 이유가 여기에 있습니다. 우리가 생각을 잘하면 만사가 잘될 것 같지만, 사람의 생각은 한계가 있습니다. 하루아침에 무너질 수 있습니다. 항상 하나님께 물어야 합니다. 하나님의 말씀을 보아야 합니다.

놀랍게도 다윗이 죄지을 때는 하나님께 물었다는 이야기가 한마디도 나오지 않았습니다. 지난 25장에서 다윗이 나발과 싸우고 아비가일을 얻을 때도 하나님께 물었다는 이야기가 안 나왔습니다. 27장에서 블레셋으로 피난 갈 때도 마찬가지였습니다. 하나님께 물으면 가장 좋은 길로 인도해 주시는데 그 쉬운 일을 다윗이 안 했습니다.

우리인들 안 그렇습니까? 집안에서, 학교에서, 직장에서, 교회에서 내 생각과 다른 의견을 줄까 봐 묻지 않는 것이 얼마나 많습니까? 결혼도 동업도 투자도 다들 내 생각대로 합니다. 심지어 배우자, 부모에게도 묻지 않습니다. 물어봤자 "하지 마라" 할 게 뻔해서 그렇습니다. 그래서 묻지 않고 내 생각대로 밀어붙이다가 망한 사람을 수두룩하게 보았습니다. 망하고 나서 '미리 물어볼걸' 후회해 봐야 소용없습니다. 어떤 칼럼을 보니 문제가 닥쳐도 다른 사람과 의논하면 70% 이상 해결된다고 합니다. 스트레스도 이겨 낼 수 있다고 합니다. 그러나 혼자 고민하면 망할 수밖에 없습니다.

믿는 우리의 삶이 그렇습니다. 절대 신앙을 버리면 절대 위기가 찾아옵니다. 그러나 공동체에 물으면 살길이 보입니다. 다윗의 승리도 오직 하나님께 물었을 때만 찾아왔습니다.

우리들교회가 오늘날 이렇게 부흥한 이유도 그렇습니다. 날마다 하나님께 물은 것 말고는 특별한 비결이 없습니다. "큐티엠(QTM, 큐티선교회)을 할까요, 말까요?", "교회를 개척할까요, 말까요?", "남편이 죽었는데 이게 무슨 뜻이죠?" 하고 날마다 물은 것밖에 없습니다.

그런데 지난 26장에서 다윗은 사울의 축복을 받고도 내 생각에 사로잡혀 자기 길로 갔습니다. 이게 잘못입니다. 그때 다윗은 유다에 남았어야 했습니다. 그랬다면 하나님이 다윗을 보호해 주셨을 것입니다. 그러나 다윗은 하나님께 묻지 않았습니다. 자기 생각에 자기 길로 갔습니다. 사울도 자기 곳으로 갔습니다.

그러니 이 전쟁을 통해 하나님이 사울과 다윗 모두에게 책임을 묻고 계신다고 생각합니다. 이 전쟁은 사울과 다윗의 마지막 전쟁이 되었습니다. 사울은 죽고 다윗도 어마어마한 일을 겪습니다.

그동안 모든 훈련이 무색할 만큼 한량없이 세상으로 가는 다윗을 보면서 우리는 정말 할 말을 잃습니다. 그럼에도 하나님은 다윗을 사랑하십니다. 다윗 자신보다 다윗을 더 사랑하십니다. 다윗이 비록 '내 생각'에 빠져 블레셋으로 가고, 아기스의 부하가 되어서 이스라엘과 대적하는 신세가 되어도 그렇습니다. '저것이 식솔들과 함께 먹고 살겠다고 저랬구나' 하시면서 다윗을 끝까지 보호하십니다. 끝까지 다윗과 함께하십니다.

다윗에게 사울을 붙이시고, 아기스를 붙이신 것도 그렇습니다. 사울이나 아기스는 시험을 주는 자이고, 다윗은 시험을 당하는 자입니다. 둘 중에 고르자면 저는 여러분이 시험을 당하는 사람이 되기를 바랍니다. 시험을 주는 사람이 되지 않기를 바랍니다. 힘들어도 시험

당하는 것이 성숙해지는 비결입니다.

저는 한창 공부해야 할 시절에 집안이 어려워 생활비까지 벌어야 했습니다. 소녀가장으로 살다 보니 부잣집으로 시집가고 싶었죠. 그 마음을 하나님이 체휼하셨다고 생각합니다. 하나님이 제게 "수고했다" 하시며 고난 속에 그대로 버려 두지 않고 저를 구해 내셨습니다.

하나님은 피도 눈물도 없는 분이 아니십니다. 행여 내가 잘못된 결정을 해서 망하는 일이 있어도 그렇습니다. 하나님이 나보다 더 아파하신다는 것을 잊지 말기 바랍니다. "내가 누구 때문에 망했다" 하고 원망하지도 말기 바랍니다. 다윗이 도피 생활을 하면서도 '사울 때문에' 못 한 일은 전혀 없습니다.

저도 남편이 힘들고 시집살이가 힘들었지만 그래서 못 한 것은 없습니다. 피아노도 못 치고 외출도 못 했지만, 그 덕분에 성경을 읽고 사람을 살리게 되었습니다. 그러니 "나를 힘들게 하는 배우자 때문에, 자식 때문에 망했다"라고 하지 마십시오. 하나님이 반드시 살려 주실 것을 믿으시기 바랍니다.

† 내가 하나님을 인격적으로 만나기까지 최고의 공로자는 누구입니까?
† 집안에서, 학교에서, 직장에서, 교회에서 "묻자와 이르되"를 잘하고 있습니까? 내 생각대로 열심을 부리다가 망한 사건은 무엇입니까?

 우리들 묵상과 적용

저는 과거에 변변한 스펙도 없이 증권회사에 입사했습니다. 그럼에도 주임 시절부터 투자 수익률 최고를 기록하고, 사내 업적 평가에서 대상을 받는 등 성공 가도를 달렸습니다. 그러다 1997년 말 찾아온 IMF 경제위기로 그동안 쌓은 모든 것이 한순간에 무너졌습니다.

이후 저는 그런 현실을 피하느라 술을 마시기 시작했습니다. 하지만 술을 마시면 필름이 끊어지고, 가슴이 유난히 아팠습니다. 병원에서 '암일 수 있다'라는 진단을 받고 절망했을 때 언니의 권유로 교회를 다니게 되었습니다. 하지만 "이혼하지 말라"는 목사님의 부르짖음이 싱글인 저에게는 너무나 황당하게 들렸습니다. 결국 저는 교회를 떠나 세상으로 돌아갔습니다. 다윗이 유다를 떠나 블레셋 사람들의 땅으로 피하였듯이 말입니다(삼상 27:1).

그렇지만 저는 얼마 못 가 회사에서 직위해제를 당했습니다. 직원 간의 단순 폭행 사건이 성추행 사건으로 발전되었는데 제가 모든 책임을 떠안고 만 것입니다. 그러자 하나님이 생각났고, 저는 다시 교회로 돌아왔습니다. 하지만 회사에서 잘리며 받은 상처는 여전했습니다. 너무나 자존심이 상해서 '법정 소송을 할까?' 하며 인간적인 생각도 했습니다. 그런데 그 주일에 '창조 사역(창 1:1~2)'이란 제목의 설교 말씀을 들으며 제 생각을 접을 수 있었습니다. "너는 존귀하고 대단한 존재이니만큼 함부로 살아서는 안 된다. 모든 것은 내가 시작하였기에 내가 끝내지 않으면 끝낼 자가 없다. 내가 모든 잘못된 질서를 바로잡겠다. 너를 대신해 내가 싸워 주마" 하시는 하나님의 생각을 알게 되었기 때문입니다.

그러자 세상 권력과 재물에 빠져서 사람에게 은혜를 구하고, 시글락의 휴식을 얻기 위해 사탄의 종이 되었던 제 모습도 보였습니다(삼상 27:5~7). 저의 유익을 위해 남을 침노하고 거짓말하고, 부하 직원들에게 수치심과 모욕감을 안겨 준 죄도 깨달아졌습니다(삼상 27:8~10). 젊은 시절 정욕에 빠져 혼전 임신하고, 낙태를 자행한 죄도 떠올랐습니다. 그럼에도 이 죄보다 가벼운 '성추행'이라는 수치의 죄패를 붙여 주시고, 직위해제라는 심판의 사건을 통해 저를 구원해 주신 하나님의 사랑이 얼마나 놀라운지 모릅니다. 이후 저는 회사의 배려로 복직할 수 있었습니다. 내 생각으로 살 때는 꼬리에 꼬리를 물고 사건들이 왔지만, 하나님의 생각을 물으며 가니 모든 것에서 승리하게 해 주십니다. 연약한 저를 늘 돌보아 주시는 주님, 감사합니다.

 영혼의 기도

하나님 아버지, '내 생각'에 사로잡혀서 위기를 자초하는 다윗을 봅니다. 사울이 자신을 찾아오지 못할 곳이라면 원수의 나라도 가겠다는 다윗입니다. 하지만 블레셋으로 피해서 일 년 사 개월 동안 숨어 있어도 결코 행복하지 않은 모습입니다. 죄가 꼬리에 꼬리를 물고 이어집니다. 먹고사는 문제를 해결하려다 보니 아기스의 부하가 되어서 이스라엘과 대적해야 하는 위기에도 처했습니다.

그런데 이런 다윗의 모습이 우리에게도 있음을 고백합니다. 인간적인 생각에 빠져서 잠시 평안하나 영원한 평안을 누리지 못합니다. 이런 우리를 불쌍히 여겨 주옵소서. 그럼에도 다윗을 끝까지 보호하시고 끝까지 함께해 주신 것처럼 우리에게도 동일한 은혜를 덧입혀 주옵소서.

이제는 더 이상 인간적인 내 생각에 사로잡히지 않기를 원합니다. 사람에게 피하고, 사람의 은혜를 구하지 않기로 결단합니다. 가족도 넘어서겠습니다. 쓸데없는 내 생각을 내려놓고 날마다 하나님의 생각을 묻겠습니다. 또한 하나님이 허락하신 이 유다 땅을 떠나지 않기로 결단합니다. 아내로서 남편으로서 부모 형제로서 나의 자리를 잘 지키겠습니다. 배우자의 인격에, 부모의 인격에 순종하는 것이 아니라 관계와 질서에 순종하기를 원합니다. 내 생각을 버리고 하나님의 생각으로 채우는 우리가 되기를 원합니다. 가정은 지킬 만한 가치가 있다는 것을 알고 순종할 수 있도록 역사하여 주시옵소서. 예수님 이름으로 기도드립니다. 아멘.

Chapter 6

신접한 여인

사무엘상 28장 3~25절

> 하나님 아버지, 기복신앙·무속 신앙에 빠져
> 신접한 여인을 찾는 우리를 용서해 주옵소서.
> 우리 인생에 찾아오는 위기 앞에
> 오직 주의 말씀만 의지하기 원합니다.
> 말씀해 주옵소서. 듣겠습니다.

한 집사님이 "신내림을 받겠다는 큰딸을 말려 달라"며 공동체에 긴급히 기도를 부탁하셨습니다. 이 딸은 남편과 이혼하고 예수도 믿지 않는답니다. 집사님의 기도 제목이 너무나 간절했습니다.

"저와 막내딸이 먼저 회개하고 예배가 회복되게 해 주세요. 그리하여 큰딸을 교회로 데려오려는 노력을 멈추지 않게 해 주세요. 구원을 위해 속히 움직일 수 있는 지혜를 주시고, 사탄의 세력이 무너지도록 기도해 주세요."

한때는 큰딸도 교회를 다녔는데 "고난이 축복"이라는 설교를 듣고는 "도무지 이해할 수 없다" 하면서 발길을 끊었답니다. 이 가정과 자매를 위해 공동체가 얼마나 열심히 기도했는지 모릅니다. 그러나 끝내 자매는 신내림을 받았습니다. 이런 기도 제목은 좀 응답해 주셔야 하지 않겠습니까? 자매의 소식을 듣고 제가 얼마나 허탈하던지요. '어떻게 이럴 수가!' 싶었습니다.

그런데 본문을 보니 사울도 신접한 여인을 찾아갑니다. 사무엘과 다윗, 요나단이 사울을 위해 얼마나 눈물로 기도했을까요? 그럼에도 신접한 여인을 찾는 사울을 보면서, '우리가 열심히 기도해도 사울처럼 변하지 않는 식구가 있겠구나' 싶어서 슬퍼졌습니다. 사울 같은 영혼들이 불쌍해서 제가 흘린 눈물이 한 양동이는 될 것 같습니다.

성경에서는 박수무당을 자기 죗값을 물어 반드시 죽이라고까지 합니다(레 20:27). 왜 그럴까요? 무당은 우리에게 영원한 유혹이 되기 때문입니다. 그럼에도 우리는 왜 이토록 신접한 여인을 좋아할까요?

우리의 기복신앙 때문입니다

사무엘이 죽었으므로 온 이스라엘이 그를 두고 슬피 울며 그의 고향 라마에 장사하였고 사울은 신접한 자와 박수를 그 땅에서 쫓아내었더라 _삼상 28:3

사무엘이 죽었다는 이야기는 25장 1절에도 나옵니다. 이때 바란 광야로 피한 다윗은 나발과 일전을 벌이기도 했습니다. 사무엘의 죽음이 다윗에게 위기가 된 것입니다. 그런데 성경은 또다시 사무엘의 죽음을 언급합니다. 곧이어 사울의 행적을 이야기하며 사무엘의 죽음이 사울에게도 대단한 위기였음을 시사하죠. 사울이 어떤 위기에 처하게 되나요?

3절을 보니 사울은 사무엘이 죽자마자 신접한 자와 박수를 그 땅에서 쫓아냅니다. 왜 그랬을까요? 백성이 다윗과 사무엘을 너무 좋아했잖아요. 그런데 다윗도 없어지고, 사무엘도 죽었습니다. 그러니 이제는 백성의 사랑과 관심을 혼자 다 받고 싶었을 것입니다. 인기를 얻고자 나름 작전을 편 것이죠.

지난 15장을 다시 보면, "아말렉을 진멸하라"는 하나님의 명령을 어기고 아각 왕을 살려 두고 그에게서 값나가는 전리품까지 탈취한 사울을 사무엘이 책망합니다. 사울은 "가장 좋은 것으로 하나님께 제사하려고 양과 소를 끌어왔다"라고 변명하죠. 그러자 사무엘이 뭐라 합니까?

"이는 거역하는 것은 점치는 죄와 같고 완고한 것은 사신 우상에게 절하는 죄와 같음이라 왕이 여호와의 말씀을 버렸으므로 여호와께서도 왕을 버려 왕이 되지 못하게 하셨나이다 하니"(삼상 15:23).

이 말을 듣고 사울은 "내가 범죄하였나이다" 하며 부랴부랴 회개합니다. 무슨 말입니까? 사울 왕이 열심히 예배드리고 제사 지내지만 그것은 점치는 신앙이라고 지적한 것입니다. 사울의 신앙은 기복을 비는 무속 신앙에 불과하다고 이때부터 이야기해 줬습니다.

그러니 생각해 보세요. 점치는 신앙이라며 핵심을 찔리고 "하나님이 당신을 버렸다, 당신은 왕이 되지 못한다"라는 예언까지 들었으니 '점쟁이'라면 사울이 치가 떨리지 않겠습니까? 사무엘이 죽자 그의 예언이 틀렸다는 걸 입증하고 싶었을 것이에요. '내가 점쟁이를 버렸다'고 온 백성에게 알리고 싶었을 것입니다.

그러나 말씀을 적용하려면 제대로 해야 합니다. 하나님은 "남자나 여자가 신접하거나 박수무당이 되거든 반드시 죽일지니 곧 돌로 그를 치라"(레 20:27)고 하셨습니다. "돌로 치라"고 하셨지 "쫓아내라"고 하지 않으셨습니다. 사울은 말씀을 적용하는 듯 보여도 항상 철저히 순종하는 법이 없습니다. '거의 적용'에 불과합니다.

우리 인생에 '거의 합격'은 없습니다. 합격이면 합격이고 불합격이면 불합격입니다. 적용도 마찬가지입니다. 특히나 사울처럼 기복(祈福)에 빠진 사람은 철저히 적용하지 않습니다. 적용하는 척합니다. 입으로만 회개합니다.

사울이 그래서 신접한 자와 박수를 죽이지 않고 쫓아낸 것입니다. 그러자 이제 어떤 일이 일어납니까?

> 4 블레셋 사람들이 모여 수넴에 이르러 진 치매 사울이 온 이스라엘을 모아 길보아에 진 쳤더니 5 사울이 블레셋 사람들의 군대를 보고 두려워서 그의 마음이 크게 떨린지라 _삼상 28:4~5

지난 17장에서도 블레셋은 골리앗을 앞세워 이스라엘을 공격한 적이 있습니다. 그때 다윗의 활약으로 크게 패배했던 블레셋이 또다시 이스라엘로 쳐들어온 것입니다. 이것이 그 유명한 '길보아 전쟁'입니다.

사울은 온 이스라엘을 모아 길보아에 진을 칩니다. 하지만 지금 사울의 마음이 어떻습니까? 블레셋 사람들의 군대를 보고 두려워서 그의 마음이 크게 떨렸다고 합니다. 사울이 신접한 자와 박수를 쫓아냈으면 이제는 하나님이 사울을 도와주셔야 하지 않습니까? 사울은 하나님이 그리해 주실 줄 믿었습니다. 그런데 블레셋이 쳐들어온 것입니다. 사울로서는 '나는 신접한 자와 박수도 쫓아내고, 예배도 잘 드리는데 왜 블레셋이 쳐들어왔을까?' 했을 것입니다. 이처럼 사건을 해석하지 못하는 데에 사울의 한계가 있습니다.

하나님은 사울의 '거의 적용'에 속지 않으십니다. '눈 가리고 아웅' 하는 적용을 하면 어떻게 되는지 사울을 통해 보여 주십니다.

사무엘이 죽고 나서 다윗과 사울에게 똑같이 위기가 찾아왔습니다. 그런데 결정적인 실패는 사울이 합니다. 그 이유가 무엇일까요? 다윗은 당해서 쫓겨난 사람이고 사울은 쫓아낸 사람이기 때문입니다. 이혼도 그렇습니다. 본인의 뜻으로 이혼하는 것과 본의 아니게 이혼당하는 것은 하늘과 땅 차이입니다. 그러므로 내 발로 가정을 뛰쳐나가면 안 됩니다.

다윗은 비록 쫓겨났지만, 그마저 훈련의 과정입니다. 다윗은 하나님의 사람이기에, 하나님 마음에 합한 사람이기에 하나님이 전적으로 그를 보호하십니다. 그러므로 다윗이 이스라엘 땅에 있을 때는 블레셋이 감히 쳐들어오지 못했습니다. 다윗과 사울이 치열한 영적 전쟁을 치르고 있으니까 블레셋이 이스라엘을 넘보지 않았습니다. 그런데 사정이 바뀌었습니다. 지금은 하나님이 블레셋 편에 서 계십니다. 왜 그렇습니까? 하나님의 사람 다윗이 그곳에 있기 때문입니다.

다윗이나 사울이나 힘들기는 매한가지입니다. 하지만 다윗이 있는 곳은 하나님이 건드리지 못하게 하시는 것을 봅니다. 반면에 사울은 다릅니다. 그는 굉장히 탁월한 지도자이지만, 탁월함 때문에 망했습니다. 그는 하나님 안에 있는 것 같으면서도 자신의 나라, 자기 욕심이 확고합니다. 하나님을 믿기는 하지만 자기 일이 따로 있습니다. 절대적인 자기 영역을 죽어도 놓지 못해서 늘 독자적인 노선을 취합니다. 자기 유익만 구합니다. 자기 길을 갑니다. 그러다 결국 하나님께 버림받습니다.

　내 유익만을 구하는 사람은 아무리 탁월해도 결국 사울의 길을 가는 것입니다. 왜냐하면 사울처럼 평생 자기 생각을 지우지 못하기 때문입니다. 자기 영역과 자기 생각에 갇혀 삽니다. 사울은 자신이 탁월하니까 다윗을 도무지 인정할 수가 없습니다. 어떤 부분은 인정했지만 결코 인정하지 못하는 부분이 있습니다.

　반면에 다윗처럼 힘들지만 십자가 길을 가는 사람의 걸음걸음에는 예수 향기가 날립니다. 그러므로 내 곁에 예수 잘 믿는 한 사람이 있는 것이 얼마나 큰 축복인지 모릅니다. 다윗같이 고난당하고 무시당해도 예수 잘 믿는 내 배우자, 내 부모 형제, 그 한 사람 때문에 온 가족이 어마어마한 복을 받게 될 것입니다. 다윗으로 말미암아 온 이스라엘이 변하듯이 내 집안도 다 변할 줄 믿습니다.

† 예수를 믿어도 절대 내려놓지 못하는 나의 욕심은 무엇입니까? 내 생각, 내 영역을 포기하지 못해서 스스로를 고립시키고 있지는 않습니까?

† 온전히 돌로 쳐 죽이지 못하고 쫓아내기만 한 나의 신접한 자와 박수는 누구(무엇)입니까?

† 날마다 큐티하며 입으로만 회개하고, 적용하는 척만 하지 않습니까?

† 나의 신앙을 돌아보세요. 기복 신앙입니까, 팔복(八福) 신앙입니까?

하나님이 대답하지 않으신다고 생각하기 때문입니다

6 사울이 여호와께 묻자오되 여호와께서 꿈으로도, 우림으로도, 선지자로도 그에게 대답하지 아니하시므로 **7** 사울이 그의 신하들에게 이르되 나를 위하여 신접한 여인을 찾으라 내가 그리로 가서 그에게 물으리라 하니 그의 신하들이 그에게 이르되 보소서 엔돌에 신접한 여인이 있나이다 _삼상 28:6~7

다윗은 하나님의 생각을 묻지 않고 '내 생각'에 빠져서 블레셋으로 갔습니다. 그런데 예배 중독자인 사울은 일단 하나님께 묻습니다. 하지만 그의 물음은 형식에 불과합니다. 묻기는 해도 이내 하나님이 대답하지 않으신다고 스스로 단정합니다. 그래서 신접한 여인을 찾습니다. 철저한 적용이 아니라 '거의 적용'입니다. 신접한 자와 박수를 죽이지 못하고 그 땅에서 쫓아내기만 한 사울의 '점쟁이 신앙'의 실체가 여기서 드러납니다. 그 마음속에는 늘 신접한 자와 박수를 의지하는 기복이 있습니다. 사울의 '내 생각'은 곧 점쟁이 신앙입니다. 신접한 자와 박수를 쫓아낸 것도 '쇼(show)'였습니다. 쫓아낼 마음은 하나도 없으면서 행위만 그렇게 한 것이죠. 하나님과 신접한 자에 대한 개념도 없습니다.

사울이 물어도 여호와께서 꿈으로도, 우림으로도, 선지자로도 그에게 대답하지 않으신 이유가 무엇입니까? '우림'은 이미 없어졌습니다. 지난 23장에서 아히멜렉의 아들 아비아달이 그일라에 있는 다윗에게로 도망할 때 에봇과 함께 가지고 왔으리라고 봅니다. 선지자들도 마찬가지입니다. 사울이 힘이 있을 때 여든다섯 명의 제사장을 무차별로 죽이지 않았습니까(삼상 22:18)? 물어볼 제사장도, 제대로 대답해 줄 제사장도 없습니다. 사무엘 선지자도 죽었습니다. 다윗도 도망가서 없습니다. 지금 사울 곁에는 도움을 구할 선지자도 지혜자도 없는 것입니다. 그나마 영적인 아들 요나단이 있지만, 사울은 요나단이 어떤 말을 해도 듣지 않았을 것입니다.

우리가 예수를 믿어도 그렇지요. 항상 자기편을 들어주고, 자기에게 유리한 말을 해 주는 사람을 하나님의 사람으로 여기려 합니다. 하지만 이것이 기복 신앙입니다. 사울이 그렇습니다. 자기 세계가 확실합니다. 사울이 듣고 싶은 대답은 오직 "블레셋이 진다"라는 것이었습니다.

블레셋이 침략해 온 것은 하나님이 계획하신 일입니다. 그러나 사울은 이 전쟁을 해석하지 못합니다. 하나님이 자기를 부수시리라고는 생각조차 하지 못합니다. '나는 예배를 열심히 드리기에 하나님과 나는 영원히 같은 편'이라는 생각에 갇혀 있습니다. 블레셋이 원수요, 문제라고만 생각합니다. 하나님이 블레셋으로 변장하셔서 사울을 공격하시는 것인데 사울은 좀체 깨닫지 못합니다.

이때 사울의 유일한 선택은 다윗을 찾아가 도와달라고 하는 것입니다. 그러면 블레셋을 이길 수 있었습니다. 그러나 사울은 그런 생각을 하지도 못하고, 행여 했더라도 실천에 옮기지는 못했을 겁니다. 결정적인 적용이 안 되는 사람입니다. 왜, "미안해요" "사랑해요" 이 한마디만 하면 해결되는데 끝까지 못 해서 일을 그르치는 사람이 있지 않습니까? 사울이 딱 그런 사람입니다. 그러다 결국 사울이 택한 일이 뭡니까? 신접한 여인을 찾아가는 겁니다. 사울을 말리는 사람도 없습니다. 여든다섯의 제사장들을 무차별로 죽이는 것을 보았는데 그 누가 사울 앞에서 바른말을 할 수 있겠습니까? 언로가 다 막혀 있는 사울입니다. 그의 곁에는 그저 비위를 맞춰 주는 간신배들만 있습니다. 그래서 대뜸 "엔돌에 있는데요" 하고 신접한 여인이 있는 곳을 소개합니다. 하나님을 믿는다고 하는 이스라엘의 통치자와 신하들 사이에서 지금 이런 일이 일어나고 있습니다.

북한의 김정은이 그렇습니다. 자기 주변 사람을 마구 숙청했으니 그 주변에 그를 도와줄 사람이 없습니다. 아버지, 어머니, 할아버지, 할머니 다 돌아가시고, 남아 있는 가족이라고는 고모뿐인데, 그 고모도 치매에 걸렸다고 합니다. 그래서 고모부인 장성택을 전혀 갈등 없이 처형했다지요. 그러니 김정은 주변에도 믿을 만한 사람이 없습니다. 간신배만 우글거립니다.

사울은 도무지 구속사를 모릅니다. 그는 항상 '나는 옳고 너는 틀리다'라는 생각에 갇혀 있습니다. '나는 예수를 믿으니까 항상 하나님은 나를 지키고 계시다. 그런데 블레셋은 예수를 안 믿으니까 하나님이 그들을 망하게 할 것이다'라는 지극히 초등학문 수준인 생각만 합니다. 예수를 믿어도 자기 힘으로 살고자 합니다. 내 영역, 내 욕심, 내 생각을 절대 포기하지 못합니다. 누구도 침범하지 못하게 합니다. 이것이 바로 나를 우상 삼는 것입니다. 하나님께 버림받은 자의 특징입니다. 그러니 맨날 '무당을 쫓아냈는데 왜 나한테 이런 고난이 오는가?'라는 원망만 하는 것입니다.

내가 믿음이 충만할 때는 사탄도 숨을 고르느라 가만히 있습니다. 그러나 사울의 경우는 다릅니다. 사탄이 바보가 아니잖아요? 사울이 아무리 "예배, 예배" 해도 그의 마음에 기복이 가득한 걸 모를 리 없습니다. 사울의 약점을 다 분석했습니다. 블레셋이 너무나 정확합니다.

"사무엘은 죽었고, 골리앗을 물리친 다윗까지 우리 편이 되었으니 사울은 이제 허수아비에 불과하다."

사탄도 이렇게 정확하게 분석하는데 우리도 정확한 분석으로 대응해야 하지 않겠어요? 내 믿음이 충만한지 아닌지는 사탄이 먼저 압니다. 미리 나를 분석하고 빈틈이 보이면 곧장 쳐들어옵니다. 그러므로 "믿음이 이기니 나는 아무것도 안 해도 된다"가 아닙니다. 우리가 날마다 말씀으로 큐티하며 진리로 허리띠를 띠고, 성령의 검 곧 하나님의 말씀을 가져야 하는 이유가 여기에 있습니다(엡 6:14, 17).

다윗과 사울의 차이도 그렇습니다. 다윗은 하나님이 전쟁의 배후에서 역사하고 계시는 것을 압니다. '아, 나 때문에, 나의 훈련을 위해 사울과 블레셋을 내 옆에 두셨구나.' 자신의 훈련을 위해 블레셋과 사울이 수고하는 것을 압니다.

그러나 사울은 평생 다윗과 블레셋을 원수로 여깁니다. 다윗에게는 수고하는 사람밖에 없는데 사울에게는 원수밖에 없습니다. 그러니까 이기고 지는 것은 전적으로 나의 믿음에 달려 있습니다. 상대방과는 상관이 없습니다. 이것을 잘 아셔야 합니다.

사울은 왕인 데다 자기 세계가 너무 뚜렷하니까 도무지 분별이 안 됩니다. 하나님이든, 사무엘이든, 엔돌의 신접한 여인이든 누구든 상관없습니다. 그저 내게 이익만 가져다주면 그만입니다. 내게 도움만 줄 수 있다면 누구도 마다하지 않습니다.

하지만 예수를 제대로 믿는 사람에게는 신접한 여인이 필요 없습니다. 그 인생에 '위기'라는 단어 자체가 없습니다. "너희가 그리스도의 고난에 참여하는 것으로 즐거워하라 이는 그의 영광을 나타내실 때에 너희로 즐거워하고 기뻐하게 하려 함이라"(벧전 4:13)는 말씀을 따라 고난도 십자가 지는 것도 축복으로 여기기 때문입니다. 그 마음속에 평강이 넘치기 때문입니다.

예수를 믿는다면서도 자기 인생을 포기하지 못하고, 뜻대로 안 되면 위기로 여기는 사람들이 있습니다. 그래서 그 마음에는 늘 신접한 여인의 유혹이 존재합니다. '이 일이 잘될지, 안될지'가 궁금해서 점쟁이를 찾습니다. 점쟁이 목사, 점쟁이 권사를 찾아갑니다.

제가 괜히 하는 얘기가 아닙니다. 이게 다 성경에 나오는 이야기입니다. 예배 중독자인 사울이 신접한 여인을 찾아가지 않습니까? 이것은 그가 평소에 하나님을 무당 정도로 여겼음을 의미합니다. 하나님을 '무당 중에 최고 무당' 정도로 섬기면서 살아왔다는 것입니다.

오늘날에도 선거철이 되면 정치인들이 점쟁이와 무당을 찾아다니지요. 이것이 얼마나 큰 범죄인지를 지금 성경이 알리고 있는 것입니다.

어떤 학자는 "무지와 미신은 수학적일 만큼 상호 관련이 있다"라고 했습니다. 무지 중에 최고의 무지는 하나님을 제대로 알지 못하는 것입니다. 그래서 미신을 믿고 무당을 찾는 것입니다. 엘리트라도 별수 없습니다. 자기 세계가 무너질 지경이 되면 안 찾아갈 곳이 없습니다. 교회에 다녀도 마찬가지입니다. 다들 자기 믿음의 분량대로 신접한 여인을 찾습니다. 진짜 점쟁이부터 신접해 보이는 목사, 권사를 비롯해서 급기야 이단까지 찾아갑니다.

그렇다면 하나님은 왜 사울에게 이런 역할을 맡기셨을까요? 하나님은 자신의 형상대로 우리를 창조하셨습니다. 따라서 "나는 이런 종류의 인간을 원하지 않는다"라고 사울을 통해 알려 주시는 것이에요.

블레셋이 침공한 이유도 그렇습니다. 하나님은 이 사건을 통해 사울의 본색을 우리에게 보여 주십니다. 그 본색이 무엇입니까?

사울은 사무엘이 죽고, 블레셋이 쳐들어오자 즉시 신접한 여인을 찾습니다. 평소 사울이 사무엘의 존재를 어떻게 여겼는지 그 속내가 빤히 드러납니다. 사무엘이 죽어도 자기를 지켜 줄 경호원 한 명 없어진 정도로만 여깁니다. 그 믿음의 현주소가 이렇습니다. 이런 행동 하나만 봐도 사울의 신앙이 가늠됩니다. 그는 평소 신접한 여인을 대하듯 하나님을 섬겼을 것입니다. 하나님 없이 살아온 사람이나 다름이 없습니다. 이런 사람에게는 무당이 제격입니다. 사울과 무당, 서로 짝이 맞습니다. 사울의 믿음은 무속 신앙에 불과합니다. 우리 주위에도 사울처럼 기복신앙, 무속 신앙을 가진 사람들이 많죠. 교회에 다녀도 사울처럼 늘 나의 앞날만을 궁금해하는 사람의 믿음은 기복적인 무속 신앙입니다.

하나님은 "블레셋이 아니라 내가 위기를 가져왔다" 사울에게 알리기 원하셨습니다. 우리 인생의 위기도 그래요. 내 배우자, 내 자녀, 내 부모, 내 직장 상사 때문에 위기가 찾아온 것이 아닙니다. 하나님이 허락하신 것입니다. 그러므로 이 위기를 통해 더욱 하나님의 뜻을 알기에 힘써야 합니다. 하나님의 말씀에 귀를 기울여야 합니다. 사울처럼 점쟁이를 찾아가선 안 됩니다.

8 사울이 다른 옷을 입어 변장하고 두 사람과 함께 갈새 그들이 밤에 그 여인에게 이르러서는 사울이 이르되 청하노니 나를 위하여 신접한 술법으로 내가 네게 말하는 사람을 불러 올리라 하니 9 여인이 그에게 이르되 네가 사울이 행한 일 곧 그가 신접한 자와 박수를 이 땅에서 멸절시켰음을 아나니 네가 어찌하여 내 생명에 올무를 놓아 나를 죽게 하려느냐 하는지라_삼상 28:8~9

사울도 신접한 여인을 찾아가는 것이 잘못인 줄 압니다. 그래서 다른 옷을 입어 변장하고 여자를 찾아갑니다. 그러고는 "나를 위하여 신접한 술법으로 내가 네게 말하는 사람을 불러 올리라"고 합니다. 그러자 이 여인이 뭐라고 합니까? "사울이 신접한 자와 박수들을 쫓아낸 것을 모르느냐? 지금 네가 나를 죽이려고 하느냐?" 하며 도리어 사울에게 호통을 칩니다.

10 사울이 여호와의 이름으로 그에게 맹세하여 이르되 여호와께서

살아 계심을 두고 맹세하노니 네가 이 일로는 벌을 당하지 아니하리라 하니 11 여인이 이르되 내가 누구를 네게로 불러 올리랴 하니 사울이 이르되 사무엘을 불러 올리라 하는지라 12 여인이 사무엘을 보고 큰 소리로 외치며 사울에게 말하여 이르되 당신이 어찌하여 나를 속이셨나이까 당신이 사울이시니이다 13 왕이 그에게 이르되 두려워하지 말라 네가 무엇을 보았느냐 하니 여인이 사울에게 이르되 내가 영이 땅에서 올라오는 것을 보았나이다 하는지라 14 사울이 그에게 이르되 그의 모양이 어떠하냐 하니 그가 이르되 한 노인이 올라오는데 그가 겉옷을 입었나이다 하더라 사울이 그가 사무엘인 줄 알고 그의 얼굴을 땅에 대고 절하니라 15 사무엘이 사울에게 이르되 네가 어찌하여 나를 불러 올려서 나를 성가시게 하느냐 하니 사울이 대답하되 나는 심히 다급하니이다 블레셋 사람들은 나를 향하여 군대를 일으켰고 하나님은 나를 떠나서 다시는 선지자로도, 꿈으로도 내게 대답하지 아니하시기로 내가 행할 일을 알아보려고 당신을 불러 올렸나이다 하더라 16 사무엘이 이르되 여호와께서 너를 떠나 네 대적이 되셨거늘 네가 어찌하여 내게 묻느냐 _삼상 28:10~16

10절에서 사울은 여호와의 이름으로 맹세까지 하며 여인을 안심시킵니다. "걱정 말라. 네가 이 일로 벌을 당하지 아니하리라. 안 죽일 테니 불러 올리라"고 합니다. 여인이 "누구를 불러 올릴까요?" 하니 "사무엘을 불러 올리라"고 합니다. 그제야 여인은 그가 사울임을 알아채고는 두려워합니다. 사울이 "두려워하지 말라 그런데 네가 무엇을 봤느냐?" 하며 묻자, 여인은 "영이 이 땅에서 올라오는 것을 보았다"고 합니다. 14절에서는 "한 노인이 올라오는데 겉옷을 입었나이다" 하며 그 모습에 대해서도 구체적으로 말합니다. 그러자 사울은 그가 사무엘인 줄 알고 얼굴을 땅에 대고 절합니다.

하지만 이 사람은 사무엘이 아닙니다. 죽은 자는 신자나 불신자를 막론하고 이 세상과 교통할 수 없습니다. 죽은 자는 이 세상과 닿지 않는 다른 처소로 갑니다. 신접한 여인이 말하는 노인은 사무엘의 모습을 한 귀신에 불과합니다. 그런데 사무엘 흉내를 너무도 잘 냅니다. "네가 어찌하여 나를 불러 올려서 나를 성가시게 하느냐?"며 호통치기까지 합니다. 그 술수에 넘어간 사울은 또 이렇게 대답합니다.

"나는 심히 다급하니이다 블레셋 사람들은 나를 향하여 군대를 일으켰고 하나님은 나를 떠나서 다시는 선지자로도, 꿈으로도 내게 대답하지 아니하시기로 내가 행할 일을 알아보려고 당신을 불러 올렸나이다."

굿을 할 때 자신의 죽은 부모를 불러 달라는 사람이 많답니다. 그러면 무당이 그 부모의 목소리를 흉내 낸다죠. 다들 부모의 혼령이 나타난 줄 알지만, 이것도 사탄의 장난에 불과합니다. 속으면 안 됩니다. 그런데 안타깝게도 사울은 완전히 속아 넘어갔습니다. 마지막 기회를 끝내 놓칩니다.

하나님은 사무엘 선지자가 죽은 후 의도적으로 블레셋이 이스라엘을 침략하게 하셨습니다. 그러나 사울은 이 사건을 해석하지 못합니다. 그저 신접한 여인에게로 갑니다. 그 앞에서 사무엘을 찾습니다.

평소에는 사무엘을 몹시 불편해했던 사울 아닙니까? 어쩌면 속으로는 사무엘이 속히 죽기를 바랐을 것입니다. 그런데도 죽은 사무엘을 불러 달라고 한 이유가 무엇일까요?

'나는 하나님께 할 도리를 다했다' 하는 것입니다. '나는 여기까지 와서도 사무엘을 찾았다. 나는 사무엘을 존경한다. 나는 사무엘을 선지자로 인정한다'라는 것을 보이기 위함입니다. 그는 신접한 여인에게조차 인정받고 싶어 합니다. 그래서 사울이 사람들로부터 얼마나 인정을 받았는지는 알 수 없습니다. 하지만 그의 무속 신앙만큼은 확실히 보여 줍니다.

† 지금 어떤 위기에 처해 있습니까? 그 위기가 하나님이 나의 훈련을 위해 허락하신 사건임이 인정됩니까? 위기의 사건을 해석하지 못해 날마다 배우자 탓, 자녀 탓, 부모 형제 탓, 직장 상사 탓을 하고 있지는 않습니까?
† 날마다 하나님께 묻지만 꿈으로도, 우림으로도, 선지자로도 응답받지 못하는 나의 기도 제목은 무엇입니까? 그래서 신접한 여인을 찾고 있지는 않습니까?

신접한 여인의 특징에 현혹되기 때문입니다

신명기 13장 1절부터 5절에 보면 거짓 영도 예언할 수 있는 능력이 있습니다. 신접한 여인도 맞는 말만 하는 것 같습니다. 그 말에 사울이 현혹됩니다.

　우리는 이처럼 광명의 천사로 가장한 사탄의 속삭임을 늘 경계해야 합니다(고후 11:14). 그렇다면 사탄의 정체를 우리가 어떻게 분별할 수 있습니까? 신접한 여인의 말을 통해 사탄의 특징을 살펴보겠습니다.

첫째로, 절망하게 합니다.

사무엘이 이르되 여호와께서 너를 떠나 네 대적이 되셨거늘 네가 어찌하여 내게 묻느냐_삼상 28:16

　사무엘을 가장한 사탄은 사울에게 "여호와가 너를 떠나 대적이 되었는데, 왜 묻느냐?"고 합니다. 사울을 절망하게 합니다.

둘째로, 대적하게 합니다.

여호와께서 나를 통하여 말씀하신 대로 네게 행하사 나라를 네 손에서 떼어 네 이웃 다윗에게 주셨느니라_삼상 28:17

　사탄은 마지막까지 사울과 다윗을 이간질합니다. 분쟁을 일으킵니다. 이때라도 빨리 다윗에게 가서 도움을 청하는 것이 사울이 살길입니다. 그런데 사탄은 오히려 서로 더 대적하게 합니다. 하나님 나라가 평온하기를 원하지 않기에 온갖 간계를 부립니다.

셋째로, 자포자기하게 합니다.

18 네가 여호와의 목소리를 순종하지 아니하고 그의 진노를 아말렉에게 쏟지 아니하였으므로 여호와께서 오늘 이 일을 네게 행하셨고 19 여호와께서 이스라엘을 너와 함께 블레셋 사람들의 손에 넘기시리니 내일 너와 네 아들들이 나와 함께 있으리라 여호와께서 또 이스라엘 군대를 블레셋 사람들의 손에 넘기시리라 하는지라
_삼상 28:18~19

사탄은 사울의 치명적인 약점을 지적합니다. "왜 집권 초기에 아말렉을 진멸하지 않았느냐?" 하며 책망합니다. 이미 오래전 일인데도 불구하고 사울의 약점을 드러내서 공격합니다. 더불어 "이스라엘을 너와 함께 블레셋 사람들의 손에 넘기시리니 내일 너와 네 아들들이 나와 함께 있으리라" 합니다. "내일 너와 네 아들이 다 죽을 것이다"라는 것입니다.

사탄의 목표는 사울의 회개가 아닙니다. 사울을 자포자기하게 하고, 수치심에 빠지게 하는 것입니다. 그러면서 정죄감까지 들게 합니다. 어투도 마치 하나님 같습니다. 그러니 다 속아 넘어갑니다.

한편으로는 '선한 사람이나 악한 사람이나 모두 죽어서 사무엘과 같이 있으면 거기가 지옥이건 천국이든 무슨 상관이 있는가'라는 이상한 믿음을 사울에게 심어 줍니다. 그의 마음속으로부터 영생에 관한 모든 지식을 지워 버린 것입니다.

점쟁이가 "모든 일이 당신 죄 때문이야, 당신이 부인을 안 돌봐서 사업이 망한 거야" 하면, 믿음이 약하고 분별 못하는 사람일수록 그 말이 다 맞는 말 같습니다. 하지만 같은 말을 해도 회개하게 하는 것과 정죄감을 주는 것은 아주 다릅니다. 정죄감을 주면 누구나 두려움에 떨 수밖에 없습니다. "사랑 안에 두려움이 없고 온전한 사랑이 두려움을 내쫓나니"(요일 4:18)라고 했습니다. 두렵게 하는 말은 악령이 역사하는 것입니다. 지금 사울이 그렇습니다.

사울이 갑자기 땅에 완전히 엎드러지니 이는 사무엘의 말로 말미암아 심히 두려워함이요 또 그의 기력이 다하였으니 이는 그가 하루 밤낮을 음식을 먹지 못하였음이니라 _삼상 28:20

점치러 가면 점쟁이들이 용하게도(?) 예수 믿는 사람을 알아보는 경우가 있습니다. "당신 집사지?" 하면서 '님' 자도 안 붙이고 반말을 해 댑니다. 그들은 이런저런 우리의 약점을 살피다가 "당신 그러고도 예수 믿는 사람이냐!" 호통을 치기도 합니다. 공포심까지 안겨 줍니다. 그러면 누구라도 자기도 모르게 끌려들어 갑니다.

하나님은 일곱 번 야단치셔도 여덟 번 싸매십니다. 결론이 싸매시는 것입니다. 사랑과 희락과 화평을 주십니다. 반면에 사탄은 야단만 칩니다. 두려워하는 마음만 줍니다. 무당들은 두려움을 팔며 돈을 요구합니다. 그 끝에 돈이 있습니다.

그러니까 여러분, 점치러 좀 다니지 마십시오. 신통방통하다는 소문에 현혹되어 여기저기 기도받으러 다니지도 말아야 합니다. 하나님이 하나님의 말씀을 어찌하여 신접한 여인에게 맡기시겠습니까? 절대로 신접한 여인에게 가서 하나님의 말씀을 들으려고 하면 안 됩니다. 하나님은 부족해도 믿는 나에게 말씀을 맡기십니다. 큐티와 설교를 통해서 주님이 다 말씀해 주시는데 어디 가서 무슨 예언을 받으려고 하십니까?

무당이 다 맞는 이야기를 하는 것 같아도 그 말을 듣고 사울이 너무나 두려워했기에 이것은 악령의 역사입니다. 사울은 두려워 넘어져 버렸습니다. 낙심했습니다. 죽은 자의 하나님만 믿었기 때문입니다.

그러나 우리는 산 자의 하나님을 믿기에 평강이 임할 줄 믿습니다. 앞에서도 잠깐 언급했지만, 믿는 사람에게는 위기가 없습니다. 세상 사람들은 위기라고 표현할지언정 우리는 그것을 '십자가'라고 표현합니다. 사울과 다윗이 똑같이 위기에 처했지만 두 사람이 가는 길은 하늘과 땅 차이입니다. 사울은 내 욕심, 내 새끼, 내 사업, 내 것밖에 모릅니다. 그래서 나발 같은 어리석은 인생을 살아갑니다. 하지만 다윗은 걸음걸음마다 예수 향기를 날립니다.

21 그 여인이 사울에게 이르러 그가 심히 고통 당함을 보고 그에게 이르되 여종이 왕의 말씀을 듣고 내 생명을 아끼지 아니하고 왕이 내게 이르신 말씀을 순종하였사오니 **22** 그런즉 청하건대 이제 당신도 여종의 말을 들으사 내가 왕 앞에 한 조각 떡을 드리게 하시고 왕은 잡수시고 길 가실 때에 기력을 얻으소서 하니 **23** 사울이 거절하

여 이르되 내가 먹지 아니하겠노라 하니라 그의 신하들과 여인이 강권하매 그들의 말을 듣고 땅에서 일어나 침상에 앉으니라
_삼상 28:21~23

사울 왕이 몸을 가누지 못할 정도로 고통스러워하자 신접한 여인이 그를 돌봅니다. 사울이 신접한 여인의 공궤를 받습니다. 신접한 여인은 "나도 당신 말을 들어주지 않았느냐" 하면서 사울 왕을 꼬드깁니다. 사울은 처음엔 거절합니다. 하지만 그의 신하들까지 강권하자 그들의 말을 듣습니다.

사무엘과 다윗의 말은 듣지 않던 사울이 신접한 여인이 강권하는 말을 들었다는 것은 그와 영이 같다는 의미입니다. 한때 죄악시하며 무당을 내쫓았던 사울이 그들과 같은 지체라는 것입니다. 하나님께 버림받은 자들과 공동체를 이루게 된 것입니다. 다윗과는 어울리지 못하더니 무당들과는 잘도 어울립니다. 이것은 곧 사울도 무당이라는 뜻입니다.

24 여인의 집에 살진 송아지가 있으므로 그것을 급히 잡고 가루를 가져다가 뭉쳐 무교병을 만들고 구워서 25 사울 앞에와 그의 신하들 앞에 내놓으니 그들이 먹고 일어나서 그 밤에 가니라 _삼상 28:24~25

사울은 무당이 주는 음식을 다 받아먹습니다. 그러나 사울이 그 음식을 먹고 힘을 얻었다는 이야기는 없습니다. 하나님이 버린 자의

모습입니다. 하나님을 떠나서는 어떤 해결책도 얻을 수 없습니다. 사울은 예배 중독자였지만 그의 신앙은 기복신앙과 무속 신앙에 불과했습니다. 죄도 얼마나 많이 지었습니까? 단창으로 다윗을 죽이려 했고, 자기 아들인 요나단도 죽이려 했습니다. 악령에 휩싸여서 수많은 죄를 지었습니다.

그런데 역대상 10장 13, 14절에 보면 사울의 죄가 이렇게 기록되어 있습니다.

"사울이 죽은 것은 여호와께 범죄하였기 때문이라 그가 여호와의 말씀을 지키지 아니하고 또 신접한 자에게 가르치기를 청하고 여호와께 묻지 아니하였으므로 여호와께서 그를 죽이시고 그 나라를 이새의 아들 다윗에게 넘겨 주셨더라."

수많은 사울의 범죄 가운데 하나님이 신접한 여인을 찾은 것을 한 가지 대표적인 죄목으로 지목하신 것은 기복적인 무속 신앙이 얼마나 하나님을 대적하는 것인지 보여 주시기 위함입니다.

'사울의 신앙은 기복신앙에다 점치는 신앙이었다'라는 것이 본문의 결론입니다. 그래서 사울은 인생의 마지막에 고향을 찾아가듯이 악령을 찾아갔습니다. 고향 사람 찾아가듯 신접한 여인을 찾아갔습니다. 하나님께 기름 부음을 받은 자임에도 불구하고, 신접한 여인에게 도움을 받아 일어나는 인생으로 결론이 났습니다. 이후 블레셋과의 전투에서 중상을 입고 자결하는 비참한 최후를 맞죠.

사울은 자기 나라가 확실하고, 돈도 있고, 세상 권세도 있었습니다. 그래서 자기 생각대로 살았습니다. 하나님의 생각이 들어갈 틈이 없었습니다. 말씀이 들리지 않았습니다. 그저 무당을 찾았습니다. 무당의 말을 믿었습니다. 그래서 평생 지옥을 살았습니다. 잠시도 평강이 없었습니다. 늘 주위 사람을 힘들게 했습니다.

우리가 교회를 다녀도 그렇습니다. 무속 신앙, 기복 신앙에 젖어 있으면 불신자와 다를 바가 없습니다. 내 지식으로만 살기에 모두를 힘들게 합니다. 점쟁이가 아무리 점을 잘 봐 줘도 그렇습니다. 점괘대로 형통하면 사람을 교만하게 만듭니다. 점괘대로 안 되면 낙심하게 합니다. 예언을 통해 구원의 길로 이끌지 않고 낙심하게 하는 것이 악령입니다.

지난 5챕터 서두에서 한 청년이 보낸 이메일을 공개한 바 있죠. 이후 저는 그 청년에게 "그 고난을 약재료 삼아 간증하는 인생이 되면 좋겠다"라고 답장을 보냈습니다. 그런데 그 청년으로부터 답신이 왔습니다. 여전히 밀린 급여도 못 받고, 실업 급여도 못 받고, 취직도 안 되어서 힘들답니다. 하지만 제가 주일설교 때 자신의 사연을 그대로 소개해 주어서 너무 은혜를 받았다고 해요. 그래서 용기를 내어서 평소 가고 싶었던 회사에 지원하고 간절히 기도했답니다. 그리고 면접을 보았는데, 그날 덜컥 취업이 되었다는 것입니다. 그냥 회사도 아니고 우리나라 최대의 S그룹에 취직되었답니다. 그래서 너무 기쁜 나머지 제게 또 이메일을 보낸 것입니다. 이 청년에게 그야말로 간증할 일이 생긴 것입니다.

내 생각을 버리고 하나님의 생각에 집중하면 이처럼 기적 같은 일이 일어납니다. 믿는 우리에게 '되는 일이 없다'라는 말은 없습니다.

위기란 없습니다. 고난도 기적이고 하나님이 주시는 육의 축복도 기적입니다.

내 생각을 포기하지 못하면 내 안에 하나님의 생각이 뚫고 들어올 수 없습니다. 내 생각을 가득 채우고 우리는 하나님이 대답하지 않는다고 생각합니다. 그래서 신접한 여인을 찾습니다. 이것이 기복적인 무속 신앙의 특징입니다. 하지만 이런 신앙은 결코 우리를 살리지 못합니다. 끝내 우리를 절망하게 합니다. 자괴심에 빠져 지옥을 살게 합니다.

그러니 사울이 너무 불쌍하지 않습니까? 블레셋이 공격해도 이 위기를 해석하지 못합니다. 사울이 돌아갈 길은 오직 천부여 의지 없어서 손들고 주님께 나아가는 것뿐인데, 그는 마지막 순간까지 '블레셋이 왜 나를 공격하는가!' 원망만 합니다.

그런데 성경에는 사울의 이야기가 왜 이렇게 길게 나옵니까? 우리 가운데 그만큼 사울이 많기 때문입니다. 우리 가운데 원망이 너무 많기 때문입니다. 지금 여러분은 어떻습니까? 원망이 많다면 내가 사울임을 알아야 합니다. 사울의 길에서 돌이키게 해 달라고 기도하며 주님께 나아가기를 바랍니다.

† 지금 나는 어떤 원망에 사로잡혀 있습니까? 자포자기하고 있는 것은 무엇인가요? 이런 마음이 나의 기복신앙, 불신앙 때문임이 인정됩니까?

믿는 우리에게
'되는 일이 없다'라는 말은 없습니다.
위기란 없습니다.
고난도 기적이고 하나님이 주시는 육의 축복도 기적입니다.

 우리들 묵상과 적용

딸은 어린 시절 소아암 말기 진단을 받았습니다. 이후 20회가 넘는 항암치료와 12시간이 넘는 수술과 방사선 치료를 받았지만, 병세는 조금도 나아지지 않았습니다. 몸과 마음이 지친 우리 부부는 '하나님께서 대답하지 않으신다'는 생각에 빠졌습니다(삼상 28:6). 그리고 '딸을 낫게만 해 준다면 무슨 짓이라도 하겠다'라는 마음을 가졌습니다.

그 무렵, 주변 사람들이 "어느 교회 목사님에게 안수받으면 소아암이 낫는다"라는 소문을 들려주었습니다. 마치 사울의 신하들이 사울에게 신접한 여인이 엔돌에 있음을 알려 준 것처럼 말입니다(삼상 28:7). 저는 목장에서 이런 나눔을 하면 가지 말라고 할 것이 뻔해서 사울처럼 변장하고 신접한 여인을 찾아가려 했습니다. 그러나 사울의 길을 가면 안 되기에 저희는 다윗 공동체 같은 목장의 도움을 구하며 처방을 받기로 했습니다. 그리고 그 처방에 순종해서 아내가 처음으로 수요예배를 갔는데, 예배 마지막에 목사님이 "주여 원하시면 나를 깨끗하게 하실 수 있나이다"(눅 5:12)라는 말씀으로 눈물의 중보기도를 해 주셨습니다.

그런데 며칠 후 기적이 일어났습니다. 딸이 정기 검사를 받았는데 "항암치료에도 없어지지 않고 남아 있던 종양들이 보이지 않는다"라는 믿기지 않는 말을 듣게 되었습니다. 하나님을 최고의 무당 정도로만 알고 있던 저의 무지함에도 불구하고 하나님께서 딸아이를 살려 주신 것입니다.

　하지만 이후 직장 고난이 겹쳐서 집에 가스가 끊어지고 쌀이 떨어지는 상황이 되었습니다. 저는 이런 위기가 도무지 해석이 안 되었습니다. '내가 예배도 잘 드리고 박수와 무당도 쫓아냈는데, 이제는 하나님이 도와주셔야 하는데 왜 이런 일이 일어나지?' 하며 원망만 했습니다(삼상 28:3). 더구나 얼마 전에는 딸과 같이 투병 생활을 하던 아이가 '이제 너무 힘드니 더 이상 치료를 그만 받겠다'라고 했다는 이야기를 듣게 되었습니다. 그때 그 아빠가 "지금 그 교회를 가면 내 딸도 살 수 있냐?"라고 물었지만 저는 아무런 말도 해 주지 못했습니다. 그 아이 아빠에게서 신접한 여인을 찾아가고 싶었던 제 모습이 떠올랐기 때문입니다. 그리고 불과 며칠 후에 그 아이가 천국으로 갔다는 말을 전해 들었습니다. 저는 회개의 마음보다는 후회와 정죄감으로 엎드러지듯 괴로워 펑펑 울었습니다(삼상 28:20). 자괴감과 절망만을 주는 사탄의 술수에 빠져 지옥 같은 시간을 보냈습니다.

　그러나 하나님은 제가 일곱 번 잘못했어도 여덟 번 저를 싸매 주셨습니다. 더 이상 자포자기하지 않게 하시고 평강을 되찾게 해 주셨습니다. 신접한 여인의 유혹에 빠져서 영원히 죽었을 인생인데, 위기를 통해 제 믿음의 본색을 드러내 주신 하나님, 사랑합니다.

 영혼의 기도

아버지 하나님, 블레셋이 공격해도 이 위기의 사건을 해석하지 못하는 사울입니다. 사울이 돌아갈 길은 오직 천부여 의지 없어서 손들고 주님께 나아가는 것뿐인데, 그럼에도 사울은 마지막 순간까지 '블레셋이 왜 나를 공격하는가!' 원망만 합니다. 두려워서 하나님께 묻기는 하여도 그 마음은 신접한 여인에게 가 있습니다. 신접한 자와 박수를 그 땅에서 쫓아냈지만 적용을 철저히 하지 못하니 다시 신접한 여인을 찾습니다. 예배를 사수하면서도 기복과 무당에 빠진 사울의 잘못된 믿음을 봅니다. 그래서 자포자기하고 지옥을 삽니다.

주님, 이런 사울의 모습이 우리에게도 있음을 고백합니다. 예수를 믿어도 원망이 너무 많습니다. 신접한 여인을 내쫓았으면 이제는 더 이상 위기가 안 와야 할 것 같은데, 입으로만 회개하고 적용하는 척만 하니 또다시 블레셋에 침략을 당합니다. 이렇게 우리 인생에 전쟁이 끝이 없어서 두렵기만 합니다.

하지만 이제는 집안에서 직장에서 전쟁이 일어나도 사울처럼 낙심하고 자포자기하지 않겠습니다. 다시 일어나서 하나님의 말씀을 듣기 원합니다. 신접한 여인을 찾지 않겠습니다. 신접한 처방에 넘어가지 않겠습니다. 기복신앙, 불신앙을 내려놓겠습니다. 그러나 우리 힘으로는 세상 전쟁을 감당할 수 없사오니 주님이 도와주옵소서. 사울 같은 길을 가지 않도록 주님이 붙잡아 주옵소서. 평강을 더하여 주옵소서. 예수님 이름으로 기도드립니다. 아멘.

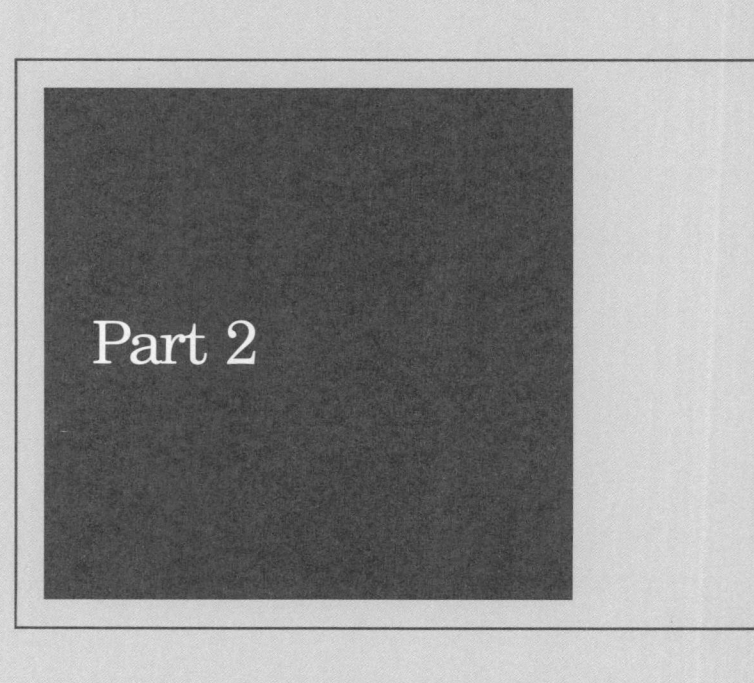

Part 2

그러나
기회!입니다

Chapter 7

위기에서 피할 길

사무엘상 29장 1~11절

하나님 아버지, 오직 예수 그리스도만이
우리가 위기에서 피할 길임을 알기 원합니다.
말씀해 주옵소서. 듣겠습니다.

사무엘상 29장부터는 사울의 시대가 어떻게 막을 내리고, 다윗이 어떻게 왕으로 등극하는지를 본격적으로 보여 줍니다. 그러기 위해서 또 얼마나 큰 위기가 오는지 모릅니다.

고린도전서 10장 1절에서 5절까지를 보면 '출애굽한 이스라엘 백성이 모세에게 속하여 다 세례를 받고, 신령한 반석이신 예수 그리스도로부터 받은 신령한 음식을 먹고 신령한 음료를 마셨지만 하나님이 그들의 다수를 기뻐하지 아니하셨으므로 그들이 광야에서 멸망을 받았다'고 합니다. 하나님으로부터 어마어마한 은혜를 받았음에도 불구하고 그들의 다수가 멸망을 받은 이유가 무엇입니까? 그들 가운데 어떤 사람은 우상을 숭배하고, 또 어떤 이는 음행하고, 주를 시험하고, 원망했기 때문입니다(고전 10:7~10). 그래서 "그런즉 선 줄로 생각하는 자는 넘어질까 조심하라"(고전 10:12)고 합니다.

하나님의 은혜로 출애굽하고 홍해를 건넜음에도 이스라엘 백성은 광야에서 먹을 것이 없고, 마실 물이 없다며 하나님을 시험하고 원망했습니다. 모세가 사십 일 사십 야를 산에 머무르라 자리를 비우자 금송아지를 만들어 섬겼습니다.

마치 대학 입시를 앞두고 "붙게 해 달라"고 백일 기도했다가 막상 떨어지면 주님을 원망하는 것과 같습니다. 예수 믿는다며 교회에 다녀도 이방인과 다를 것이 하나도 없는 것입니다.

그러나 사도 바울은 "사람이 감당할 시험 밖에는 너희가 당한 것이 없나니 오직 하나님은 미쁘사 너희가 감당하지 못할 시험 당함을 허락하지 아니하시고 시험 당할 즈음에 또한 피할 길을 내사 너희로 능히 감당하게 하시느니라"(고전 10:13) 하였습니다. 하나님은 우리가 감당하지 못할 시험을 당하도록 허락하신 적이 없다고 하십니다. 우리가 시험을 당해도 '피할 길'을 반드시 낸다고 하십니다.

그렇다면 여기서 '피할 길'이란 어떤 길을 의미합니까? 더 좋은 환경입니까? 입시에 붙고, 승진하는 것입니까? 멋지고 돈 많은 사람 만나서 맘껏 음행하는 것입니까? 그게 아닙니다. 영어 성경을 보면 '피할 길'은 정관사 The가 붙은 'The Way'입니다(ESV). 그 길, 즉 '예수 그리스도'를 의미합니다. 우리의 피할 길은 예수님밖에 없다는 의미입니다.

우리에게는 저마다 위기가 있습니다. 질병의 위기, 인간관계의 위기, 중독의 위기, 해결되지 않는 감정의 위기, 죽고 싶은 위기 등등……. 그렇다면 우리가 어떻게 예수 그리스도가 내시는 피할 길로 갈 수 있을까요?

십자가를 길로 놓고 가야 합니다

1 블레셋 사람들은 그들의 모든 군대를 아벡에 모았고 이스라엘 사

람들은 이스르엘에 있는 샘 곁에 진 쳤더라 2 블레셋 사람들의 수령들은 수백 명씩 수천 명씩 인솔하여 나아가고 다윗과 그의 사람들은 아기스와 함께 그 뒤에서 나아가더니 _삼상 29:1~2

다윗에게 진퇴양난의 위기가 왔습니다. 장차 이스라엘의 왕이 될 다윗 아닙니까? 그런데 지금 블레셋 편에 서서 조국 이스라엘에 총부리를 겨누게 됐습니다. 세상에 이런 위기가 없습니다.

다윗이 위기에 처한 이유가 무엇입니까? 사울이 하도 다윗을 죽이려고 쫓아다니니까 다윗이 블레셋으로 도망가는 선택을 하지 않았습니까. 다윗이 가서는 안 될 곳을 갔기에 더 큰 위기를 만난 것입니다. 다윗이 자처한 위기입니다. 다윗의 결론입니다. 누구나 처음에 길을 잘못 선택하면 계속 고생할 수밖에 없습니다. 위기가 꼬리를 뭅니다.

당시 다윗으로서는 블레셋으로 도망갈 수밖에 없는 분명한 명분이 있었습니다. 우선 그의 도망자 생활은 하루이틀로 끝날 문제가 아니었습니다. 더 이상 피할 곳도 없었습니다. 혼자만 피하는 게 아니라 육백 명의 군사와 더불어 거의 삼천 명이나 되는 식솔들과 함께했습니다. 그들의 생계도 책임져야 했습니다. 더구나 블레셋은 이스라엘과는 원수인 나라입니다. 여기까지는 사울이 쫓아오지 못하리라 생각했겠지요. 다윗이 합리화한 것입니까? 누구라도 다윗처럼 생각했을 것입니다.

하지만 사울에게 쫓길 때도 말씀을 보던 다윗입니다. 그런데 블레셋으로 피난 가서 1년 4개월 동안은 어땠습니까? 하나님께 묻는 것도 잊어버렸습니다. 먹고사는 문제가 해결되자 영적으로는 다운될 대로 다운된 것입니다. 그러니 우리 인생에 좋은 게 무엇인지 모르겠습니다.

누구나 사업이 잘되고 돈이 많아지면 한시름 놓게 되지요. 절로 예배에 소홀해지기도 합니다. 그러면 몸은 편안할지 몰라도 평안을 잃게 됩니다.

한 집사님이 업무차 독일로 출장을 다섯 번이나 다녀온 뒤 이제는 "아예 독일에서 살고 싶다"고 하시더군요. '그곳에 가면 공동체도 없고, 교회에 안 나온다고 누가 뭐라고 할 사람도 없으니 얼마나 자유로울까' 싶었답니다. 그동안 하나님이 베풀어 주신 은혜가 넘친다고 간증했음에도 삶이 편안해지니 그런 생각이 드는 것입니다.

영적으로 완전히 다운된 다윗은 거짓과 약탈을 일삼았습니다. 다윗이 수많은 시편을 지었는데, 블레셋으로 피난 간 1년 4개월 동안에는 지은 시가 한 편도 없습니다. 자기 생각대로 블레셋을 선택한 결과였습니다. 잠시는 편안해 보였지만 이런 삶의 결론으로 동족상잔의 위기 앞에 서게 된 것입니다.

한편 블레셋의 형편은 어떻습니까? 지난 4장에서 블레셋은 아벡에서 이스라엘에 대승을 거뒀습니다. 그때 이스라엘의 법궤를 빼앗아 왔는데 이후 아주 이상한 일을 당했습니다. 법궤를 블레셋의 우상 다곤 곁에 둔 후부터 다곤 신상이 자꾸 엎드러지는 겁니다. 아무리 다시 세워도 소용없었습니다. 게다가 독한 종기 재앙까지 창궐했습니다(삼상 5장). 아무리 갖고 있으려 해도 법궤 때문에 온 블레셋에 환난

풍파가 끊이지 않습니다. 결국 다시 법궤를 돌려보내지요. 그러니 블레셋이 얼마나 분했겠습니까? '이스라엘을 언제 다시 칠까?' 호시탐탐 기회만 노렸습니다.

그러다 이 세상에서 제일 무섭다는 골리앗을 보내서 이스라엘을 치고자 했습니다(삼상 17장). 하지만 이번에는 더 이상한 일이 일어나지요. 애송이 같은 다윗이 물매로 골리앗을 때려잡았습니다. 이후론 다윗이 무서워 블레셋이 이스라엘을 감히 넘보지 못했습니다. 그런데 얼마 지나지 않아 다윗과 사울 사이에 내부 분열이 일어난 것을 알게 됩니다. 그 와중에 자기들도 무서워하던 골리앗을 때려잡은 다윗이 블레셋으로 망명해 온 것입니다. 사울도 힘이 빠졌습니다. 신접한 여인이나 찾아다니며 기진맥진한 상태입니다.

그러니 얼마나 절호의 찬스입니까? 제 발로 걸어들어와 같은 편이 된 다윗을 앞세워서 이스라엘과 싸우면 완전무결하게 이기리라 확신했을 것입니다. 이스라엘은 독 안에 든 쥐나 다름없었습니다. 그래서 블레셋은 그 옛날, 이스라엘을 대파했던 '아벡'에 군사를 모읍니다. '아벡'은 '견고하다'라는 뜻입니다. 견고한 곳에 견고한 군사를 모으니 블레셋은 더욱 사기가 충천해집니다. 반면에 이스라엘에는 그런 표현이 없습니다. 단지 '하나님이 파종하셨다'라는 뜻을 가진 '이스르엘'에 있는 샘 곁에 진을 쳤다는 말씀뿐입니다. 블레셋이 상대적으로 너무 견고한 것입니다.

1절에 기록된 두 진영의 형편만 보아도 다윗이 얼마나 큰 위기를 맞이했는지 알 수 있습니다.

다윗은 자신이 나서서 이스라엘을 치는 일이 하나님의 뜻이 아님을 알았습니다. 그는 절대로 이 전쟁에 나가면 안 됩니다. 그러나 아기스에게 빌붙어 살며 충성을 맹세하지 않았습니까? 그러니 전쟁에 안 나갈 수도 없습니다.

살다 보면 우리에게도 이런 일들이 얼마든지 일어납니다. 이러지도 저러지도 못할 일들, 할 수도 안 할 수도 없는 일들, 죽을 수도 살 수도 없는 일들이 얼마나 많습니까? 지금 다윗이 이런 위험에 처하게 되었습니다. 자칫하면 예수님의 계보를 이루는 구속사를 망칠 지경입니다.

느헤미야서 6장에 보면 느헤미야의 성벽 재건을 방해하기 위해 대적 산발랏과 도비야가 계략을 꾸밉니다. 공사를 못 하게 하려고 느헤미야에게 "오노 평지 한 촌에서 서로 만나자"며 전갈을 보내죠. 당시 산발랏과 도비야는 총리나 대통령 같은 직위에 있던 사람입니다. 그런데 느헤미야가 어떻게 대응합니까?

"나는 이 성벽 공사보다 더 큰 역사가 없다고 생각합니다. 그런데 지금 성문의 문짝을 달지 못했습니다. 그러니 지금 어디 가서 누구를 만날 때가 아닙니다."

급한 일과 중요한 일이 있을 때 우리는 항상 급한 일보다는 중요한 일을 먼저 해야 합니다. 이때 중요한 일이란 영적인 일, 구원의 일을 말합니다.

느헤미야는 그들이 네 번이나 사람을 보냈음에도 성문 문짝 다는 일, 즉 구원의 일을 먼저 하기 위해서 다 거절합니다. 물론 자신을 해하려는 그들의 의도를 느헤미야는 이미 파악하고 있었습니다(느 6:2). 하지만 그가 만남을 거절한 이유는 그것 때문이 아닙니다. 성벽 건축이라는 중요한 일을 먼저 해야 했기 때문입니다.

저도 그랬습니다. 집사 시절 큐티모임을 여러 개 인도하다 보니 일주일이 눈코 뜰 새 없이 바빴습니다. 누가 만나자고 해도 그럴 시간이 없었죠. 그런데 말이죠, 대단하신 분들은 꼭 저보고 따로 만나자고 하더라고요. 큐티모임에 오시면 되는데 말입니다. 하지만 대통령을 만나는 자리라 해도 제가 갈 수가 없었습니다. 당시 큐티모임을 통해 정말 수많은 사람이 살아났습니다. 그러니 제게 그보다 중요한 일은 없었습니다.

느헤미야가 만나기를 계속 거절하자 대적들이 이번엔 다른 계략을 세웁니다. 제사장 스마야를 이용해 느헤미야를 함정에 빠뜨리려 합니다. 스마야가 "대적들이 너를 죽이러 올 터이니 우리가 하나님 성전에 들어가 외소 안에 숨자"며 느헤미야를 채근하는데, 사실 그가 뇌물을 받고서 거짓 예언을 한 것이었죠. 생각해 보세요, 담임목사가 이렇게 다급히 내게 권면하면 따르지 않을 사람이 어디 있겠습니까? 심지어 나를 죽이려고 한다니 얼마나 두렵습니까? 하지만 느헤미야는 이번에도 거절합니다.

"성소의 외소는 제사장만 들어가는 곳입니다. 제가 그곳에 숨는 것은 말씀에 어긋나는 길이기에 갈 수 없습니다."

느헤미야가 이처럼 피할 길을 찾은 것은 날마다 말씀을 보고 묵상하며 자기 주제를 알고, 자기 자리를 알았기 때문입니다. 우리가 이렇게 날마다 말씀 보고 큐티하는 것이야말로 십자가를 길로 놓고 걸어가는 것입니다. 그리하면 오늘 내가 이 말을 들어야 할지 듣지 말아야 할지, 여기를 가야 할지 말아야 할지를 분별하게 해 주십니다. 어떤 교묘한 음모도 알게 해 주십니다.

총리를 만나는 일보다 중요한 것은 '오늘 내 할 일을 하는 것'입니다. 대통령을 만나는 일보다 중요한 것은 '나에게 허락하신 아내의 자리, 남편의 자리, 자녀의 자리를 잘 지키는 것'입니다. 그것이 거룩입니다. 배우자가 바람을 피워도 남편의 자리, 아내의 자리를 잘 지키면 가정이 살아납니다. 느헤미야가 자기 자리를 잘 지킨 결과, 위기가 도리어 기회가 되어 52일 만에 성벽을 재건했습니다(느 6:15).

하물며 우리의 몸도 그렇습니다. 모든 뼈가 제자리에 있어야 건강하다고 합니다. 저는 어려서부터 피아노를 쳐서 등이 굽었습니다. 몸도 약한데 종일 피아노 연습을 하다 보니 등을 구부리고 치는 나쁜 습관이 몸에 배었어요. 그도 그럴 것이 피아노 의자에는 등받이가 없잖아요. 그래서 'chair(체어)'라고 하지 않고 'stool(스툴)'이라고 합니다.

몸이 반듯한 사람이 거룩을 지키기도 쉽다는 말이 있습니다. 그것이 정말 맞습니다. 거룩한 정신은 거룩한 몸에서 나옵니다. 자세도 선택입니다. 의지입니다. 몸도, 영도 제자리로 돌아가는 것이 거룩입니다. 무엇이든 자기 자리를 잘 지키는 것이 거룩입니다. 그러니까 여러분, 의자에 앉을 때도 양발에 힘을 주고 똑바로 앉는 연습을 해 보세요. 그래야 뼈가 제자리를 찾는다고 합니다.

다윗도 제자리를 찾지 못해서 화를 자초했습니다. 잠시 피하려고 믿지 않는 불의한 자와 멍에를 같이하면 피할 수 없는 큰 화만 부르게 됩니다.

성경에서 악인은 하나님이 없는 자라고 했습니다(시 10:4). 반대로 의인은 하나님을 기뻐하고 두려워하는 자라고 했습니다. 그런데 어떻게 악인과 의인이 만나서 좋은 일을 만들어 낼 수 있겠습니까? 자기의 유익만 구하는 악인과 하나님의 유익을 구하는 이타적인 사람이 만나면 충돌만 끊임없이 일어납니다.

다윗도 블레셋과 동업을 한 결과 맨 처음에는 먹고살 수 있어 좋았습니다. 하지만 1년 4개월이 지난 뒤 자기 백성인 이스라엘을 쳐야 하는 위기에 처합니다. 아기스는 골리앗을 때려잡은 다윗을 자기편 만드는 데 심혈을 기울입니다. 그래서 다윗을 블레셋에 정착하게 하는 데 성공합니다. 블레셋은 정치·경제적인 면에서 전력이 크게 보강됩니다. 다윗만 있으면 다 이길 것 같습니다. 하지만 이런 게 다윗에게 무슨 상관이 있습니까? 블레셋이 잘살거나 말거나 문제는 지금 다윗이 이스라엘을 쳐야 하는 위기에 봉착한 것입니다.

사탄은 자기 수중에 들어온 먹이를 절대로 놓치지 않습니다. 사탄에게 한번 틈을 보이면 계속 끌려가게 됩니다. 하지만 믿는 우리는 막다른 골목길에 갇혀도 포기해선 안 됩니다. 낙심해서도 안 됩니다. 그럴수록 해석을 잘해야 합니다. '아! 이제 내 고난도 끝날 때가 되었구나! 하나님이 가장 좋은 것을 허락하실 때가 되었구나!' 그 막다른 길에 하나님의 뜻이 있다는 것을 알아야 합니다.

하나님은 결코 믿는 나를 죽이지 않으십니다. 고난은 변장된 하나님의 축복입니다. 그래서 '고난이 보석'입니다. 그러므로 사울처럼 피할 길을 찾는다고 신접한 여인을 찾아서는 안 됩니다. "믿음은 바라는 것들의 실상이요 보이지 않는 것들의 증거"입니다(히 11:1). 그러므로 눈에 보이는 대로 피할 길을 선택하면 안 됩니다. 어떤 때에도 항상 구별된 선택을 해야 합니다. 십자가를 길로 놓고 가야 합니다. 그 어떤 위기와 고난이 와도 십자가를 잘 지는 것이 유일한 피할 길입니다. 구원의 길이요, 최고의 선택입니다.

† 나는 지금의 내 자리를 잘 지키고 있습니까? 잠시 피하려고 믿지 않는 불의한 자와 멍에를 같이하고 있지는 않습니까?
† 결혼이든 사업이든 불신자와 함께해서는 안 됩니다. 그런데 '좋은 것이 좋은 것'이라고 합리화하면서 세상과 결탁한 일은 무엇입니까? 그랬다가 자초한 큰 위기는 무엇입니까?

원수를 통해서도 하나님의 음성을 잘 들어야 합니다

3 블레셋 사람들의 방백들이 이르되 이 히브리 사람들이 무엇을 하려느냐 하니 아기스가 블레셋 사람들의 방백들에게 이르되 이는 이스라엘 왕 사울의 신하 다윗이 아니냐 그가 나와 함께 있은 지 여러 날 여러 해로되 그가 망명하여 온 날부터 오늘까지 내가 그의 허물을 보지 못하였노라 4 블레셋 사람의 방백들이 그에게 노한지라 블

> 레셋 방백들이 그에게 이르되 이 사람을 돌려보내어 왕이 그에게 정하신 그 처소로 가게 하소서 그는 우리와 함께 싸움에 내려가지 못하리니 그가 전장에서 우리의 대적이 될까 하나이다 그가 무엇으로 그 주와 다시 화합하리이까 이 사람들의 머리로 하지 아니하겠나이까
>
> _삼상 29:3~4

다윗은 지금 전쟁에 나갈 수밖에 없는 위기에 처해 있습니다. 그런데 그 위기를 막는 역사가 블레셋 원수를 통해 나타납니다.

3절에 블레셋 방백들이 아기스에게 "이 히브리 사람들이 지금 무엇을 하려고 합니까?"라고 묻습니다. 그 물음 속에는 다윗과 다윗 공동체에 대한 무시와 경멸이 가득합니다. 다윗 공동체를 '히브리 사람들'이라고 한 것도 그렇습니다. 그 호칭에 "너희는 방랑자, 이주자"라는 무시가 딱 깔려 있습니다. 그런 한편으로 블레셋 방백들은 골리앗을 죽인 다윗과 다윗 공동체의 힘을 압니다. 그래서 전쟁터에 나갔다가 다윗이 돌변해서 자신들에게 칼을 겨눌까 봐 걱정합니다. 아무리 친밀한 것 같아도 악인은 의인을 온전히 신뢰하지 않습니다. 의인의 삶이 상대적으로 악인의 악함을 드러내기 때문입니다.

물론 블레셋의 방백들이 이런 얘기를 하는 것은 다윗을 보호하고자 하시는 하나님의 계획 안에서 이루어지는 일입니다. 이들의 말 안에 하나님의 뜻이 있습니다.

그러므로 우리가 원수로부터 무시와 경멸을 당해도 그렇습니다. 그들이 내뱉는 무시와 경멸의 말을 인정하고 들어야 합니다. 원수를

통해서도 하나님의 음성을 들어야 합니다.

저는 누가 저를 여자 목사라고 무시해도 그 말을 인정하고 듣습니다. 제가 남자가 아니지 않습니까? 저를 과부라고 해도 그렇습니다. 제가 과부니까 그런 말을 들어도 전혀 화나지 않습니다.

> 그들이 춤추며 노래하여 이르되 사울이 죽인 자는 천천이요 다윗은 만만이로다 하던 그 다윗이 아니니이까 하니 _삼상 29:5

아기스가 적극적으로 다윗을 변호해도 방백들은 물러서지 않습니다. "그는 이스라엘 백성이 '사울이 죽인 자는 천천이요 다윗이 죽인 자는 만만이로다' 하면서 춤추고 노래하며 칭송하던 자"라고 합니다. 지난 18장에서 다윗은 미갈과의 결혼 지참금으로 블레셋 사람 2백 명을 죽인 적이 있죠. 이런 과거가 있으니 '다윗이 돌변해서 사울에게 블레셋의 머리를 갖다 바칠 것이다'라고 의심하는 게 당연하지 않습니까? 믿음은 상식입니다. 이 사람들 이야기가 맞습니다. 비록 원수지만 맞는 소리를 합니다. 다윗이 들어야 할 이야기만 합니다.

저도 예수님을 깊이 만난 후 '내 곁의 사람들이 내가 들어야 할 소리만 했구나' 깨닫게 됐습니다. 우리의 원수가 멀리에 있지 않습니다. 미가서에 보면 "아들이 아버지를 멸시하며, 딸이 어머니를 대적하며, 며느리가 시어머니를 대적하리니 사람의 원수가 곧 자기의 집안 사람이리로다"(미 7:6)라고 해요. 그러므로 날마다 내 집안에 있는 원수를 통해 들려주시는 하나님의 음성을 잘 들으시기를 바랍니다.

그렇다면 블레셋 방백들의 무시와 경멸을 통해 다윗이 들어야 할 하나님의 음성은 무엇입니까?

"다윗아, 너 지금 뭐하고 있니? 지금 어디서 와서 어디로 가고 있는 거니? 너의 정체성은 뭐야? 너는 이스라엘의 만만이야. 정신 차려! 지금 블레셋에서 잘 먹고 잘살 때가 아니야. 너는 그럴 신분이 아니다. 너는 블레셋이 아닌 이스라엘을 위해 싸워야 할 신분이다."

다윗이 가야 할 길을 원수가 더 정확하게 파악하고 있습니다. 지금 다윗의 몸은 비록 블레셋에 있지만 그의 소속은 블레셋이 아닙니다. 다윗의 공격 대상도 이스라엘이 아닙니다. 그런데 다윗이 갈피를 못 잡고 있습니다. 우리도 다윗처럼 갈팡질팡할 때가 있습니다. 그럴 때면 '내가 지금 어디에 서 있는가', '나는 누구인가'를 아는 것이 중요합니다. 믿는 우리의 소속은 하나님 나라입니다. 우리는 하나님 나라 백성입니다. 그러므로 세상으로 가는 결정을 하면 안 됩니다. 세상 편에 서 있으면 안 됩니다. 언제나 하나님 편에 있어야 합니다. 하나님이 기뻐하시는 길을 선택해야 합니다.

예수님은 "나를 보내신 이가 나와 함께 하시도다 나는 항상 하나님이 기뻐하시는 일을 행함으로 나를 혼자 두지 아니하셨느니라"(요 8:29)고 말씀하셨습니다. '나는 혼자야. 그래서 외로워. 이 땅을 벗어나고파~' 하는 사람은 하나님이 기뻐하시는 일을 행하지 않는 사람입니다. 혼자여도 하나님이 함께하시는 사람은 늘 주님이 기뻐하시는 일을 행합니다. 그래서 혼자라고 생각할 겨를이 없습니다.

진퇴양난이라도 우리가 하나님이 무엇을 기뻐하실지 분별하며 행할 때 위기가 기회가 되는 줄 믿습니다. 그러므로 성도에게 위기란 없습니다. 성도는 십자가를 지고 가는 사람들이기 때문입니다.

늘 하나님께 묻고자 하면 하나님은 원수의 입을 통해서도 말씀하십니다. 깨어서 하나님의 음성을 들으려면 무엇보다 하나님의 말씀을 보는 것이 중요합니다. 내가 들었다면 들은 말씀을 붙들고 순종하고자 하는 자세가 필요합니다.

그렇다면 지금 이 자리에서 다윗이 분별하고, 적용해야 할 것은 무엇일까요? "하나님, 나를 살려 주세요. 내가 블레셋 편이 될 수는 없지 않습니까? 죽으면 죽으리라 하겠습니다!" 하며 하나님께 매달려야 합니다. 그랬다가 정말 그 자리에서 블레셋의 칼에 죽으면 그것이 순교 아닙니까?

별 인생이 없습니다. 우리의 소망은 하나님 나라에 있습니다. 죽든 살든 하나님의 법대로 행하다가 하나님 나라에서 눈뜨면 되는 것이에요. 성도에게 진퇴양난, 위기란 없습니다. 오직 예수님만이 위기에서 피할 길이 되십니다. 많은 믿음의 선배들이 그렇게 순교하지 않았습니까?

† 내게 원수 같은 집안 식구는 누구입니까? 그 원수를 통해 들은 하나님의 음성은 무엇입니까? 그 말씀대로 지금 적용해야 할 것은 무엇입니까?
† 원수의 입을 통해 주신 말씀을 내 삶에 적용하므로 위기가 기회가 된 사건은 무엇입니까?

사람은 믿음의 대상이 아니라는 것을 알아야 합니다

6 아기스가 다윗을 불러 그에게 이르되 여호와께서 살아 계심을 두고 맹세하노니 네가 정직하여 내게 온 날부터 오늘까지 네게 악이 있음을 보지 못하였으니 나와 함께 진중에 출입하는 것이 내 생각에는 좋으나 수령들이 너를 좋아하지 아니하니 **7** 그러므로 이제 너는 평안히 돌아가서 블레셋 사람들의 수령들에게 거슬러 보이게 하지 말라 하니라 _삼상 29:6~7

비록 다윗이 연약해서 블레셋으로 피하기는 했지만, 그래도 그곳에서 최선을 다해 성실하게 살았다는 것은 굉장히 고무적인 일입니다. 그래서 블레셋의 아기스 왕으로부터 신임받고, 친분도 쌓았습니다. 사울보다 더 친해 보입니다. 사울은 같은 믿음을 가진 동족이어도 평생 다윗을 죽이려 합니다. 이것을 보면 불신자와의 전쟁이 신자와의 전쟁보다 더 쉽다는 생각이 듭니다.

3절에 이어 6절에서도 아기스는 "다윗이 결백하다"라고 합니다. 이어지는 9절에서도 아기스는 다윗을 칭찬하지요. 그런데 사실 아기스가 다윗을 알면 얼마나 많이 압니까? 다윗은 지금껏 아기스에게 거짓말만 하고 있잖아요? 그럼에도 아기스는 다윗을 선한 사람이라 여깁니다.

아기스가 다윗의 망명을 왜 받아들였습니까? 다윗을 전쟁에 써먹으려고 투자한 것이죠. 그래서 다윗의 식솔 삼천 명까지 받아들이고 시글락 성읍까지 주었습니다. 그런데 막상 전쟁이 일어나도 방백들의 반대에 부딪혀 다윗을 전쟁터에 데려가지 못하게 되었습니다. 아기스로서는 억울하고 분하기가 그지없습니다. 그러자 아기스가 뭐라 하는지 좀 보세요.

"너는 평안히 돌아가서 블레셋의 수령들에게 거슬러 보이게 하지 말라!"

이 말은 곧 "네가 그동안 수령들 앞에서 거슬리는 행동을 했으니 너는 이 전쟁에 나갈 수 없다. 네 인간관계가 문제야. 이게 다 너 때문이야. 네 책임도 있다"라는 것이에요.

아기스가 다윗을 믿는다고 하면서도 이러는 이유가 무엇입니까? 다 자기 유익을 위해서입니다. 다윗을 전쟁터까지 데려온 것도 다 그 때문이지요. 그래서 사람은 믿음의 대상이 아니라 사랑의 대상입니다. 인간은 모두 한계가 있습니다. 다윗도 아기스도 방백들도 모두 한계가 있습니다. 다윗은 아기스를 속였습니다. 아기스 왕은 다윗의 말에 속아 넘어갔습니다. 그래서 틀린 결정을 했습니다. 방백들은 왕의 결정에 태클을 걸었습니다. 모두 인간의 한계를 보여 줍니다. 다 문제가 있습니다.

그런데 사실 세상 관점으로 보면 방백들은 자기 나라를 위해 올바른 결정을 했습니다. 아기스도 다윗보다는 순진해 보입니다. 거짓말은 다윗이 하지 않았습니까? 도덕적으로도 다윗보다는 블레셋의 아기스와 방백들 수준이 더 높아 보입니다.

그러나 성경은 누가 읽으라고 썼는지가 중요합니다. 성경은 블레셋이 읽으라고 쓴 것이 아닙니다. 블레셋은 성경을 읽지도 않고, 말씀에 관심도 없습니다. 이 사무엘서를 읽는 사람들은 당시 히브리인들, 즉 이스라엘 사람들입니다. 이 하나님 나라 백성이 블레셋 왕 아기스가 다윗에게 계속 속아 넘어가는 이야기를 읽으면서 얼마나 쌤통이라 여겼겠습니까?

'야, 세상 권세 다 쥔 아기스도 다윗에게 속아 넘어가는구나!'

비단 아기스뿐이 아닙니다. 성경에는 이방 왕들이 무너지는 모습이 많이 나옵니다. 이런 이야기를 통해 하나님 나라 백성은 하나님 나라의 권세와 권능을 생각하며 힘을 얻었을 것입니다. 우리는 성경을 도덕적으로 읽으면 안 됩니다. 하나님만이 영광을 받으셔야 하기에 옳고 그름이 아니라 구원의 입장에서 읽고 해석해야 합니다. 다윗의 거짓말도 그렇습니다. 자기의 유익을 구하기 위해 거짓말한 것이 아닙니다. 하나님 나라를 예표하는 이스라엘 때문에 거짓말을 한 것입니다.

하지만 그 선의의 거짓말도 해서는 안 됐습니다. 다윗이 블레셋에서 한 번 거짓말하더니 계속 거짓말을 합니다. 8절에서는 연기까지 합니다.

> 다윗이 아기스에게 이르되 내가 무엇을 하였나이까 내가 당신 앞에 오늘까지 있는 동안에 당신이 종에게서 무엇을 보셨기에 내가 가서 내 주 왕의 원수와 싸우지 못하게 하시나이까 하니 _삼상 29:8

아기스가 전쟁터로 못 나가게 하자 "내가 내 주 왕에게 무엇을 잘못했다고 나보고 싸우지 말라고 하십니까?" 합니다. 속으로는 너무 좋으면서 겉으로는 "어찌 그럴 수 있냐?" 합니다.

아기스를 '내 주'라고 부른 것도 그렇습니다. 앞서 4절에서 블레셋의 방백들이 말한 다윗의 '그 주'는 사울을 뜻합니다. 본절 바로 뒤 10절에 나오는 '네 주'도 사울을 칭합니다. 지금 블레셋 사람들이 일컫는 '주'는 오직 사울입니다. 지금 다윗이 '내 주'라고 한 말도 실질적으로는 사울을 의미합니다. 하지만 마치 아기스를 '내 주'라고 하는 것 같습니다. 아기스도 자신을 주라 부르는 것으로 여겼을 테죠. 애매한 말로 아기스를 속입니다.

우리도 구원을 위해서라면 가끔 이런 연기도 할 수 있어야 합니다. 이것을 도덕적으로 보고 무조건 나쁘다고 하면 안 됩니다. 대뜸 "아 그래요? 왕이시여, 나를 전쟁에서 빼 주시니 고맙습니다" 하며 속내를 드러내서도 안 됩니다. 구원에는 지혜가 있어야 합니다. 지혜는 십자가고, 십자가는 타이밍입니다.

아무튼 다윗은 이스라엘과 싸워서는 안 될 사람인데 계속 이스라엘과 싸우겠다고 나섭니다. 싸움을 말리는 사람은 도리어 블레셋의 방백들과 아기스입니다. 참 아이러니합니다. 하지만 이것이 하나님의 도우심입니다.

서로가 속고 속이는 가운데 성경은 '사람은 믿음의 대상이 아님'을 알려 줍니다. 우리가 어떤 위기에 처해도 이것을 알면 상처받지 않습니다. '내가 너를 너무 믿었는데……' 하니까 날마다 상처를 받습니다. 배우자가 집 나가면 상처받고, 자식이 등 돌리면 상처를 받습니다.

거듭 강조하지만, 사람은 믿음의 대상이 아닙니다. 그러니 우리가 믿고 의지할 사람도 없습니다. 다만 다윗에게는 다른 점이 하나 있습니다. 사울에게도, 블레셋에게도 없는 예수가 그에게 있다는 것입니다. 그래서 다윗은 '원수 갚는 것은 하나님께 있음'을 알았습니다.

29장은 위기 상황에서 출발했습니다. 빠져나갈 구멍이 없는 것처럼 보였습니다. 그런데 다윗이 아무것도 한 일이 없는데 전쟁에 나가지 않게 됐습니다. 이야말로 전적인 하나님의 보호하심입니다.

다윗이 어디로 가든 누구와 있든, 심지어 블레셋에 있어도 하나님은 다윗의 뒤를 계속 살피십니다. 이스라엘의 적을 사용해서라도 다윗을 보호하십니다. 다윗이 저질러 놓은 모든 죄와 실수를 통해서도 일하십니다. 그 뒤처리를 하시느라 무척 바쁘십니다. 무엇보다 다윗을 이스라엘의 왕으로 세우시고자 블레셋까지 세팅해 놓으셨습니다. 이 얼마나 놀랍습니까?

반면에 사울은 어떻습니까? 이스라엘 땅에 있음에도 하나님은 결국 그를 버리십니다. 기복신앙에 빠져 신접한 여인을 찾아다녔기 때문입니다.

9 아기스가 다윗에게 대답하여 이르되 네가 내 목전에 하나님의 전령 같이 선한 것을 내가 아나 블레셋 사람들의 방백들은 말하기를 그가 우리와 함께 전장에 올라가지 못하리라 하니 **10** 그런즉 너는 너와 함께 온 네 주의 신하들과 더불어 새벽에 일어나라 너희는 새

벽에 일어나서 밝거든 곧 떠나라 하니라 _삼상 29:9~10

사람은 믿음의 대상이 아니라고 했습니다. 그럼에도 다윗은 아기스로부터 신뢰를 받습니다. 도덕적인 칭찬까지 듣습니다. 믿는 우리는 어떠한 상황에 있든지, 그 누구 앞에서든지 신실한 믿음을 보여야 합니다. 불신자들에게도 정직하고 진실한 삶을 보여 줘야 합니다.

물론 험난한 길입니다. 불신자들은 신자들의 믿음을 전혀 이해하지 못합니다. 때로는 광신(狂信)이라며 핍박하기도 합니다. 그런 불신자에게 도덕을 지키고 정직하게 대하기가 어디 쉽습니까? 하지만 시간이 지나면 진실은 드러나게 마련입니다. 비난받고 오해받아도 우리가 신실한 믿음을 보이고자 할 때, 다윗처럼 위기 속에 있을지라도 지혜가 샘솟게 될 것이에요. 말해야 할 때와 말하지 말아야 할 때, 나서야 할 때와 나서지 말아야 할 때를 알게 됩니다.

† 나의 유익을 구하기 위해 거짓말을 일삼고 있지는 않습니까?
† 사람을 믿었다가 받은 상처는 무엇입니까?

모든 사건을 통해서 내 악을 보고 그 악에서 떠나야 합니다

아기스가 다윗을 변호하면서 '돌려보내라'(4절), '평안히 돌아가라'(7절), '새벽에 일어나 떠나라'(10절)고 했습니다. 사탄과 싸워야 하는 다윗인데 오히려 사탄이 다윗의 싸움을 막아 줍니다. 다윗이 기이한 경험을 합니다.

> 이에 다윗이 자기 사람들과 더불어 아침에 일찍이 일어나서 떠나 블레셋 사람들의 땅으로 돌아가고 블레셋 사람들은 이스르엘로 올라가니라 _삼상 29:11

블레셋은 악인들의 세상입니다. 다윗은 블레셋과 같이는 못 갑니다. 그래서 악인들에게 따돌림받지만, 이것은 결코 왕따가 아닙니다. 다윗이 다시 시글락으로 돌아온 것은 하나님의 돌보심입니다. 하나님의 은혜입니다.

믿음의 사람이 불신 친구들과 함께하는 것이 너무 즐겁고, 불신자들과의 만남이 전혀 부담스럽지 않다면 이야말로 문제입니다. 진짜 위기가 올 때 피할 길이 없습니다. 반면에 세상 모임에 가면 왠지 불편하고, 교회에 오면 마냥 편한 것이 정상입니다.

세상에는 참으로 많은 모임이 있지요. 그런데 그 모임에 가 보면 결국 자랑뿐입니다. 모든 이야기의 끝에는 자식 자랑, 돈 자랑, 학벌 자랑, 권세 자랑이 있습니다.

어떤 집사님은 "우리들교회 목장은 언제 가도 재미있다"라고 합니다. 그런데 어떤 분은 "세상 모임이 더 재미있다. 교회 모임은 아직 재미없다"라고 합니다. 그러시면 안 됩니다. 교회가 더 재미있고, 교회 모임이 더 재미있어야 합니다. 세상 모임 가면 술 마시고 음담패설하고, 자기 자랑하다가 괜스레 싸움이나 하고 돌아오지 않습니까? 꼭 가야 한다면 이제부터는 전도하러 가십시오. 동창회, 동호회에서 왕따당하면 도리어 고마운 일입니다. 하나님의 은혜로 여겨야 합니다. 하나님을 믿지 않는 사람들로부터 소외당하는 것이 위기에서 피할 길입니다.

저는 피아노 치느라, 또 시집살이하느라 세상 친구들을 만날 시간이 없었습니다. 돌이켜 보면 이렇게 왕따당한 환경이 은혜입니다. 하나님이 보호해 주신 것이 정말 맞습니다. 만약 모든 환경이 활짝 열렸더라면 제가 세상 밖에서 얼마나 많은 죄를 지었겠습니까? 하나님의 보호하심으로 악의 세력을 만나지 못하게 하신 것이 100% 은혜입니다. 방에 갇힌 채 성경을 읽게 하신 것이 얼마나 감사한지요.

그런데 11절에 보니 이스라엘 사람인 다윗은 블레셋으로 가고, 블레셋 사람들은 이스라엘 땅으로 갑니다. 거꾸로 되어도 한참 거꾸로 되었습니다. 한낱 목동에 불과하던 다윗이 출세하게 된 배경이 무엇입니까? 블레셋을 쳐부순 공로 때문입니다. 사울의 딸 미갈과 결혼하게 된 것도 같은 이유 아닙니까? 블레셋 사람을 죽여서 결혼 지참금을 마련했기 때문입니다. 그런 블레셋이 이제는 자신의 피난처가 되었습니다. 마치 이 시대에 교회는 세상으로 가고, 세상이 교회로 들어와서 교회를 교란하는 것과 같습니다.

그렇다면 믿는 우리는 이것을 어떻게 해석해야 할까요? 다윗으로서는 기름 부음을 받은 내 나라 이스라엘과 악령 들린 사울을 생각하면 당장 이스라엘로 가는 게 맞습니다. 얼른 가서 이스라엘을 도와야 합니다. 하지만 지금 다윗은 어쩔 수 없습니다. 이러지도 저러지도 못합니다. 그럼에도 하나님의 도우심으로 블레셋 방백들로부터 왕따 당하는 바람에 이스라엘을 치는 전쟁에는 참여하지 않게 되었습니다. 일단 급한 불은 껐습니다.

하지만 "너는 이 전쟁에 참전하지 말라"는 이 기쁜 소식을 듣고도 블레셋 시글락으로 돌아가는 다윗의 마음은 참으로 복잡했을 것 같습니다. 무엇보다 내 민족 이스라엘과 싸우지 않게 되어서 안도했을 것입니다. 기쁜 나머지 '할렐루야!' 하지는 않았을까요? 반면에 아기스에게 인정받지 못해 서운한 면도 없지 않았겠죠. 거짓말했던 자기 죄 때문에 참담하기도 했을 것 같습니다.

이런 모든 감정을 겪으면서 가는 것이 우리의 신앙생활입니다. 하루하루 위기를 벗어나게 해 주실 때마다 감사하지만, 그 가운데서 나의 치졸함을 마주하며 절망하게 되지요. 하지만 그렇기에 우리가 '나는 잘난 것이 하나도 없다'는 걸, '내가 할 수 있는 것은 아무것도 없다'는 걸 깨닫지 않습니까? 이것이 위기에서 피할 길입니다.

† 이러지도 저러지도 못하는 내 인생의 최대 위기는 무엇입니까? 이 위기의 사건을 통해 내가 먼저 떠나야 할 나의 악은 무엇입니까?

† 그 어떤 어려운 일을 당해도 더욱 예수를 의지합니까? 의지할 사람을 찾아 세상을 기웃거리고 있지는 않습니까?

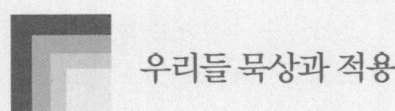# 우리들 묵상과 적용

불교를 믿는 가정에서 자란 저는 고3 때 하나님을 뜨겁게 만났습니다. 기도하며 의과대학에 진학해서 선교단체도 열심히 나갔지만, 세상 지위를 얻고 나니 적당히 믿고 싶었습니다. 그러다 결혼 후에는 난소종양 수술을 받고, 시험관아기 시술을 세 차례나 받았습니다. 하지만 결국 조산으로 태어난 남매 쌍둥이 중 아들이 뇌 손상과 자폐 2급 장애 판정을 받는 위기를 연이어 겪었습니다.

그동안 인정받는 삶을 살다가 장애아를 키우며 수치를 당하니 숨이 쉬어지지 않고 죽을 것만 같았습니다. 그러다 지인을 따라 우리들교회 목장예배에 갔다가 "직장을 그만두고 엄마의 자리를 지키라"는 권면을 들었습니다. "아들이 저의 거룩을 위해 수고하고 있다"는 말도 들었습니다. 저는 어디에서도 들어 보지 못한 말을 듣고 하염없이 눈물이 흘렀습니다. 진퇴양난의 위기에서 제가 들어야 할 말이었기에 저는 십자가의 길을 선택할 수밖에 없었습니다(삼상 29:4).

저는 근무하던 병원을 그만두고 어린 쌍둥이를 앞뒤로 업고 목장예배에 나가기 시작했습니다. 이후 이방인과 다를 게 없이 악하고 음란한 죄를 짓고 살아온 제 모습을 회개하고, 장애 아들을 주신 것에 감사하게 되었습니다. 하지만 삶은 나아지지 않았습니다. 아이는 더욱 퇴행했습니다. 하던 말도 하지 않았습니다.

그러다 수요예배를 드리던 중 목사님의 말씀이 천둥소리처럼 들렸습니다. "하나님께 보이려고 오는 예배를 하나님은 원하지 않으신다"라는 말씀이었습니다. 하나님을 '신접한 여인'이나 '아이의 장래를 위한 보험' 정도로 여기며 하나님을 힘들게 한 제 죄를 보게 되었습니다. 그리고 무너진 마음을 안고 회개했습니다.

"하나님, 아들이 이상한 행동을 할 때마다 너무 무서워요. 평생 이 고통이 끝나지 않을까 봐 두렵습니다. 저는 믿음이 없지만 제발 아들을 고쳐 주시면 안 되나요? 이게 제 진심이라 죄송해요. 하지만 이제는 '아들을 잃으면 잃으리이다' 하고 내려놓을게요."

그리고 저는 아들에게도 사과했습니다.

"네가 평생 낫지 않아도 엄마는 너를 사랑한다. 우리 천국에서 환하게 만나자. 그동안 널 바꾸려고 힘들게 해서 진심으로 미안해."

그 후 눈 맞춤이 잘 안되던 아이가 제 얼굴을 보고 눈 맞추며 웃기 시작했습니다. 저 같은 게 뭐라고 결국 이런 고백을 받아 내시려고 그동안 쉬지 않고 사건을 주신 하나님의 열심과 사랑이 느껴져 눈물이 흘렀습니다. 이 모든 위기의 사건을 통해 악에서 떠나게 하시며(삼상 29:11), 위기에서 피할 길은 오직 예수님밖에 없음을 알게 해 주신 하나님, 사랑합니다.

 영혼의 기도

하나님 아버지, 우리 인생 가운데 위기가 얼마나 많은지 모르겠습니다. 예수를 믿어도 질병의 위기, 사업의 위기, 이혼의 위기, 관계의 위기, 해결되지 않는 감정의 위기가 끊이지 않습니다. 그래서 피할 길을 찾느라 오늘도 세상을 기웃거립니다. 더 좋은 환경을 찾고, 더 멋지고 돈 많은 사람을 찾아 헤맵니다. 그러다 되는 일이 없으면 하나님을 시험하고 원망합니다. 용서해 주옵소서.

그런데 하나님은 우리가 감당 못 할 시험당함을 허락하지 아니하심을 알았습니다. 사람은 믿음의 대상이 아니요, 위기에서 피할 길은 오직 우리 주 예수 그리스도뿐임을 알았습니다.

그래서 주님, 삶의 모든 위기를 가지고 이 자리에 섰습니다. 질병과 중독과 파산과 실직과 이혼의 위기, 육적·정신적·영적 위기 가운데 천부여 의지 없어서 손들고 왔습니다. 주여, 우리를 불쌍히 여기시고 살려 주옵소서.

이제는 그 어떤 위기가 닥쳐도 십자가를 길로 놓고 가겠습니다. 원수를 통해서 하나님의 음성을 잘 듣겠습니다. 그 어떤 위기가 닥쳐도 하나님 탓, 남 탓을 하지 않겠습니다. 먼저 내 악을 보고 그 악에서 떠나겠습니다. 그리하면 주님이 피할 길을 열어 주실 것을 믿습니다. 살려 주시고, 고쳐 주실 것을 믿습니다.

피할 길 되신 예수님께 나아가오니 고쳐 주옵소서. 나사렛 예수의 이름으로 우리의 모든 악한 세력이 물러가게 도와주옵소서. 살려 주옵소서. 예수님 이름으로 기도드립니다. 아멘.

Chapter 8

소리를 높여 울었더라

사무엘상 30장 1~6절

> 하나님 아버지, 육신의 문제에 사로잡혀서
> 울 기력이 없도록 울고 있는
> 우리를 불쌍히 여겨 주옵소서.
> 잿더미 속에서 우리를 다시 세우시는
> 주님을 더 깊이 알기 원합니다.
> 말씀해 주옵소서. 듣겠습니다.

다윗이 블레셋으로 망명하여 거짓말과 약탈을 일삼는데도 편안하게 살고 있습니다. '겉보기'엔 그렇습니다. 아기스 왕으로부터 신임을 받고 사울도 쫓아오지 않으니까 다윗은 블레셋으로 온 자신의 결정이 맞았다고 생각했을 수도 있습니다. 행운이 임한 것만 같았습니다. 이제는 이스라엘 사람인지, 블레셋 사람인지 다윗 자신도 모를 지경이 되었습니다. 그러다 동족 이스라엘과 싸우라는, 이럴 수도 저럴 수도 없는 상황에 처하지만 하나님께서 그 전쟁을 막아 주셨습니다. 그러면 이때라도 깨닫고 돌이켜야 하잖아요? 한데 다윗은 "왜 나를 참전하지 못하게 하느냐" 하면서 아기스에게 항변까지 했습니다. 이처럼 내가 악을 행하고 있는데 만사가 형통하다면, 지금 위기 중의 위기입니다. 하나님의 뜻을 거스르고 있는데 그것이 어떻게 형통이겠습니까?

다윗을 보면서 '과연 그가 하나님을 잊은 것일까?' 묵상해 보았습니다. 절대 그렇지 않았으리라고 생각해요. "내 거친 생각과 불안한 눈빛과 그걸 지켜보는 너~"라는 어느 유행가 가사처럼, 불안한 다윗을 지켜보고 계시는 하나님의 심정은 어떠셨을까요?

저는 하나님을 인격적으로 만난 뒤로는 하나님의 뜻이 아니라고 생각되면 아무리 좋은 일이어도 힘들게 느껴졌습니다. 하나님의 백성이라면 하나님 뜻을 거스르며 사는 것이 얼마나 괴로운지 압니다.

그런데 하나님의 뜻과 반대로 사는데도 다윗이 자기 힘으로 헤쳐 나오지 못하는 것을 우리가 봅니다. 다윗을 너무 사랑하시는 하나님이 그를 이대로 내버려두실 리 없죠. 이제부터 묵상하겠지만 하나님은 아말렉에게 모든 것을 빼앗기는, 아주 극단적인 방법으로 다윗이 회개하도록 도우십니다. 당장엔 힘들겠지만 훗날 다윗은 이 일을 '울고 싶은데 뺨 때려 준 사건'이라고 기억했을 것 같아요.

지난 장까지는 승승장구하던(?) 다윗이 30장에 들어서자마자 울 기력이 없도록 소리를 높여 웁니다(삼상 30:4). 왜 다윗이 그토록 울었는지 함께 살펴보겠습니다.

스스로 극복하지 못하는
육신의 약점 때문에 울게 하셨습니다

> 다윗과 그의 사람들이 사흘 만에 시글락에 이른 때에 아말렉 사람들이 이미 네겝과 시글락을 침노하였는데 그들이 시글락을 쳐서 불사르고 _삼상 30:1

다윗이 아기스의 호의로 시글락으로 돌아옵니다. 그런데 아말렉의 침노로 시글락이 잿더미가 되었습니다. 그동안 나름대로 최선을 다했는데 그 결과는 최악입니다. 우리가 잠시 딴청을 부려도 그렇죠. 그냥 돌아오게 하시면 얼마나 좋습니까? 하지만 하나님은 우리를 사랑할수록 이렇게 반드시 책임을 물으십니다. 이것이 하나님의 방법입니다. 이 땅에서 책임을 물으시는 것이 축복임을 알아야 합니다.

본문에서 제일 중요한 주제가 '아말렉'입니다. 이 '아말렉' 사람들이 다윗의 성읍인 시글락을 공격한 이유가 무엇입니까? 지난 27장에서 다윗이 아말렉으로 쳐들어간 적이 있죠. 그 땅의 남녀를 한 명도 살려 두지 않았습니다(삼상 27:8~9). 아말렉은 복수의 칼을 갈았을 것입니다. 그런 중에 다윗이 아기스 왕으로부터 참전 명령을 받고 자리를 비우자 그 틈에 시글락으로 쳐들어온 것입니다.

영적으로 보면, 다윗이 자기 생각에 블레셋으로 피난 가고 동족 이스라엘까지 치러 간 것에 대한 하나님의 징계로 볼 수 있습니다. 성경에서 아말렉은 '육신'을 대표하는 족속으로, 이스라엘과는 늘 적대 관계였습니다. 그러니까 이스라엘과 아말렉은 영과 육처럼 싸울 수밖에 없는 관계라고도 볼 수 있습니다.

출애굽기 17장에 보면, 이스라엘이 출애굽하여 르비딤이라는 곳에서 최초로 전쟁을 치릅니다. 그때 이스라엘을 공격한 족속이 바로 아말렉입니다. 이들은 출애굽 직후 피곤한 상태에 있는 이스라엘을 침노했을 뿐만 아니라, 이스라엘 진영 뒤에 떨어져 있던 약한 자들까지 무자비하게 공격했습니다(신 25:17~18). 하나님께서는 그런 아말렉을 향해 "대대로 싸우리라"고 맹세하셨습니다(출 17:16). 그러므로 성도들도 아말렉과 대대로 싸워야 합니다. 쉽게 말하면, 우리는 육신과 대대로 싸워야 한다는 뜻입니다.

그러나 육신과의 전쟁은 보통 어려운 게 아닙니다. 하나님은 사울에게도 아말렉을 반드시 진멸하라고 명을 내리셨습니다(삼상 15:3). 하지만 육적인 사울은 육신의 좋은 것들인 전리품을 남겨 놓고 아각 왕을 진멸하지 않았습니다. 그 결과 하나님께서 사울을 왕으로 세운 것을 후회하셨습니다(삼상 15:11). 우리도 그래요. 대대로 싸워야 할 육신을 우상 삼고, '이 정도는 괜찮겠지' 하고 남겨 두면 안 됩니다.

다윗은 블레셋으로 피난을 가서 '나는 사울과 다르다' 하면서 하나님이 싫어하시는 아말렉을 쳤습니다. 그러나 이것은 문자적인 적용에 불과합니다. 왜 그렇습니까? 첫째, 다윗은 블레셋 왕 아기스 앞에 가서는 아말렉을 쳤다고 하지 않았습니다. 유다를 쳤다고 거짓말까지 했습니다. 아말렉과 블레셋은 한통속이기 때문입니다.

또한 다윗은 자기 목숨을 부지하고자 하나님 나라를 떠난 사람입니다. 그런 사람이 하나님을 위해 싸웠다니요. 말이 안 되는 이야기입니다. 이방 나라에서 또 다른 이방 나라를 치면서 하나님을 위해서 싸웠다고 할 수는 없잖습니까. 아말렉은 언제나 멸해야 할 대상입니다. 하지만 이런 적용을 하려면 때와 장소도 잘 분별해야 합니다.

그런데 다윗은 어떻습니까? 하나님이 싫어하신다는 명분으로 아말렉을 칩니다. 자기 속의 아말렉은 쳐부수지 못하고 엉뚱한 적용을 하는 것입니다. 그러므로 하나님은 아말렉을 통해 다윗이 세상 피난처로 삼은 시글락을 몽땅 쳐부수어 잿더미로 만드십니다. 다윗에게 적용을 위한 적용이 아니라 적용의 본질을 가르쳐 주시려고 아말렉이 쳐들어오게 하신 것이죠. 믿는 자의 약한 곳을 공격하는 아말렉은 육신의 삶을 의미한다고 했습니다. 그러므로 거짓을 일삼고 쾌락을 누리며 살던 다윗에게 아말렉의 공격은 반드시 있어야 할 사건이었습니다.

다윗이 시글락을 얻고자 한 것도 그렇습니다. 그 의도부터 잘못됐습니다. 앞으로 이스라엘의 왕이 될 다윗이 육의 것에 빠져 있으니 하나님이 그 시글락을 치실 수밖에 없는 것입니다. 다윗이 육신의 약점을 도무지 극복하지 못하니까 '육신'의 아말렉을 보내신 겁니다. 이런 과정을 통해 다윗의 약점을 강하게 훈련하시는 하나님입니다.

우리 인생에도 육신과의 싸움은 끝이 없습니다. 한 번 이겼다고 끝나는 것도 아닙니다. 가고 오는 세대에 대대로 싸워야 합니다. 잠시 방심하면 금세 육신에 넘어집니다. 출애굽기에서 이스라엘이 아멜렉과의 싸움에서 어떻게 이겼습니까? 아론과 훌이 모세의 양팔을 잡아 주었기 때문입니다.

그런데 다윗은 방심을 해도 크게 방심했습니다. 이스라엘의 왕으로서 있어야 할 자리, 지켜야 할 자리를 떠났습니다. 양팔을 받쳐 주고, 기도해 주는 아론과 훌이 있는 공동체를 떠났습니다. 그리고도 편안하니 '이 정도면 다 되었다' 하면서 블레셋을 도우러 나서기까지 했습니다. 시글락을 통째 내버려두고 말입니다. 그러니 아말렉이 "때는 이때다" 하지 않았겠습니까?

하나님께 택함을 받은 우리는 한순간도 방심하면 안 됩니다. 사탄은 우리의 약점을 정확히 파악하고 있습니다. 공격할 시기도 정확히 알고 쳐들어옵니다. 그러니 나도 나의 약점을 정확히 알아야 합니다. 내가 어디서 자꾸 넘어지는지 정확히 알고 있어야 합니다. 그리고 그 문제를 들고 하나님께 나아가 날마다, 정확히 간구해야 합니다. 내 약점을 그냥 놔두면 사탄의 밥, 아말렉의 밥이 되는 것은 시간문제입니다.

가장 무서운 것은 내 속의 아말렉, 내 속의 육신입니다. '육신의 정욕, 안목의 정욕, 이생의 자랑'입니다(요일 2:16). 다윗도 십 년을 쫓아다닌 사울의 추격을 뿌리쳤을지언정 자기 속에 있는 육신의 정욕을 깨닫지 못했습니다. 그래서 하나님은 아말렉이 쳐들어오는 사건을 허락하셨습니다. 이스라엘의 왕이 되기 직전, 마지막 육신의 훈련을 치르게 하신 것입니다.

† "나는 이만하면 되었다" 하며 안주하고 있는 나의 시글락은 무엇(어디)입니까?
† 내 육신의 약점, 나의 아말렉은 무엇입니까?
† 사소하게 생각했던 약점 때문에 통째로 무너진 적이 있습니까?

하나님을 떠나 이룬 육신의 모든 것을 사로잡히게 하심으로 울게 하셨습니다

하나님은 다윗이 블레셋에 가서 이룬 모든 것들을 잃어버리게 하셨습니다. 다윗 속에 있는 육신의 정욕을 사로잡기 위해서는 곁에 있는 육신의 모든 것이 사로잡혀야만 하는 것입니다. 여러분이 하나님 없이 이룬 모든 재산과 부와 가족들도 마찬가지입니다. 우리가 육신에만 매여 살면 언젠가는 다 잃어버릴 날이 올지도 모릅니다.

> 2 거기에 있는 젊거나 늙은 여인들은 한 사람도 죽이지 아니하고 다 사로잡아 끌고 자기 길을 갔더라 3 다윗과 그의 사람들이 성읍에 이르러 본즉 성읍이 불탔고 자기들의 아내와 자녀들이 사로잡혔는지라
> _삼상 30:2~3

젊거나 늙은 여인들을 다 잡아갔다고 합니다. 다윗이 통과하지 못한 육신의 정욕 중에서 특별히 여자 문제를 암시하는 듯합니다. 그런데 감사하게도 한 사람도 죽이지는 않았습니다. 하지만 아말렉이 이 여인들을 다 사로잡아 끌고 '자기 길'로 갔다고 합니다. 아말렉은 육신이니 '육신의 길'로 그 여인들을 끌고 갔다는 것입니다.

이것으로 끝이 아닙니다. 성경 원문은 3절에서 감탄사까지 쓰면서 "잿더미가 된 이것을 보라!"고 합니다. 왜 이 지경까지 되었을까요? 이 직전에 다윗이 한 일이 무엇입니까? 다윗은 블레셋을 돕겠다면서 이스라엘과 싸우는 것도 마다하지 않았습니다. 이스라엘은 하나님 나라이고 믿음을 의미하죠. 그러니 이 잿더미는 믿음에 대적한 삶의 결론입니다. 믿음을 버리고 잘 먹고 잘살려고 열심히 사업하고 공부하고 결혼해 봐야 결국엔 흔적도 없이 다 불탄다는 것입니다.

이뿐이 아닙니다. 3절에는 사로잡혔다는 이야기가 또 나옵니다. 그런데 이번에는 그 대상이 '아내와 자녀들'입니다. 내가 배우자와 자

녀들을 위해 시글락 성에서 좋은 차 사 주고, 좋은 학교에 좋은 학원도 보내 줬는데 그들이 막가파처럼 육신의 정욕, 안목의 정욕, 이생의 자랑에 사로잡혀서 육신의 길로 갔다는 것입니다.

이제 다윗에게 남은 것이라고는 함께 나아갔던 600명의 군사뿐입니다. 하지만 이 잿더미와 사로잡힘은 다윗의 잘못을 철저하게 깨닫게 하기 위한 하나님의 사랑입니다.

한 집사님이 '안 믿는 친구가 겸손해져서 하나님 앞으로 나아오게 되는 세 가지 길'을 제시했는데 '망하는 것', '죽을병에 걸리는 것', 그리고 '자식 고난'이라고 합니다. 이것이 전부 사로잡히는 것입니다. 믿는 우리도 마찬가지입니다. 하나님이 우리를 사랑하시기에 사로잡히게 하시는 것입니다. 그래서 고난이 축복입니다.

> 4 다윗과 그와 함께 한 백성이 울 기력이 없도록 소리를 높여 울었더라 5 (다윗의 두 아내 이스르엘 여인 아히노암과 갈멜 사람 나발의 아내였던 아비가일도 사로잡혔더라) _삼상 30:4~5

3절에서 백성들의 아내와 자녀들이 사로잡혀갔다고 했죠. 그런데 5절에 보니 이와 별개로 '다윗의 두 아내도 사로잡혔더라'고 합니다. 30장 1절에서 5절까지 이 짧은 본문에서 '사로잡혔다'는 말이 세 차례나 나옵니다. 그런데 자세히 보면 2절 말씀의 주체는 사로잡아 간 아말렉 사람들이고, 3절과 5절 말씀의 주체는 사로잡힌 처자식들입니다. 하지만 이들은 이 사건의 주체가 아닙니다. 잡아간 아말렉과

잡혀간 여인들, 처자식들 중심에 다윗이 있습니다. 다윗이 이 사건의 원인 제공자입니다. 이는 내가 육신의 문제를 잘 다루지 못하면 내 육신의 존재 이유인 처자식이 잡혀간다는 말입니다.

그러므로 우리가 가족을 진정 사랑한다면 '과연 그들에게 좋은 것이 무엇인지' 깊이 생각해야 합니다. 딴에는 가족을 위해서 했는데 도리어 그들을 잡혀가게 하는 일이 얼마나 많습니까? 자녀를 위한다고 백화점 데리고 다니고, 값비싼 게임기에 휴대폰까지 덜렁덜렁 사 주었는데, 그로 말미암아 자녀가 과소비에, 스마트폰에, 게임에 완전히 사로잡힙니다. 거기서 끄집어낼 수가 없습니다.

그러나 다윗은 부족해도 하나님의 사람입니다. 앞서 2절에서 보았듯이 '한 사람도 죽이지 아니하고 다 사로잡아 끌고 갔다'는 말씀에는 다윗이 혹시 낙심할까 봐 호호 불어가며 훈련시키시는 하나님의 사랑이 담겨 있습니다. 감당 못 할 시험을 당하지 않게 하시는 하나님입니다. 결국은 다 살려 주시고 돌아오게 하십니다. 하나님의 목적은 징계가 아닙니다. 끊임없이 훈련시키고, 생각하게 하고, 다시 구출하시는 것이 하나님의 훈련 방법입니다. 그러므로 우리는 사로잡힘의 문제가 닥칠 때마다 우리를 훈련하시는 하나님의 뜻을 헤아려 보아야 합니다. 육신에 사로잡힐 수밖에 없는 내 약점을 보아야 합니다.

특별히 다윗의 결정적인 약점은 여자가 아닐까 합니다. 다윗은 시글락으로 오기 직전 아비가일과 결혼했습니다. 따라서 다윗을 시글락 성에 정착하게 만든 약점이 아비가일이라고도 할 수 있습니다. 그런데 다윗은 이후 다른 아내 아히노암을 또 얻어 들이죠

(삼상 25:42~43). 인간의 사랑이 얼마나 덧없는지를 보여 줍니다.

어찌 됐든 아비가일과 아히노암이 사로잡혀 갔습니다. 사로잡힌 수많은 아녀자 중에 굳이 이 두 여자의 이름을 밝힌 이유가 있지 않겠습니까? 다윗이 이들 때문에 시글락에 정착했는데, 결국 이들 때문에 망했음을 강조하기 위함입니다.

당시에는 자기 권세와 권력을 과시하기 위해 전쟁에서 사로잡아 온 지도자의 부인을 사람들이 보는 앞에서 강간했다고 합니다. 압살롬도 새어머니나 다름없는 다윗의 후궁들과 대낮에 옥상에서 동침했습니다(삼하 16:22). 하물며 아말렉은 이스라엘보다 훨씬 악독한 민족입니다. 그러니 사로잡아 온 아비가일과 아히노암을 당연히 그리하지 않았겠습니까? 다윗이 얼마나 통탄했겠습니까?

사실 다윗은 어려서 기름 부음을 받고 부끄러울 것 없이 여기까지 왔습니다. 골리앗도 물리치고 그저 잘한 것밖에 없습니다. 자신을 해하려는 사울을 대적하지도 않았습니다. 그런데 지금은 어떤가요? 골리앗을 물리쳤을 때의 믿음은 어디로 갔는지 보이지도 않습니다. 그저 '나는 사울이 살아 있는 동안에는 아무것도 못 할 것이다. 그래서 어쩔 수 없이 블레셋으로 도망 왔는데, 하나님이 이렇게까지 하시는 것은 너무하다'라는 원망에 사로잡히지 않았을까요?

하나님은 다윗의 이런 마음을 고쳐 주고 싶으셨습니다. 우리도 그러지 않습니까? '나는 어쩔 수 없이 이 결혼을 했어, 어쩔 수 없이 이 사업을 했어, 어쩔 수 없이 이 길을 가는 거야……' 자기 생각대로 하고는 '어쩔 수 없었다'고 얼마나 변명합니까. 주님은 "이런 생각일랑

뜯어고쳐라" 하십니다. 그러지 않으면 다윗처럼 야단맞을 수밖에 없습니다.

다윗과 함께한 백성이 운 것도 마찬가지입니다. 이들처럼 자녀 때문에 목을 놓아 울고 싶은 부모들이 얼마나 많은지 모릅니다. '자식 잘되라고 내가 얼마나 많이 빌고 빌었는데, 얼마나 고생을 많이 했는데……' 합니다. 하지만 그랬던 내 욕심만큼 아말렉에게 사로잡혀 가는 것이 자식입니다. 그러니 누구 탓을 하겠습니까? 바로 나 자신을 탓해야 합니다.

다윗은 시편 22편에서 이런 고백을 남겼습니다.

"나는 벌레요 사람이 아니라 사람의 비방거리요 백성의 조롱거리니이다 나를 보는 자는 다 나를 비웃으며 입술을 비쭉거리고 머리를 흔들며 말하되 그가 여호와께 의탁하니 구원하실 걸, 그를 기뻐하시니 건지실 걸 하나이다"(시 22:6~8).

내가 하나님 믿는 것을 다 아는데 세상의 비방거리가 되어 하나님까지 조롱받는 지경이 됐습니다. 그러니 다윗이 울 기력이 없을 정도로 울지 않았겠습니까. 여러분은 이렇게 소리 높여 울어 본 적이 있습니까? 요즘 무엇 때문에 우십니까?

백성들이 자녀들 때문에 마음이 슬퍼서 다윗을 돌로 치자 하니……
_삼상 30:6a

다윗이 지금 너무 슬픈데 위로하는 자가 한 명도 없습니다. 오히려 생사고락을 같이하던 아둘람 공동체 백성들이 "다윗을 돌로 치자" 하는 기가 막힌 일이 일어납니다. 백성들이 "마음이 슬퍼서"라는 말은 영혼이 쓰라릴 정도로 주체할 수 없는 슬픔을 느꼈다는 뜻입니다. 영혼에 상처가 나서 창자가 끊어지는 것 같은 아픔을 느꼈다는 것입니다.

백성의 편에서 한번 생각해 보십시오. 다윗이 자신들을 이끌고 블레셋으로 망명했습니다(삼상 27:1). 아말렉에게 침략의 빌미를 제공한 것도 다윗입니다. 그가 멋대로 아말렉을 치지 않았습니까. 그럼에도 다윗은 그들을 시글락에 내버려두고 블레셋으로 참전하러 갔습니다. 그 틈을 타 아말렉이 침노해서 시글락이 잿더미가 되었죠.

환난당하고 빚지고 원통한 사람들에겐 오직 자녀가 희망입니다. 그런데 자녀가 다 사로잡혀 갔습니다. 삶의 터전은 죄다 불타고 삶의 희망인 자녀들마저 없어졌는데 큐티고 나발이고 좋은 것이 있겠습니까? 이런 고난이 어디 있습니까? 백성들 입장으로는 다윗의 잘못이 너무 큽니다. 다윗이 전부 책임져야 할 일입니다. 그러니 다윗을 돌로 쳐 죽이려는 것입니다.

'돌로 치는' 것은 당시 이스라엘에서 가장 보편적인 사형 집행 방법이었습니다. 하나님의 이름을 훼방한 자, 신접한 자와 박수무당, 부모를 거역한 자, 통간한 자, 안식일을 어긴 자는 돌로 쳐 죽였습니다.

물론 백성의 슬픔을 모르는 바는 아닙니다. 그래도 한때 "사울이 죽인 자는 천천이요, 다윗은 만만이로다" 하며 다윗을 따르던 백성들이잖아요. 환난당하고 빚지고 원통한 자들이었기에 그나마 복음도 잘 받아들였을 것입니다. 그런데 이들이 다윗 탓을 하고 죽이려 합니다.

신앙이 성숙한 사람은 책임을 남에게 돌리지 않습니다. 그런데 믿음으로 뭉쳐도 이렇게 남 탓을 합니다. 정말 성경 어디를 봐도 사람은 믿음의 대상이 아닙니다. 그럼에도 우리는 "믿는 사람이 왜 그래?", "어떻게 사람이 사람을 안 믿을 수 있어?", "사람을 믿어야지 그럼 뭘 믿어?" 합니다. 그렇게 사람을 믿다가 배신당하면 치를 떱니다.

하지만 우리는 예수님의 조상인 다윗의 이야기를 도덕과 윤리의 잣대로 읽으면 안 됩니다. 구속사 관점으로 읽어야 합니다.

그런 관점에서 다윗의 인생을 다시 생각해 보겠습니다. 그는 어려서부터 너무나도 멀고 험한 나그넷길을 걸어왔습니다. 그럼에도 현재 아무런 소망이 없어 보입니다. 명색이 기름 부음을 받은 다윗인데, 여전히 도망자 신세입니다. 그 누구도 그를 반겨 주지 않습니다. 사울을 피해 블레셋까지 왔는데 이제는 백성들까지 자신을 죽이려 합니다. 그야말로 안팎으로 어찌할 수 없는 상태가 되었습니다. 생사고락을 함께한 지체들인데, 어찌 그들이 다윗을 돌로 칠 수 있습니까?

그런데 여기에 하나님의 뜻이 있습니다. 다윗이 더욱 강하고 담대해지려면 하나님이 응답하지 않으시는 것 같은 상황을 계속 겪으면서 가야 한다는 것입니다. 아말렉의 공격을 통해 다윗의 약점을 마지막까지 손보시는 하나님입니다.

그러므로 우리도 아말렉으로 찾아온 고난과 환경을 원망하면 안 됩니다. 다윗 같은 지도자를 탓해서도 안 되고, 아말렉 같은 가해자를 미워해서도 안 됩니다. 아말렉은 내 육신의 약점을 공격해 구원으로 이끌기 위해 수고할 뿐입니다.

지금 내 자녀들도 그렇습니다. 아말렉 같은 게임과 유튜브에 온통 사로잡혀 있습니다. 하지만 그 원흉은 게임과 유튜브가 아닙니다. 내 자녀를 시글락 같은 스마트폰에 무방비 상태로 내버려두고, 블레셋을 도우러 간 나 때문임을 알아야 합니다. '그래서 내 자녀가 사로잡혀 갔구나, 내가 정말 문제 부모구나' 하고 회개해야 합니다. 목을 놓고 울어야 합니다. 정말 통곡하면서 울어야 합니다.

내 배우자, 내 자녀가 아무리 나를 괴롭히며 공격하더라도 그것은 내 속에 육신의 약점을 하나님이 공격하시는 것임을 알아야 합니다. 그런 공격을 받고는 그저 억울해하고 복수할 생각만 한다면 아직도 내 안에 육신의 약점, 즉 육신의 정욕, 이생의 자랑, 안목의 정욕이 하나도 무너지지 않았음을 의미합니다. '왜 저런 인간이 내 남편인가, 내 아내인가, 내 자녀인가' 한다면 아직 멀었습니다. 그 원수 같은 아말렉 덕분에 우리가 하나님께 더 가까이 나아가게 됩니다. 목마른 사슴이 시냇물을 찾기에 갈급한 것처럼 하나님을 더욱 사모하는 마음을 갖게 되는 것입니다.

† 나는 무엇에 사로잡혀 있습니까? 내 배우자, 내 자녀는 무엇에 사로잡혀 갔습니까?

† 나는 지금 무엇이 억울하고 원통해서 울 기력이 없도록 소리 높여 울고 있습니까?

† 누구를 믿었다가 "어쩌면 이럴 수가!!" 하며 치를 떨고, 돌로 치려 하지는 않습니까?

† 내 육신의 약점은 무엇입니까? 이 모든 사로잡힘의 사건이 내 육신의 약점을 공격하기 위해 하나님이 허락하신 사건임이 인정됩니까?

울 기력이 없도록 소리 높여 우는 때야말로 여호와를 힘입을 아주 좋은 기회입니다

……다윗이 크게 다급하였으나 그의 하나님 여호와를 힘입고 용기를 얻었더라 _삼상 30:6b

다윗은 지금 두 아내까지 다 사로잡혀 갔습니다. 사울이 아무리 괴롭혔어도 이 정도 고난은 아니었습니다. 사울 고난은 지금의 고난에 비하면 양반입니다. 사울을 피해 블레셋으로 망명했다가 블레셋을 돕는답시고 이스라엘과의 전쟁에 나선 것이 이런 큰 고난을 불러일으켰습니다.

초라한 나무 십자가를 벗어 버리고 황금 십자가를 지면 좋을 것 같습니까? 더 무겁기만 할 뿐입니다. 그렇다고 장미 십자가를 지면 가시에 찔려 고통만 더해집니다. 지금 다윗이 딱 그 모양입니다. 사울 고난이 이 세상 제일 큰 고난인 줄 알고 피했다가 그와는 비교가 안 되는 더 큰 고난을 만난 것입니다. 그래서 최초의 십자가인 나무 십자가가 최고입니다. 사울 같은 남편, 아내라도 이혼해선 안 됩니다. 함께 더불어 살아야 합니다. 가정을 버리고 떠나면 장미 가시에 찔려 피 흘리는 인생만 살게 될 뿐입니다.

하나님이 다윗의 모든 것을 불살라 잿더미가 되게 하신 이유는 다윗을 멸하기 위함이 아닙니다. 무에서 유를 이루어 내시는 하나님이십니다. 다윗이 집착하던 모든 걸 쓸어 버리고 다시 세우시기 위함입니다.

성도에게 위기는 없습니다. 모든 위기는 하나님과의 관계를 재정립하는 데 너무나 좋은 기회입니다. 다윗도 외롭고 괴로울 때 주님을 찾았습니다. 시편 25편에서 다윗은 "주여, 나는 외롭고 괴로우니 내게 돌이키사 나에게 은혜를 베푸소서"라고 간구합니다. 그리고 "내 눈이 항상 여호와를 바라봄은 내 발을 그물에서 벗어나게 하실 것임이로다", "나의 곤고와 환난을 보시고 내 모든 죄를 사하소서", "내가 주께 피하오니 수치를 당하지 않게 하소서" 하고 고백합니다. 그런데 우리는 이 다윗의 고백에서 주목해야 할 것이 있습니다. 마지막 절인 22절에서 다윗은 "하나님이여 이스라엘을 그 모든 환난에서 속량하소서"라고 합니다.

이스라엘은 자기를 내쫓은 원수 같은 나라 아닙니까? 원수 같은 배우자, 자녀지만 그들을 위해 다윗이 기도하게 됐습니다. 지경이 넓어졌습니다. 나를 힘들게 하는 사람 때문에 예수를 믿게 됐습니까? 그 사람을 위해 기도하는 데까지 지경이 넓어지길 바랍니다. 이것이 여호와를 힘입는 것입니다. 용기가 생기는 것입니다. 다윗도 개인의 고난으로 시작한 기도가 공동체를 위한 기도로 바뀌지 않았습니까?

여러분은 지금 어떻습니까? 쫄딱 망했습니까? 가족 관계가 무너졌습니까? 부도가 나서 돈이 하나도 없습니까? 지경이 더 좁아졌나요? 그래서 울 기력이 없도록 슬피 울고 있습니까? 하지만 이 잿더미 같은 사건 가운데 우리를 다시 세우시려는 하나님의 뜻이 있습니다. 징계는 하나님이 사랑하기에 주시는 것입니다. 이것을 믿으셔야 합니다. 이때야말로 여호와의 힘을 입을 때입니다. 예배를 사수하고, 기도하고, 말씀 듣고, 큐티하고, 공동체에 붙어 있어야 합니다. 원수 같은 배우자, 자녀 탓 그만하고 그들을 위해 기도해야 합니다. 그리하면 결정적인 순간에 여호와를 힘입게 됩니다. 결정적인 말씀 한마디에 생각이 돌아섭니다. 돌이키게 됩니다. 인생이 회복됩니다. 하나님은 위기에서 신속히 회개하는 사람을 쓰십니다.

우리들교회에는 예배 때 들은 말씀 한마디 때문에 이혼하려던 마음을 접은 분이 한둘이 아닙니다. 여전한 방식으로 예배 잘 드리고, 날마다 큐티하는 사람은 결정적인 위기의 때에 유턴을 잘합니다. 내가 죄인인 것을 알기 때문입니다.

다윗도 자신을 배신하고 죽이려는 지체들을 통해 하나님의 질책을 깨닫게 되었습니다. 역설적이지만 배신을 당하는 것이 여호와를 힘입는 아주 좋은 방법입니다. 배신을 안 당해 본 사람은 인생을 논할 수 없습니다. 남편에게, 아내에게 배신당하고, 회사에서 배신당하고, 인간관계에서 배신당하는 것은 영적으로 유익한 자양분입니다. '네가 어떻게 나를 배신할 수가 있어!' 하지만 배신을 당하는 사건 또한 하나님이 나를 사랑하시는 방법 중의 하나입니다.

그러나 신속한 회개는 마음대로 되는 게 아닙니다. 사울이 평생 회개하지 못하는 것을 보면 마음이 아픕니다. 사울은 자신이 죄인인 걸 몰랐습니다. 그래서 결정적인 위기가 와도 유턴하지 않습니다. 그러므로 그 평생에 여호와를 힘입을 일이 없는 것입니다.

4절에 쓰인 '울음'이란 단어는 시편 137편에 쓰인 '울음'과 동일한 말입니다.

"우리가 바벨론의 여러 강변 거기에 앉아서 시온을 기억하며 울었도다"(시 137:1).

즉, 이스라엘이 강대국 바벨론에 끌려가 노예 생활하면서 울었던 그 울음과 똑같은 단어입니다. 이 '울음'이라는 단어 하나를 통해 다윗이 블레셋으로 피한 것이 얼마나 잘못된 일인지 성경은 확실하게 짚어 줍니다.

여호수아는 가나안 땅에 입성한 백성을 향해 "불신자와 더불어 혼인하며 서로 왕래하면 안 된다"고 강력히 권면했습니다. 그리하면 "그들이 너희에게 올무가 되며 덫이 되며 너희의 옆구리에 채찍이 되며 너희의 눈에 가시가 되어서 너희가 마침내 너희의 하나님 여호와께서 너희에게 주신 이 아름다운 땅에서 멸하리라"고 유언했죠.(수 23:12~13).

그런데 다윗이 통곡하다 보니 그제야 이 말씀이 생각났습니다. 남의 하나님이 아니라 나의 하나님이요, 남에게 하시는 말씀이 아니라 내게 하시는 말씀으로, 갑자기 말씀이 나팔 소리같이 들리기 시작했습니다. 자기 잘못도 깨달아졌습니다. 위기 상황에서 여호와를 힘입었다는 것은 바로 이런 것입니다. 돈도 없고 식구도 없고 병에 걸렸어도 늘 예배 잘 드리고, 말씀 보고, 자기를 돌아보고, 공동체에 잘 붙어 있으면 다윗처럼 결정적인 순간에 유턴하게 됩니다.

항상 결론은 내 죄를 보고 회개하는 것입니다. 그리하면 하나님을 힘입을 수 있습니다. 용기를 얻을 수 있습니다. 늘 하나님과 친밀히 지내기에 결정적인 순간에 하나님이 한마디, 한 말씀으로 도와주시는 것입니다.

지금 내 모든 것이 잿더미가 되고, 내 자녀가 사로잡히고 그래서 다윗과 그를 따른 백성들처럼 소리 높여 울 수밖에 없는 상황입니까? 이야말로 하나님을 힘입을 아주 좋은 기회입니다. 용기를 얻으시기 바랍니다.

† 내가 지고 있는 초라한 나무 십자가는 무엇입니까? 초라한 나무 십자가를 벗어 버리고 내 의지로 선택했다가 더 무거워진 황금 십자가는 무엇인가요?

† 힘들 때일수록 나의 하나님 여호와를 의지합니까? 그래서 여호와를 힘입고 용기를 얻었습니까? 여전히 하나님을 원망하며 울 기력이 없도록 울고 있지는 않습니까?

 우리들 묵상과 적용

저는 믿지 않는 집안에서 태어났습니다. 그러다 제가 유치원에 다닐 무렵 아버지가 근무하시는 기독학교 교목의 인도로 가족 모두 교회를 나가게 되었습니다. 그럼에도 저희 가족은 명절 때마다 제사를 지내며 조상에게 절했습니다. 저 역시 대학생이 되어서 인격적으로 예수님을 만났지만 명절에 변함없이 제사를 드리며 우상숭배를 끊지 못했습니다.

본문에서 다윗은 자기 잘못 때문에 아내와 자녀들이 사로잡혀 간 것을 보고 소리 높여 웁니다(삼상 30:3~4). 하지만 저는 다윗과 달리 우상숭배의 죄를 알고도 회개하지 않았습니다. "조상에게 제사 지내지 말고 절하지 말라"는 말을 들을까 봐 두려워서 교회 공동체에 이 문제를 묻지도 않았습니다.

그러나 말씀으로 양육을 받으면서 교회 지체들에게 안 되는 내 모습을 솔직히 나눴습니다. 그랬더니 청년부 엘더님(멘토)은 "다음 명절에는 기도로 대신하고 싶다는 문자를 아버지께 미리 보내 봐"라고 권면하셨습니다. 하지만 저는 회개한 다윗과 달리 권면을 듣고도 적용을 미뤘습니다. 그러다 명절 직전에 전화로 대충 제 뜻을 아버지께 전했습니다. 아버지는 부정적인 반응을 보이셨고, 결국 저는 명절에 또다시 절을 했습니다. 그런데 그다음 명절 때입니다. 성묘를 갔는데 아버지께서 "너는 기도해라" 하셨습니다. 할아버지께서 "조상님들께 술잔을 올려라" 하실 때도 아버지가 "○○이는 교회 다닙니다"라며 저의 대변자가 되어 주셨습니다. 그럼에도 저는 여전히 할아버지가 두려워서 제사에 참여하고 절도 했습니다.

그러나 다윗이 여호와를 힘입고 용기를 얻었던 것처럼(삼상 30:6), 저도 지난 설에는 용기를 내어 할아버지께 "저는 교회에 다니니 절 대신 기도할게요"라고 말씀드렸습니다. 그러자 할아버지도 그러라고 허락해 주셨습니다. 연약한 저를 포기하지 않으시고 한 걸음씩 인도하시는 하나님, 감사합니다.

 영혼의 기도

아버지 하나님, 다윗이 블레셋을 도우려고 시글락을 비워 둔 사이에 아말렉 사람들이 시글락을 쳐서 불사르고, 모든 여자와 아이들을 다 사로잡아 끌고 갔다고 합니다. 내 모든 육신의 것이 잿더미가 되고, 내 배우자, 내 자녀가 사로잡힌 것이 내가 블레셋 같은 세상에 한눈팔았기 때문임을 알았습니다.

내 안의 아말렉을 다스리지 못하고 육신의 쾌락과 편안함에 사로잡혀 있는 우리를 불쌍히 여겨 주옵소서. 하나님을 떠나 육신의 것을 이루려 한 죄도 용서해 주옵소서.

이 시간, 아말렉 같은 질병과 중독, 게임과 유튜브에 사로잡힌 내 배우자, 내 자녀를 위해 기도하오니 풀어 주옵소서.

소리 높여 울 기력이 없도록 기도하며 내 죄를 회개하오니 우리의 배우자와 자녀들을 돌려주옵소서. 다급한 상황에 있는 주의 성도들도 만나 주옵소서.

특별히 사로잡히고 성폭행의 상처로 힘들어하는 형제자매가 있다면 그 상처를 만져 주시고, 하나님을 힘입어 용기를 얻게 하옵소서. 몇천 년 전 다윗과 그의 백성이 겪은 일을 기억하면서 이것이 약재료가 되어 다른 피해자들을 살리고 구원으로 이끄는 통로가 될 수 있도록 사용해 주옵소서.

이제는 하나님 여호와를 힘입어 자신을 격려하면서 그 자리에서 일어나기를 원합니다. 울던 자리에서 일어나기를 원합니다. 스스로 일어날 수 없사오니 주님이 손 내밀어 주옵소서. 예수님 이름으로 기도드립니다. 아멘.

Chapter 9

반드시 도로 찾으리라

사무엘상 30장 7~31절

하나님 아버지, 육신의 욕심에 매여
사로잡히고 빼앗겼지만 하나님을 힘입어
반드시 도로 찾는 인생이 되길 원합니다.
말씀해 주옵소서. 듣겠습니다.

블레셋의 장수 골리앗을 물맷돌 하나로 간단히 물리쳤던 다윗이 아말렉의 침노로 처자식이 사로잡히고, 이제는 자기 백성에게 돌에 맞아 죽을 위기에까지 처했습니다. 하나님께 기름 부음을 받은 다윗이 왜 이런 처지가 되었습니까? 그가 블레셋과 싸우지 않고 타협했기 때문입니다. 원수 나라 블레셋으로 넘어가 자기 지혜를 따라 자기중심적으로 살았기 때문입니다.

자기중심적인 삶이란 곧 무신론적인 삶입니다. 다윗을 보세요. 사울 왕에게서 벗어난 후부터 영적 긴장이 풀어지기 시작했습니다. 마치 이성 없는 짐승같이 악하고 음란한 블레셋 문화에 하릴없이 젖어 듭니다. 하나님도, 세상도 섬기는 이중생활이 자연스러워지고 거짓말도 밥 먹듯이 합니다. 자기 힘으로는 이 악의 굴레에서 도무지 벗어나지 못합니다. 자신의 모든 소유를 다 잃어버리고 나서야 정신이 번쩍 들죠.

지난 챕터에서 다윗이 "그의 하나님 여호와를 힘입고 용기를 얻었더라"(삼상 30:6)고 했습니다. 그리고 이제 빼앗긴 모든 것을 도로 찾아옵니다. 다윗이 어떻게 '도로 찾게' 되었는지 본문 말씀을 통해 살펴보겠습니다.

진정한 예배를 회복하면 도로 찾게 됩니다

7 다윗이 아히멜렉의 아들 제사장 아비아달에게 이르되 원하건대 에봇을 내게로 가져오라 아비아달이 에봇을 다윗에게로 가져가매 **8** 다윗이 여호와께 묻자와 이르되 내가 이 군대를 추격하면 따라잡겠나이까 하니 여호와께서 그에게 대답하시되 그를 쫓아가라 네가 반드시 따라잡고 도로 찾으리라 _삼상 30:7~8

30장에서 제일 중요한 구절은 "도로 찾으리라"입니다. 하나님께서 "따라잡고 도로 찾으리라" 명하셨으니 따라가야 도로 찾는 것입니다.

돌을 가지고 싸우는 일이라면 다윗만큼 전문가는 없습니다. 따라서 백성들이 자신을 돌로 치려고 할 때 다윗도 마음이 요동하지 않았겠어요? 아무리 믿음이 좋은 사람이라도 극한 상황에 처하면 감정을 절제하기 어렵습니다. 자신을 향해 돌을 든 백성을 다윗도 돌로 치고 싶었을 것입니다. '당신들 먹여 살리려고 여기까지 왔는데 어떻게 내게 이럴 수 있나……' 여러 생각이 교차했을 것입니다. 그러나 다윗이 여호와를 힘입고 용기를 얻었기에 이제는 자기 감정대로 하지 않습니다. 하나님께 묻습니다.

크신 성부 하나님의 감추어진 경륜이 성자 하나님의 낮아지심으로 말미암아 이 땅에 나타났습니다. 나아가 온 땅과 인생에도 창조 사역이 이루어지도록 성령님이 효과적으로 우리를 도우십니다. 다윗을 향한 하나님의 큰 뜻 역시 감추어져 있었습니다. 성자 예수님이 낮아지심으로 하나님의 경륜을 드러내셨듯이, 다윗도 낮아질 대로 낮아진 후에야 여호와를 힘입게 됐습니다. 그러기까지 성령님이 다윗을 효과적으로 도우셨습니다.

구체적으로 성령이 다윗을 어떻게 도우셨나요? 다윗이 회개하도록 도우셨습니다. 무엇보다 회개하도록 상대를 이끌어 주는 것이 최고의 도움입니다. 회개하면 내가 처한 문제의 핵심을 정확히 파악하게 됩니다. 다윗도 회개함으로 자기가 처한 문제의 원인이 아말렉이 아니라는 것을 알게 되었습니다. 자신을 돌로 치려는 600명의 지체도 아니요, 바로 자기 자신에게 문제가 있음을 알게 됐습니다. 마치 무신론자와 같이 하나님의 뜻을 무시하고 자기 방법과 자기 지혜로 살아왔음을 다윗이 비로소 깨달았습니다.

다윗은 블레셋으로 망명을 갈 때 하나님께 묻지 않았습니다. 블레셋 왕 아기스가 동족인 이스라엘을 공격하라 명령했을 때도 하나님께 물었다는 얘기가 없습니다. 자기 인생에 이토록 중요한 일을 하나님께 묻지 않고, 하나님의 허락 없이 마음대로 결정했습니다. 그것이 뼈아픈 실패를 가져다준 걸 다윗이 이제야 깨달았습니다.

그러므로 다윗은 이제부터라도 하나님께 묻고자 했습니다. 제사장 아비아달을 불러 하나님의 뜻을 묻는 '에봇을 가져오라' 합니다. 이는 곧 다윗의 예배가 회복되었음을 의미합니다.

이후부터 다윗의 태도가 180도 달라집니다. 처자식이 사로잡혀 갔으니 빨리 가서 이들을 구해 와야 하지 않겠습니까? 그런데 다윗은 이 급한 문제 앞에서도 하나님께 먼저 묻습니다.

"주님, 내가 아말렉 군대를 추격하면 따라잡겠나이까? 그들을 쫓아갈까요?"

이 말은 곧 '하나님이 쫓아가지 말라고 하시면 안 가겠다'라는 뜻입니다. 비록 처자식 때문에 블레셋에 갔지만 '그 처자식도 이제는 내려놓겠다'는 것입니다.

여러분, 내 식구를 내려놓아야 하나님이 내 식구를 돌려주십니다. 언젠가 어떤 분이 "어떻게 하면 뒤돌아선 남편의 마음을 돌이키게 할 수 있냐?" 물으시기에 제가 "남편을 내려놓으세요"라고 답을 드렸습니다. "그래야 집사님에게 매력이 생긴다"고 했습니다.

태초에 하나님이 천지를 창조하셨습니다. 나를 지으신 분도 나의 생살여탈권(生殺與奪權)을 쥐고 계신 분도 하나님입니다. 그러므로 뭐든지 하나님께 가서 "어떻게 하면 좋을까요?" 물어보는 게 맞지 않습니까? 뻔한 것이라도 일단은 먼저 하나님께 물어봐야 합니다.

다들 "뻔한 걸 왜 묻냐?" 하지만 저는 어릴 적부터 뻔한 것도 잘 물었습니다. 제가 굉장히 얌전해 보이지만, 모르는 것이 있으면 체면 불고하고 누구에게나 잘 물어봅니다. 그런데 사람들은 모르는 것을 잘 묻지 않습니다. 무식이 들통날까 봐서 아는 척하고 묻지를 않죠. 그러고 보면 '묻는 것'도 하나님이 주신 자존감이 있어야 잘하는 것 같습니다.

응답은 질문을 던졌을 때 오는 것임을 항상 명심하십시오. 우리가 하나님께 묻지 않으면 응답도 받을 수 없습니다. 우리가 큐티를 해도 그래요. 자꾸 질문해야 합니다. 큐티는 'Quite Time'이기도 하지만 저는 더 나아가 'Question Time'이라고 생각해요.

저도 고된 시집살이가 해석되지 않아서 날마다 말씀을 보며 하나님께 물었습니다. "하나님, 왜 이렇습니까?", "이 구절이 왜 여기에 있을까요?" 말씀이 잘 깨달아지지 않는 날에는 하나님께 떼 부리면서 "이건 왜 그렇습니까?", "제가 왜 이럴까요?" 묻고 또 물었습니다. 저는 은혜받으려고 성경을 읽은 것이 아니에요. 오직 죽지 않고 살려고 성경을 읽었습니다. 선생님이나 부모님에게 묻듯 아주 사소한 일도 하나님께 묻는 것이 큐티이고 묵상입니다.

그런데 "남자가 뭘 그리 여기저기 묻습니까!" 하는 남자 성도님이 간혹 계시더라고요. 묻는 것에 남녀 차이가 있습니까? 저에게 "여자 특유의 섬세함으로 말씀을 본다"라고 말하는 분도 있어요. 여러분, 저는 목사이지 여자가 아닙니다. 물론 여자이기도 하지만, 그보다는 사명 때문에 성경을 자세히 보는 것이죠.

자, 다윗이 하나님께 묻자 하나님은 어떻게 응답하시나요? 8절에 다윗이 "추격하면 따라잡겠나이까?" 물었더니 "쫓아가라 네가 반드시 따라잡고 도로 찾으리라" 이렇게 약속해 주십니다.

그동안 자기 생각대로 블레셋으로 갔다가 이스라엘에 총부리까지 겨눌 뻔했던 다윗입니다. 할 짓, 안 할 짓 다 하고 나서 이제야 "아말렉 군대를 쫓아갈까요?" 묻는 다윗이 하나님 입장에선 좀 괘씸하지 않으셨을까요? "나를 떠나더니 꼴 좋다" 하셔도 다윗으로선 할 말이 없습니다. 그러나 하나님은 회개하고 돌아온 다윗을 기쁘게 받아 주십니다. 돌아온 탕자를 기뻐한 아버지처럼 두 팔 벌려 맞이하십니다.

기특하게 여기며 응답해 주십니다.

　날이 갈수록 이런 하나님의 마음을 저도 조금씩 알게 되는 것 같아요. 사실 제가 목회하는 동안 저를 욕하고 비난하는 분이 없지 않았습니다. "예배 시간이 왜 이리 기냐?", "강단에서 맨날 왜 저렇게 우냐?", "나는 죄 없는데, 왜 맨날 내 죄를 보라 하냐?", "교회에서 죄 고백은 왜 하냐?" 하며 교회를 떠난 사람도 있었습니다. 처음엔 속이 제법 상했지만, 지금은 그런 것 때문에 상처받지 않습니다. 그런 분들이 회개하고 돌아온다면 저도 너무 반갑고 기쁠 것 같습니다.

　여러분도 이 하나님의 마음을 닮아 가길 축원합니다. 그래서 내 옆에 한 사람이 회개하고 돌아오기까지 잘 기다리시길 바랍니다. 아무리 그래도 성질 못된 남편과는 도저히 못 살겠다고요? 그런 분들께 제가 놀라운 소식을 전해 드립니다.

　신문에서 재밌는 기사를 읽었습니다. '좋은 음식을 먹고 스트레스를 받지 않고 열심히 운동하면 건강하다'라는 것이 상식입니다. 그런데 이를 뒤엎는 기사가 났습니다.

　미국 일리노이대학의 브렌트 로버트 박사 팀이 미국의 중년 커플 2천 쌍을 대상으로 성격 테스트를 한 뒤 평소 건강 상태에 대해 설문조사를 했습니다. 그 결과, 성실한 남편을 둔 여성은 불성실한 남편을 둔 여성보다 건강 상태가 좋았다고 합니다. 여기까지는 우리도 예상할 수 있는 결과입니다.

　그런데 흥미로운 점은, '남편이 성실하기만 한 게 아니라 신경질적일수록 아내의 건강은 더욱 좋아진다'는 것입니다. 남편 본인의 건강은 안 좋을지 몰라도, 여자에게는 감정 기복이 심하고 그래서 때때로 로맨틱한 감정에 빠지기도 하며, 잔소리도 하는 남편이 더 좋다는 겁니다.

이 기사를 읽으면서 우리들교회 여집사님들이 건강한 이유가 여기에 있다고 생각했습니다. 짜증 많은 남편, 종잡을 수 없는 남편과 살면서 늘 깨어 있다 보니 영적으로 굉장히 건강해지는 겁니다. 저는 이 연구 결과에서 한 발 더 나아가 '성실하지 않으면서 성질까지 나쁜' 남편을 둔 부인은 영적 건강 지수가 최고점이지 않을까 생각해요. 의지할 데가 하나님밖에 없기 때문입니다.

누구보다 제가 그 산증인이잖아요. 성실하고 짜증 많은 남편을 뽑는 대회가 열린다면 저희 남편이 챔피언 먹지 않을까 합니다. 그런 남편하고 살면서 제가 얼마나 긴장했겠어요. 하지만 남편 덕분에 제가 도로 찾은 것이 정말 많습니다. 무엇보다 제가 영적으로 건강해졌습니다.

창세기 1장 28절에 보면 하나님이 사람을 창조하시고 복을 주시면서 "생육하고 번성하여 땅에 충만하라, 땅을 정복하라, 모든 생물을 다스리라" 명하셨습니다. 여기서 '복'은 히브리어로 '바라크'로, 하나님을 예배하고 기도하고 찬양하는 복을 말합니다.

마태복음 5장에는 '심령이 가난한 자는 복이 있다'고 했습니다. 이때 '복'은 헬라어로 '마카리오스'입니다. 심령이든 물질이든 가난하기에 하나님만 바라보게 되는 복을 의미합니다. 이 복은 생육과 번성, 충만, 풍요, 성공의 복과 다른 게 아닙니다. 똑같습니다. 그 어떤 생물도 하나님의 특별하신 보호가 없으면 충만할 수 없습니다. 물이 물고기를 살리는 게 아니지 않습니까. 하나님이 물을 창조하시고 그 속에 물고기를 넣으셨기 때문에 물고기가 사는 것입니다.

그런데 다윗이 그것을 몰랐습니다. 물만 좋으면 살 수 있다고 믿고 블레셋으로 갔습니다. 그리고 풍요해지자 그 인생에 바라크의 복은 사라지고 말았습니다. 물이 마르고 그 풍요를 다 잃어버리고 나서야 예배와 기도가 회복되었습니다. 가난해지니까 하나님을 더욱 바라보게 됐습니다.

누구나 마찬가지입니다. 가난해지면 하나님을 바라보기가 훨씬 쉽습니다. 그래서 가난이 더 축복입니다. 하나님만 바라보는 '바라크의 복'이 이 땅의 가장 큰 복입니다. 가난하거나 풍부하거나 하나님께 기도하고 하나님을 예배하고 찬양하는 것만큼 복된 인생은 없습니다.

하나님께 묻고, 하나님의 응답을 받은 다윗은 이제 600명의 용사를 이끌고 아말렉 추격에 나섭니다. 우리도 다윗처럼 회개하고 돌아왔다면 이제는 예배 회복에 전심전력해야 합니다. 다시는 불평하면 안 됩니다. 또다시 불평하면 영적으로 육적으로 빼앗긴 것을 도로 찾을 수 없습니다.

내 삶의 모든 것이 무너져 황폐해졌을지라도, 힘든 배우자에게 문제 자녀에게 사로잡혀 있을지라도 불평하기보다 그로 인해 예배가 회복되었음에 감사하기를 바랍니다. 예배를 도로 찾고 기도를 도로 찾고 찬양을 도로 찾으면 육의 번성도 도로 찾게 해 주실 줄 믿습니다. 모두 도로 찾게 될 줄 믿습니다.

† 영육 간에 내가 빼앗긴 것은 무엇입니까? 그것을 도로 찾기 위해 어떤 노력을 하고 있습니까? 여전히 하나님께 묻지 않고 내 생각대로 하면서 '도로 찾기 힘들다' 하며 불평하고 있지는 않습니까?
† 모든 게 사로잡힌 사건 가운데 내가 돌이켜 회개해야 할 것은 무엇입니까? 영과 육이 가난한 가운데서도 예배와 기도, 찬양이 회복되었습니까? 그래서 어느 날 도로 찾은 것은 무엇입니까?

일보다는 사람이 보일 때 도로 찾게 됩니다

9 이에 다윗과 또 그와 함께 한 육백 명이 가서 브솔 시내에 이르러 뒤떨어진 자를 거기 머물게 했으되 10 곧 피곤하여 브솔 시내를 건너지 못하는 이백 명을 머물게 했고 다윗은 사백 명을 거느리고 쫓아가니라_삼상 30:9~10

지금 얼마나 급할 때입니까? 다윗이 회개하니까 600명이 금세 뜻을 같이했습니다. 그래서 지도자의 회개가 정말 중요합니다. 조금 전까지만 해도 다윗을 돌로 치려고 했던 지체들입니다. 하지만 다윗이 회개하니 이들도 금세 회개했습니다.

그런데 이 600명이 얼마나 빨리 달렸는지 모릅니다. 아말렉에게 사로잡힌 아내와 자식들을 도로 찾아오라고 하나님이 허락하셨으니 얼마나 급히 달렸겠습니까? 그런데 그러다 200명이 뒤처지게 되었습니다. 이전 같았으면 뒤처진 발걸음을 더욱 재촉했을 다윗입니다. 하지만 이제는 달라졌습니다. 지친 200명을 쉬게 하고 400명만 데리고 쫓아갑니다. 사람이 귀하다는 것을 다윗이 알게 됐습니다.

한때 사울은 피곤한 백성에게 금식까지 시켜 가며 전쟁을 했습니다(삼상 14:24). 그런데 지금의 다윗은 사울과는 아주 다른 리더십을 갖게 되었습니다.

어차피 이 전쟁은 믿음의 전쟁입니다. 하나님의 방법대로 싸워야 숫자가 중요한 것은 아닙니다. 다윗이 이것을 깨달았습니다. 이런 깨달음이 '도로 찾게 하는' 힘이 되었습니다. 교회도 그렇습니다. 정말 숫자가 중요한 게 아닙니다. 그런데 역설적이게도, 하나님은 그렇게 생각하면 교회를 더 부흥하게 해 주십니다.

> 11 무리가 들에서 애굽 사람 하나를 만나 그를 다윗에게로 데려다가 떡을 주어 먹게 하며 물을 마시게 하고 12 그에게 무화과 뭉치에서 뗀 덩이 하나와 건포도 두 송이를 주었으니 그가 밤낮 사흘 동안 떡도 먹지 못하였고 물도 마시지 못하였음이니라 그가 먹고 정신을 차리매 13 다윗이 그에게 이르되 너는 누구에게 속하였으며 어디에서 왔느냐 하니 그가 이르되 나는 애굽 소년이요 아말렉 사람의 종이더니 사흘 전에 병이 들매 주인이 나를 버렸나이다 _삼상 30:11~13

사로잡힌 가족들을 도로 찾으러 급히 가느라 지친 200명까지 두고 가는데, 애굽 소년 하나가 들에 쓰러져 있습니다. 게다가 아말렉 사람의 노예입니다. 이스라엘 백성이 아닙니다. 그러니 다윗에게는 이 소년을 돌봐야 할 의무가 없습니다. 무시하고 지나쳐도 욕할 사람이 없습니다.

우리가 땡크해 보자고요. 하나님은 무시해도 좋을 그 소년을 왜 모두가 급히 지나치는 길목에 두셨을까요? 바로 다윗을 테스트하시기 위함입니다. '사로잡힌 자, 빼앗긴 것을 다시 찾아올 수 있는 자격이 있나?' 테스트하신 것입니다. 그런데 한 영혼이 천하보다 귀함을 알게 된 다윗은 발길을 멈추고 사흘 꼬박 굶은 소년을 먹입니다.

앞서 8챕터에서 아말렉은 육신을 의미한다고 했습니다. 다윗은 아말렉 육신에게 져서 시험을 당했습니다. 그렇지만 그 시험을 통과하자 육신의 종노릇하는 사람들이 보였습니다. 애굽 소년도 아말렉의 종노릇을 하다가 버림당하지 않았습니까? 다윗 역시나 육신의 종노릇을 해 보았기에 내 갈 길이 아무리 급해도 소년을 지나치지 못한 것입니다. 내 처자나 이 소년이나 한 영혼이 천하보다 귀한 것임을 알았기에 소년을 도왔습니다. 하나님의 테스트를 통과한 것입니다.

어떤 권사님이 기도, 말씀 묵상, 헌금 등 모든 신앙생활에 성실한데 오직 겸손만 없다고 합니다. 그런데 그런 사람이 바로 저였습니다. 저는 살면서 욕먹을 일이 없었습니다. 내 일을 열심히 잘하고 있으니 모두가 입만 열면 저를 칭찬했습니다. 그러니 저는 정말 제가 겸손한 줄 알았습니다. 결혼이라는 막다른 골목을 만나기 전까지는 말입니다. 결혼생활을 통해 주님이 저를 얼마나 낮추셨는지 모릅니다. 결혼한 지 5년 되었을 때 시댁살이를 참지 못하고 집을 나와 기도원에 갔습니다. 오래된 곳이라 시설도 낙후한 한 방에 모여 앉아서 기도하는데 가난하고, 못 배우고, 아프고, 암 걸리고, 맞아서 팔 부러진 사람들이 있었습니다. 게다가 따로 숙소가 없어서 그 방에서 열흘을 지내야 했습니다. 시집살이라는 기막힌 수렁에 빠져서 하나님 찾으러 갔는데, 거기에서 '내가 이 사람들하고 왜 있어야 하나, 혹시 병이라도 옮지는 않을까' 걱정이 들었습니다. '나는 이런 사람들과는 상종해서는 안 된다'라는 생각도 했습니다. 그러다 문득 '내가 지금까지 이런 사람을 만나 본 적이 없었구나' 깨달아졌습니다. 집안이 가난해도 저 혼자 화려한 학창 시절을 보냈기에 제가 얼마나 사람을 차별하는지 몰랐습니다. 하나님이 그곳에서 '진짜 나'를 보게 하신 것입니다.

당시 돈이 많았더라면 호텔이라도 갔을 겁니다. 하지만 5년 만에 집을 나온 제 수중에는 돈 한 푼도 없었습니다. 친정에 갔지만 "저 따위로 하니까 쫓겨났지" 하는 소리만 들었습니다. 더 이상 갈 곳이 없어서 너무나 볼품없는 기도원으로 향한 것이었죠. 지나고 보니 이 또한 하나님의 섭리였습니다.

하나님이 교만한 저를 무학자인 시어머니와 도우미 아주머니들과 함께 있게 하신 것도 다 이유가 있었습니다. 교만한 사람은 길을 보지 못합니다. 그런데 이분들과 함께 사는 동안 주님은 저에게 묵묵히 듣는 훈련을 수없이 하게 하셨습니다. 같은 이야기를 반복해서 듣고, 말이 안 되는 소리도 수없이 들었습니다. '멸치 똥을 땄는가'라는 문제로 온 집안이 난리가 나도록 시어머니에게 야단을 맞아도 토 달지 않고 들었습니다.

말이 되는 일로 우리가 훈련되지 않잖아요. 말이 안 통하는 상황에 부닥쳐야 훈련이 됩니다. 거기서 감정을 절제하고 인내하는 법을 배우게 됩니다. 제가 시댁에서만 훈련받은 것이 아니에요. 남편의 병원에서도 늘 힘든 분들을 만났습니다. 치료비를 깎는 환자들을 날마다 대면하면서, 삶이 얼마나 녹록지 않은지 뼛속 깊이 배웠습니다. 이런 수많은 훈련을 거치며 이제는 제가 누구와도 편하게 이야기하게 되었습니다.

돌이켜 보면 제 사역도 그래서 시작된 것 같습니다. 저는 많이 배우고 많이 가진 사람들이 모인 부자 동네에서 구역장을 했습니다. 하지만 저는 그 구역모임에 배운 것 없고 가진 것 없고 힘들고 지친 한 분을 열심히 초청했습니다. 그런데 그분이 저와의 만남을 통해 "하나님을 만난 게 너무도 기가 막히다" 하시며 저를 열렬히 홍보해 주셨습니다. 사실 저의 말씀 묵상 운동, 큐티 사역은 그 덕분에 시작되었다 해도 과언이 아닙니다. 교양 있는 분들만 만났더라면 그런 사역은 꿈도 못 꾸었을 것입니다. 교양 있는 분은 절대로 저를 홍보 안 해 줍니다.

그러므로 힘든 사람 돕고, 그들과 함께하는 것이 내게 유익이 된다는 것을 간과하시면 안 됩니다. 힘든 분들이 오늘날의 저를 있게 하셨습니다. 제 사역을 가능하게 하셨습니다. 교만했던 제가 오늘날 차별을 안 하게 된 것도 다 그분들 덕택입니다. 제가 얼마나 이기고 이기려던 사람입니까? 그런 제가 사람 차별 안 하려고 특별히 애쓴다고 쉽게 되나요? 사람의 힘으로는 되는 일이 아닙니다. 성령님이 효과적으로 도우셨기에 가능한 일이었습니다. 그 도우심에 힘입어 힘든 분들과 함께하니 저절로 한 지체가 되었습니다.

> **14** 우리가 그렛 사람의 남방과 유다에 속한 지방과 갈렙 남방을 침노하고 시글락을 불살랐나이다 **15** 다윗이 그에게 이르되 네가 나를 그 군대로 인도하겠느냐 하니 그가 이르되 당신이 나를 죽이지도 아니하고 내 주인의 수중에 넘기지도 아니하겠다고 하나님의 이름으로 내게 맹세하소서 그리하면 내가 당신을 그 군대로 인도하리이다 하니라 _삼상 30:14~15

다윗도 사로잡힌 처자식들을 도로 찾는 일이 매우 급했습니다. 하지만 그 길을 멈추고 더 급한 애굽 소년을 살렸습니다. 그 결과 다윗은 이 비천한 애굽 소년을 통해 아말렉 군대에 관한 중요한 정보를 얻습니다. 소년을 살려 주었기에 도로 다 찾게 된 것입니다.

> **16** 그가 다윗을 인도하여 내려가니 그들이 온 땅에 편만하여 블레셋 사람들의 땅과 유다 땅에서 크게 약탈하였음으로 말미암아 먹고 마시며 춤추는지라 **17** 다윗이 새벽부터 이튿날 저물 때까지 그들을 치매 낙타를 타고 도망한 소년 사백 명 외에는 피한 사람이 없었더라 _삼상 30:16~17

아내와 자식들이 다 사로잡혀 가는 고난을 통해 다윗이 주님을 만나고 회개하자 지혜가 생겼습니다. 지혜는 타이밍입니다. 다윗은 새벽이 될 때까지, 아말렉 사람들이 술 먹고 잠자리에 드러누울 때까지 그들을 덮칠 타이밍을 기다립니다.

인생의 목적이 그저 행복인 사람은 성공하면 일단 먹고 마시고 춤추고 취하는 것밖에 모릅니다. 인생의 목적이 거룩이 아니면 악과 음란으로 갈 수밖에 없습니다. 그래서 아말렉 같은 세상 사람들에게는 기대할 것이 없습니다.

창세기 4장에 나오는 가인의 후예를 보세요. 수금과 통소를 잡는 모든 자, 즉 음악의 조상이 가인의 후예에게서 나왔습니다. 그뿐만 아니라 구리와 쇠로 여러 가지 기구를 만드는 자, 즉 기계문명의 조상도 가인에게서 나왔습니다(창 4:21~22).

그러나 가인의 후예는 그 탁월함으로 살인하고, 많은 여자를 얻어 들이고, 자기들만의 성을 쌓았습니다. 그러다 결국 남은 것 하나 없는 저주받은 인생이 되었습니다.

반면에 셋의 후예는 어떤가요? 그들의 족보는 '낳고 낳았으며 죽었더라'가 계속 반복됩니다(창 5장). 그들이 죽은 나이도 한결같이 밝힙니다. 그런데 가인의 후예들은 나이를 기록하지 않았습니다. 언제 죽었는지 알 필요가 없다는 것입니다. 그 인생에 관심이 없다는 것입니다. 그래서 예수 믿는 사람에게는 나이가 중요합니다. 언제 어디서 무엇을 어떻게 하고 살았느냐가 중요합니다. 잠시 살아도 의미 있는 인생을 살아야 합니다. 믿지 않는 사람들이 있는 대로 성을 쌓고 화려하게 "부어라 마셔라" 해도 부러워할 것 없습니다. 그래 봐야 그들은 육신의 종노릇하는 사람들입니다.

그런데 17절을 보니 다윗이 새벽같이 아말렉을 격퇴하지만 400명이 낙타를 타고 도망갑니다. 우리가 아무리 지혜를 짜내도 육신은 완전히 진멸하지 못한다는 의미입니다. 육신의 아말렉은 물리쳐도 남아 있고, 내버려두면 더 커져서 공격합니다. 대대로 우리에게 쳐들어옵니다. 그러므로 우리도 대대로 남아 있는 육신의 잔재와 싸워야 합니다. 날마다 육신의 잔재를 물리쳐야 합니다. 주일예배에 와서 쳐부수고, 그래도 쌓이면 수요예배에 와서 또 부수고, 또 쌓이면 목장예배에 가서 파멸시켜야 합니다. 기도하며 싸워야 합니다. 그래도 늘 씨가 남아서 우리를 공격하는 아말렉이지만, 그 공격을 물리치는 시간이 점점 빨라지는 것이 성숙입니다.

> 18 다윗이 아말렉 사람들이 빼앗아 갔던 모든 것을 도로 찾고 그의 두 아내를 구원하였고 19 그들이 약탈하였던 것 곧 무리의 자녀들이나 빼앗겼던 것은 크고 작은 것을 막론하고 아무것도 잃은 것이 없이 모두 다윗이 도로 찾아왔고 _삼상 30:18~19

내가 영적으로 회복되면 잃은 것 하나 없도록 하나님이 도로 찾아주십니다. 더 좋은 것으로 채워 주시는 줄 믿습니다. 제가 영적으로 회복되고 잃은 게 뭐가 있습니까? 사역을 시작하고는 피아노 선생님도 그만두고 돈도 안 벌었습니다. 하지만 하나님은 저를 굶기지도 않으셨고 벗기지도 않으셨습니다. 모든 걸 도로 찾게 하시고 잃은 것 하나 없게 하셨습니다. 주님을 만나고 예배가 회복되면, 한 영혼을 귀하게 여기면 잃는 것이 없습니다. 잃었던 것도 반드시 도로 찾게 됩니다.

† 나에게 우선인 일은 무엇입니까? 세상일입니까, 구원의 일입니까?
† 나는 한 영혼을 천하보다 귀하게 여깁니까?
† 내가 은근히, 또는 대놓고 차별하는 사람은 누구입니까? 나는 무슨 기준으로 사람을 차별하나요?

전리품을 잘 분배하는 자가 될 때 도로 찾게 됩니다

20 다윗이 또 양 떼와 소 떼를 다 되찾았더니 무리가 그 가축들을 앞에 몰고 가며 이르되 이는 다윗의 전리품이라 하였더라 **21** 다윗이 전에 피곤하여 능히 자기를 따르지 못하므로 브솔 시내에 머물게 한 이백 명에게 오매 그들이 다윗과 그와 함께 한 백성을 영접하러 나오는지라 다윗이 그 백성에게 이르러 문안하매 **22** 다윗과 함께 갔던 자들 가운데 악한 자와 불량배들이 다 이르되 그들이 우리와 함께 가지 아니하였은즉 우리가 도로 찾은 물건은 무엇이든지 그들에게 주지 말고 각자의 처자만 데리고 떠나가게 하라 하는지라

_삼상 30:20~22

다윗이 아말렉에게 사로잡힌 모든 것을 찾아왔지만 문제가 생깁니다. 다윗과 함께 끝까지 뒤쫓아 가서 아말렉을 제압했던 사람들이

와서는 "피곤해서 싸움에 참여하지 않은 200명에게도 전리품을 주는 것은 불공평하지 않냐?"고 불평합니다. "그들에게 처자식은 돌려주되 전리품은 돌려주지 말자"라고 합니다. "우리는 생명 걸고 나가서 찾아왔는데 가만히 앉아 있던 사람들이 어떻게 우리와 같은 대접을 받느냐?"라는 것입니다. 사실 틀린 말은 아닙니다. 그런데 다윗의 생각은 어떤가요?

> 23 다윗이 이르되 나의 형제들아 여호와께서 우리를 보호하시고 우리를 치러 온 그 군대를 우리 손에 넘기셨은즉 그가 우리에게 주신 것을 너희가 이같이 못하리라 24 이 일에 누가 너희에게 듣겠느냐 전장에 내려갔던 자의 분깃이나 소유물 곁에 머물렀던 자의 분깃이 동일할지니 같이 분배할 것이니라 하고 25 그 날부터 다윗이 이것으로 이스라엘의 율례와 규례를 삼았더니 오늘까지 이르니라
>
> _삼상 30:23~25

블레셋으로 올 때만 해도 다윗은 잘 먹고 잘사는 게 목적이었습니다. 재물을 얻으려고 블레셋에 간 것이었죠. 그러다 열심히 노력해서 얻은 그 모든 것이 사로잡히고, 우여곡절 끝에 도로 찾게 됐습니다. 이런 일련의 사건을 지나며 다윗은 깨달았습니다.

'하나님이 아말렉을 쫓아가라 하셔서 우리가 간 것이지, 우리 힘으로 간 것이 아니다. 우리 힘으로 도로 찾게 된 것도 아니다. 그러므로 전쟁에 나간 사람이나 나가지 않은 사람이나 동일하다!'

다윗의 가치관이 바뀌었습니다. 이런 다윗의 모습에 지체들도 감동합니다. "다윗이 우리를 정말 사랑하는구나" 하면서 다윗을 사모합니다. 이제 곧 왕이 될 다윗입니다. 하나님은 이렇게 다윗의 리더십을 훈련해 가십니다.

주는 자가 될 때 도로 찾아오는 자가 됩니다

다윗이 시글락에 이르러 전리품을 그의 친구 유다 장로들에게 보내어 이르되 보라 여호와의 원수에게서 탈취한 것을 너희에게 선사하노라 하고 _삼상 30:26

다윗은 자신을 내쫓은 유다의 장로들에게도 전리품을 보냅니다. 특별히 유다의 장로들에게 '친구'라는 표현까지 씁니다. 비록 블레셋으로 망명하는 실수를 저지르기는 했지만, 다윗은 앉으나 서나 이스라엘밖에 관심이 없습니다. 믿는 사람들에게만 관심을 가집니다. 특히 이 장로들은 조만간 다윗이 왕이 될 때 중요한 역할을 하게 됩니다.

소리 높여 울고 회개한 이후 다윗의 모습은 '취하는 자'에서 '주는 자'로 바뀝니다. 인간이 세운 왕은 취하고, 취하고, 취하는 자입니다(삼상 8:11~17). 그러나 하나님이 세운 왕은 주고, 주고, 주는 자라는 것입니다. 이는 그리스도의 예표이기도 합니다.

모든 것을 도로 찾으려면 이렇듯 다른 사람에게 나눠 주고 베풀

줄 알아야 합니다. 우리가 다 거저 구원받은 사람들 아닙니까? 거저 받았으니 거저 주어야 합니다. 역설적이지만 이것이 하나님의 계산 방법입니다.

잃었던 가정을 도로 찾은 한 집사님의 간증입니다.

엄마가 돌아가시자 아버지는 살기 힘들다며 어린 저를 고아원으로 보냈습니다. 또 다섯 살밖에 안 된 여동생을 양녀로 보냈습니다. 저는 동생이 살았는지 죽었는지도 모른 채 살았습니다. '나는 왜 가정이 없나, 엄마도, 아버지도 없나?' 하며 부모에 대한 그리움에 사로잡혀 살기도 했습니다.

그러다 30년 만에 동생 소식을 듣게 되었습니다. 그 무렵 저는 아내와 이혼했다가 『가정아 살아나라』라는 책을 읽은 후 구속사의 말씀을 듣고 아내와 재결합한 상태였습니다. 그런데 제 여동생도 남편과 살기가 너무 힘들다고 하더니 결국 이혼하고 말았습니다. 오빠인 저도 이혼 경력이 있는데, 동생도 이혼한 것입니다. 그러나 한 영혼을 귀하게 여기는 공동체 지체들이 동생을 예배와 목장에 초청하는 등 갖은 노력을 기울여 준 끝에 동생은 재결합하게 되었습니다.

이 오빠는 중국집에서 배달일을 하느라 학교도 못 다녔답니다. 그럼에도 검정고시로 대학에 입학하고, 지금은 대기업에서 잘나가고 있습니다. 여동생도 양부모 아래 잘 자라서 유학까지 다녀왔다고 합니다. 그런데 둘 다 성공하면 뭐 합니까? 그 안에 상처가 얼마나 많았겠습니까? 그래서 둘 다 이혼한 것입니다. 하지만 한 영혼을 귀하게 여기는 지체들의 사랑으로 오빠도 동생도 잃었던 가정을 도로 찾게 되었습니다. 하나님의 은혜입니다.

그래도 앞으로 가는 여정이 쉽지 않기에 제가 이 동생의 재결합 결혼식에서 다음과 같은 서약서를 만들어 사람들 앞에서 읽게 했습니다. 재혼 부부뿐만 아니라 신혼부부들에게도 도움이 될 것 같아 소개합니다.

<재결합 서약서>

과거를 더 이상 이야기하지 않겠습니다.
무슨 일이든지 독단적으로 결정해서 통보하지 않겠습니다.
집을 나가라고 하거나, 집을 나가거나, 각방을 쓰지 않겠습니다.
어떤 상황에서도 폭력과 폭언을 쓰지 않겠습니다.
사업과 돈에 관한 문제는 가장 민감한 사항이므로 조심하겠습니다.
하나님을 신뢰하고 서로를 신뢰하며 모든 것을 가족과 공동체 안에서 의논하고 결정하겠습니다.
예배와 양육과 목장을 모든 일에 우선하겠습니다.
목장에서 내린 처방에 순종하고 토 달지 않겠습니다.

재결합한 여동생의 가정은 속히 회복되었습니다. 예배도 회복되었습니다.

잃고 빼앗기고 사로잡힌 모든 것을 도로 찾는 일은 결코 그냥 되지 않습니다. 예배가 회복되고, 한 영혼이 천하보다 귀함을 알아야 합니다. 주는 자가 되어야 합니다. 주고, 주고, 주는 사랑을 할 때 영육의 빼앗긴 모든 것을 반드시 도로 찾게 될 것입니다.

† 나는 취하는 자입니까, 주는 자입니까?
† 내가 거저 받은 것은 무엇입니까? 그것이 하나님이 은혜로 주신 것임이 인정되나요? 그래서 나보다 힘들고 부족한 사람을 위해 거저 주고 있습니까?

무엇보다 회개하도록 상대를 이끌어 주는 것이
최고의 도움입니다.
회개하면 내가 처한 문제의 핵심을
정확히 파악하게 됩니다.

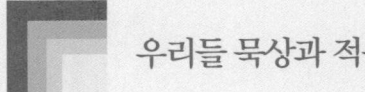 우리들 묵상과 적용

30대 초반, 저는 직장인으로서의 스트레스와 가장으로서의 압박감에 시달렸습니다. 그러다 "수고하고 무거운 짐 진 자들아 다 내게로 오라 내가 너희를 쉬게 하리라"(마 11:28)는 말씀을 듣고 교회에 다니기 시작했습니다. 그러나 스트레스와 압박감은 가시지 않았습니다. 습관처럼 술을 마시며 현실을 도피하다가 결국 하나님과도 멀어지고 말았습니다. 술에 취하면 아내에게 "하나님이 있으면 나와 보라고 해!"라며 소리치기도 했습니다. 직장도 그만두고 3년간 집에서 주식 투기를 했지만 결과는 참혹했습니다. 믿음도 물질도 모두 잃고 말았습니다.

이래선 안 되겠다 싶어 이 일 저 일 해 보았으나 제대로 되는 일이 없었습니다. 심한 좌절감과 우울감으로 술을 입에 대면 멈출 줄 모르고 마셔 댔습니다. 일어나 걷기조차 힘들고 눈에 황달 기운이 돌면 어쩔 수 없이 술잔을 내려놓는 생활을 반복했습니다. 아무것도 할 수 없는 무능력자가 되었음을 인정하지 않을 수 없었습니다.

그러다 "살고 싶다면 목장에 참석하라"는 아내의 권유에 못 이겨 부부목장에 나가기 시작했습니다. 그랬더니 알코올중독에 빠진 저를 무시하지 않고 귀하게 여겨 주시는 지체들 덕분에 조금씩 평안을 되찾게 되었습니다. 무엇보다 저의 죄를 토해 내고 나니 체증이 가신 듯했습니다. 다윗이 하나님께 "블레셋 군대를 추격하면 따라잡겠나이까?"(삼상 30:8) 물어본 것같이 저도 "예배에 참석하면 술을 끊을 수 있는지요?" 하나님께 묻고 싶은 마음도 생겼습니다.

이후 저는 새신자 양육을 받으며 구원의 확신을 얻었고, 제가 하나님을 선택한 것이 아니라 하나님이 저를 선택하셨음을 절실히 깨달았습니다. 제가 아무리 발버둥 쳐도 하나님의 택하심에서 벗어날 수 없음도 알게 되었습니다. 그리고 육신의 정욕을 내려놓기 위해 전심전력을 다해 주일예배와 수요예배와 목장예배를 드렸습니다. 진정한 예배가 회복되니 뼈아픈 실패의 원인을 정확하게 알게 되었습니다. 또한 하나님께서 회개로 도우셔서 무거운 짐을 내려놓으며 알코올중독에서 거의 벗어날 수 있게 되었습니다.

그렇지만 도망간 아말렉 소년 4백 명 같은 중독의 잔재가 여전히 남아 있습니다(삼상 30:17). 잠시 잠깐 술잔의 유혹에 사로잡힙니다. 이러다 또다시 알코올중독에 사로잡힐까 봐 두렵습니다. 하지만 이제는 세상 욕심부터 내려놓겠습니다. 취하는 자가 아닌 주는 자가 되겠습니다. 다윗처럼 크고 작은 것을 막론하고 아무것도 잃은 것이 없이 모두 도로 찾아오는 인생이 되기를 원합니다(삼상 30:19).

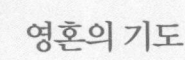 영혼의 기도

하나님 아버지, 모든 것이 사로잡혔던 다윗입니다. 그래서 소리 높여 울지만 그 회개로 말미암아 하나님 여호와를 힘입고 용기를 얻었습니다. 이후 다윗이 예배부터 회복하는 모습을 봅니다. 이제는 자기 생각대로 하지 않고 여호와께 묻자와 이릅니다. 그러므로 크고 작은 것을 막론하고 아무것도 잃은 것 없이 전부 도로 찾아옵니다. 나아가 사람을 차별하지 않고 한 영혼, 한 영혼을 귀히 여기며 주고, 주고, 또 주는 인생이 되었습니다.

이런 다윗의 변화를 보면서 한 영혼이 천하보다 귀함을 조금은 알게 되었습니다. 주고 또 주는 것이 얼마나 아름답고 귀한 사랑인지도 보게 되었습니다.

이 기가 막힌 주님의 사랑을 우리가 다 도로 찾으면 좋겠습니다. 돈에, 질병에, 중독에 사로잡혔든지 남편에게, 아내에게, 자식에게 사로잡혔든지 이제는 주님의 사랑에 힘입어 다 도로 찾기를 원합니다. 주여, 우리를 불쌍히 여겨 주옵소서.

주님만 의지하오니 크고 작은 것을 막론하고 아무것도 잃은 것이 없이 모두 도로 찾을 수 있도록 도와주옵소서. 도로 찾은 것으로 줄 것만 있고, 나눌 것만 있는 인생이 될 수 있도록 은혜를 덧입혀 주옵소서.

재물, 음란, 각종 중독과 야망에 사로잡힌 채 여전히 돌아오지 못

한 지체들도 불쌍히 여겨 주옵소서. 진정한 예배를 회복하고, 사로잡힌 곳에서 돌아올 수 있도록 그 길을 열어 주옵소서. 예수님 이름으로 기도드립니다. 아멘.

Chapter 10

사울의 마지막

사무엘상 31장 1~13절

하나님 아버지, 마침내 사울이 죽습니다.
우리도 내 속의 사울을 내려놓고
구속사의 출발을 하기 원합니다.
마지막이 새로운 시작이 되게 하옵소서.
말씀해 주옵소서. 듣겠습니다.

하나님은 자기 소견대로 행하던 사사시대에 경종을 울리고자 여호와의 총회에 들어오지 못하는 모압 족속 여인인 룻을 모델로 보이셨습니다. '룻기'는 '어떻게 룻이 예수님의 조상이 되었는가'에 관한 이야기입니다. 이후 하나님의 초점은 다시 이스라엘에 맞추어졌습니다. 불세출의 선지자 사무엘이 등장하며 이스라엘에 희망이 보이는 듯했죠. 그러나 이스라엘 백성은 말씀과 기도에 전념하는 사무엘로는 만족하지 못했습니다. "툭하면 쳐들어오는 블레셋을 물리치려면 그들처럼 우리도 왕이 있어야 한다"며 "왕을 달라"고 떼썼습니다. 하나님은 백성의 떼 부리는 기도에 응답하여 사울을 왕으로 세우셨지만, 훗날 이 일을 두고 이렇게 말씀하셨습니다.

"내가 분노하므로 네게 왕을 주고 진노하므로 폐하였노라"
(호 13:11).

사무엘상의 대단원인 31장은, 이처럼 분노하므로 주시고 진노하므로 폐하신 사울 왕의 마지막을 다루고 있습니다. 그 내용을 한마디로 요약하면, 공의의 하나님이 사울을 기다리고 기다리시다가 철저히 심판하신 이야기입니다. 사울이 어떻게 심판을 받았는지 함께 보겠습니다.

다 죽습니다

> 블레셋 사람들이 이스라엘을 치매 이스라엘 사람들이 블레셋 사람들 앞에서 도망하여 길보아 산에서 엎드러져 죽으니라 _삼상 31:1

1절부터 '죽었다'는 이야기가 나옵니다. 이후에도 계속 이어지죠. 2절에 '죽이니라', 3절에도 '중상을 입은지라', 4절에도 '자기의 칼을 뽑아서 그 위에 엎드러지매', 5절에도 '함께 죽으니라', 6절에도 '함께 죽었더라', 7절에도 '죽었음을 보고', 8절에도 '죽은 자를 벗기러 왔다가…… 죽은 것을 보고', 9절에도 '사울의 머리를 베고', 10절에도 '시체는 벧산 성벽에 못 박으매'…… 1절부터 10절까지 죽음의 냄새가 절마다, 곳곳에 피어납니다.

블레셋이 이스라엘을 치매 이스라엘이 전멸할 위기에 놓였습니다. 하나님이 사랑하시는 이스라엘 백성인데 어떻게 이렇게 죽을 수 있나요? 이상하지 않습니까? 우리도 '하나님의 백성인 내게 왜 이런 일이 왔는가?' 늘 질문을 던집니다. 성경에 그 해답이 다 나와 있습니다.

그동안 하나님이 사울을 살리기 위해 얼마나 많은 기회를 주며 권면하셨는지 모릅니다. 그러나 사울은 모든 기회를 저버렸습니다. 하나님을 떠난 백성은 징계와 채찍으로 다스림받을 수밖에 없습니다. 그래서 가장 수치스럽게, 자신이 가장 무시하는 블레셋 이방인에 의해 사울이 죽임을 당합니다. 마지막까지 회개하지 않았기에 사울이 심판받은 겁니다.

다윗도 여러 가지 실수를 했지만, 그때마다 그는 하나님이 주시는 회개의 기회를 놓치지 않았습니다. 아말렉이 모든 것을 빼앗아 갔을 때 울 기력이 없도록 울었지만, 여호와를 힘입고 용기를 내서 일어났습니다. 그리고 하나님께 물었습니다. 그러자 하나님께서 하나도 잃은 것 없이 모든 것을 도로 찾게 하셨습니다. 이처럼 회개하고 돌아오면 도로 찾는데 사울은 끝까지 회개하지 않습니다. 하나님께 묻지도 않습니다.

'길보아산'은 드보라와 바락이 하나님의 도우심으로 시스라의 군대를 물리친 기손 전투가 있었던 곳입니다(삿 4장). 하나님의 도우심으로 기드온과 300명 용사가 미디안 군대를 물리친 장소이기도 합니다(삿 7장). 그래서 오늘날까지 성지로 손꼽힙니다. 그런데 바로 그 길보아산에서 사울과 이스라엘 군사들이 엎드러져 죽었습니다.

우리가 어제까지 은혜를 많이 받았다고 해서 오늘도 그 은혜가 지속되는 것은 아닙니다. 어제는 살아났는데 오늘은 죽을 수 있는 것입니다. 어제는 되었어도 오늘은 안되는 게 인생입니다.

블레셋은 이스라엘이 가나안 족속과 정복 전쟁을 치를 때 가사에 남겨 놓았던 악의 세력입니다(삿 1:18~19). 이처럼 악의 씨를 조금이라도 남겨 두면 그것이 자라서 올무가 되게 마련입니다.

이스라엘이 블레셋을 피해 도망치다가 길보아산에서 엎드러졌습니다. 예수 믿는 사람이 안 믿는 사람에게 패배한 꼴입니다. 이를 우리 삶에 어떻게 적용해 볼 수 있을까요? 저는 예수 믿는 사람이 잘 인내하다가 한순간을 참지 못해 혈기 내는 것이야말로 지는 일이라고 생각해요. '혈기를 참는 것'이 이 시대의 순교입니다.

> 블레셋 사람들이 사울과 그의 아들들을 추격하여 사울의 아들 요나단과 아비나답과 말기수아를 죽이니라 _삼상 31:2

사울은 잘못된 열심으로 살다가 결국 자기 자식까지 죽게 합니다. 우리의 마지막 우상은 자식입니다. 아들 요나단을 미워하면서도 그 아들에게 자기 나라를 물려주려 했던 사울입니다. 사실 사울이 다윗을 죽이고 싶도록 미워한 것도 다 그 때문입니다. 하지만 결국 사울은 아들도 잃고, 자신도 죽고, 이스라엘을 멸망의 위기에 빠뜨린 장본인이 됐습니다.

> 사울이 패전하매 활 쏘는 자가 따라잡으니 사울이 그 활 쏘는 자에게 중상을 입은지라 _삼상 31:3

"사울이 패전하매"라고 합니다. 패전한 주체가 이스라엘이 아니고 사울입니다. 이는 곧 블레셋의 모든 군사가 사울 한 사람을 죽이기에 집중했다는 의미입니다. 그러므로 그 포위망을 사울이 뚫지 못합니다. 블레셋에게 진 적이 없었던 사울입니다. 평생 이기기만 했습니다. 그런데 한번도 져 본 적 없는 블레셋에게 사울이 치명상을 입었습니다.

'이 말씀이 나와 무슨 상관이 있는가' 하십니까? 우리 삶에 적용해 보면 내가 평생 이기고 이긴 학업과 권력에, 자랑거리였던 자녀에게 중상을 입은 것입니다. '절대 내게 활을 쏠 리 없다'고 여긴 대상에게, 믿었던 사람에게 중상을 입은 것이에요. 평생 이겼어도 어느 날 추락하는 날이 올 수 있습니다. 왜 그렇습니까? 하나님은 절대 속지 않으시기 때문입니다. 사울이 잘못 믿은 것입니다. 학벌, 권력, 자녀…… 그 무엇도 믿음의 대상이 아닙니다. 육신의 정욕과 안목의 정욕, 이생의 자랑을 내가 다 성취했어도 어느 날 날아온 한 방에 중상을 입을 수 있습니다. '이럴 줄 몰랐어' 할 일은 없다는 것이에요.

바그너 학파와 브람스 학파가 음악계의 양대 산맥을 이루던 때의 일입니다. 한스 폰 뷜로는 바그너를 열렬히 추종하던 그의 제자로, 바그너 학파의 권위자이자 명망 높은 지휘자이기도 했습니다. 1863년, 뷜로는 〈트리스탄과 이졸데〉 공연을 상의하기 위해 부인과 함께 바그너를 만나러 갑니다. 그런데 운명의 장난일까요? 뷜로의 부인 코지마 폰 뷜로가 바그너와 정분이 나고 말았습니다. 코지마는 리스트의 사생아이고, 리스트와 바그너는 친한 친구였습니다. 그러니까 바그너로서는 자신보다 24살이나 어린 데다 가장 친한 친구의 딸이자 수제자의 아내인 여자와 바람이 난 것입니다. 결국 뷜로와 코지마는 이혼하고 코지마는 바그너와 재혼했습니다. 이후 뷜로는 공적으로는 바그너의 곡을 지휘했지만, 브람스와 친분을 쌓으며 브람스의 음악 세계를 지지했습니다. 바그너 학파에서 브람스 학파로 한순간에 배를 갈아탄 것입니다. 뷜로나 리스트나 바그너 하나같이 음악의 대가(大家)들인데, 어찌 이럴 수 있단 말입니까.

이런 일이 학계에서도, 정계와 재계에서도 얼마든지 일어납니다. 그러니까 정말 사람은 믿음의 대상이 아닙니다. 육신의 정욕과 안목의 정욕, 이생의 자랑도 믿음의 대상이 될 수 없어요. 여러분도 생각해 보십시오. 믿었던 길보아산에서 나는 어떤 중상을 입었습니까?

† 하나님을 떠난 적이 있습니까? 그랬다가 엎어졌던 나의 길보아산은 어디입니까?
† 사람을 너무 믿었다가 그로부터 중상을 당한 적은 없습니까? 어떤 중상을 입었습니까? 다 성취한 줄 알았다가 어느 날 한 방에 치명상을 입은 사건은 무엇인가요? 이런 일련의 사건들이 하나님을 떠난 내 삶의 결론임이 인정되나요? 그래서 회개합니까?

자살로 심판받습니다

4 그가 무기를 든 자에게 이르되 네 칼을 빼어 그것으로 나를 찌르라 할례 받지 않은 자들이 와서 나를 찌르고 모욕할까 두려워하노라 하나 무기를 든 자가 심히 두려워하여 감히 행하지 아니하는지라 이에 사울이 자기의 칼을 뽑아서 그 위에 엎드러지매 5 무기를 든 자가 사울이 죽음을 보고 자기도 자기 칼 위에 엎드러져 그와 함께 죽으니라 _삼상 31:4~5

중상을 입으면 그때라도 회개하고 하나님께 나아가야 합니다. 하지만 사울은 무기든 자에게 자신을 죽여 달라고 합니다. 마지막 순간까지 회개하지 못합니다.

유대 전승에 의하면 '무기를 든 자'는 놉 땅에서 제사장을 죽인 도엑이라고 합니다(삼상 22장). 그런데 두려움에 사로잡힌 도엑은 감히 사울을 죽이지 못합니다. 그러자 사울이 자기의 칼을 뽑아서 자결합니다. 사울의 죽음을 본 도엑도 자기 칼로 자결합니다.

한때는 신접한 여인과 지체가 되었던 사울입니다. 이제는 악한 일을 같이 도모하던 도엑과 지체가 되어서 비참하게 죽음을 맞이합니다. 칼의 노래를 부르더니 칼로 자결합니다.

사울 옆에는 세계적인 선지자 사무엘과 세계적인 아들 요나단이 있었습니다. 예수님의 조상인 다윗도 있었습니다. 그런데 이런 믿음의 사람들을 다 제쳐 놓고 사울은 이상한 사람들하고만 놉니다. 그러다 결국 멸망의 길로 갑니다. 우리 주변에도 이런 사울 같은 사람들이 있죠. 교회를 다녀도 믿음의 지체들과 교제하지 않고 이상한 세상 사람들하고만 노는 분이 있습니다. 얼마나 안타까운지 모르겠습니다.

그렇다면 사울은 왜 이런 선택을 했을까요? 그는 죽는 순간까지도 "나는 할례자다. 어떻게 할례도 받지 않은 이방인의 손에 죽을 수 있는가?" 했습니다. 끝까지 종교적인 선민의식에서 벗어나지 못합니다. 자기가 지은 죄보다 세상 사람들에게 받을 모욕과 수치를 더 염려합니다. 하나님보다 사람을 더 의식합니다. 그러니 하나님으로부터 받는 영적 수치에는 별로 관심이 없습니다. 블레셋 사람들에게 받을 수치에 대해서만 예민합니다. 사람 눈치 보고, 사람한테 잘 보이려고 애쓰는 건 정말 심판으로 가는 지름길입니다.

자살하면 죽은 후에도 지속적으로 비난을 받습니다. 타인을 죽이는 것이 살인이라면 자신을 죽이는 자살도 살인입니다. 누군가를 미워하는 일도 그렇습니다. 사울이 죽도록 다윗을 미워했죠. 그런데 마지막에 자결하잖아요. 사울은 자기 자신도 죽도록 미워했던 것 같습니다. 지금 내가 누군가를 미워하고 있다면 그것은 곧 나를 미워하는 것과 똑같습니다.

"여호와는 죽이기도 하시고 살리기도 하시며 스올에 내리게도 하시고 거기에서 올리기도 하시는도다"(삼상 2:6)라고 했습니다. 생명의 주권은 오직 하나님께만 있습니다. 그럼에도 자기 생명을 자기 것으로 여기고 자살하는 것은 하나님께 반항하는 죄입니다.

요한계시록 21장 8절에 "그러나 두려워하는 자들과 믿지 아니하는 자들과 흉악한 자들과 살인자들과 음행하는 자들과 점술가들과 우상 숭배자들과 거짓말하는 모든 자들은 불과 유황으로 타는 못에 던져지리니 이것이 둘째 사망이라" 했습니다. 주님은 살인자는 지옥 불에 들어간다고 정확히 말씀하십니다. 타살이나 자살이나 살인입니다. 더구나 자살은 타살보다 훨씬 더 죄가 큽니다. 남을 죽인 자는 회개하고 구원받을 기회가 있지만 자살한 자는 회개하고 구원받을 기회조차 없기 때문입니다. 인생이 고통스럽다고 자살하는 것은 프라이팬이 뜨겁다고 영원한 불속으로 뛰어드는 것과 같습니다. 고통이 영원히 계속됩니다. 돌이킬 수 없는 지옥의 형벌을 받게 됩니다.

반면에 "무릇 내가 사랑하는 자를 책망하여 징계하노니 그러므로 네가 열심을 내라 회개하라"(계 3:19)고 하셨습니다. 인간이 최종적으로 선택할 것은 자살이 아니라 '회개'입니다.

> 사울과 그의 세 아들과 무기를 든 자와 그의 모든 사람이 다 그 날에 함께 죽었더라_삼상 31:6

사울은 이스라엘의 지도자였습니다. 믿는 지도자였습니다. 그런데 그가 자살한 후 "그의 세 아들과 무기를 든 자와 그의 모든 사람이 다 그 날에 함께 죽었더라"고 합니다. 지도자를 잘못 만나면 이렇게 다 죽을 수도 있습니다. 그래서 지도자가 정말 중요합니다.

그런데 좋은 지도자를 만났어도 자살한 사람이 있습니다. 그 대표적인 예가 유다입니다. 유다는 스승이 예수님이었습니다. 그럼에도 예수님을 팔고, 후회하고 뉘우침에 그쳐 자살을 택했습니다. 스승이 아무리 좋아도, 지옥에 가는 사람이 있습니다. 끝까지 하나님보다 사람을 의식하면 이처럼 잘못된 선택을 할 수 있습니다.

교회를 다녀도 "죽고 싶다"가 입에 배어 있는 사람이 있습니다. 하지만 아무리 힘들고 수치와 모욕을 당해도 내 손으로 멸망의 길을 선택하면 안 됩니다. 그럴수록 내 죄를 보고 회개해야 합니다. 이것이 사는 길입니다. 생명의 길입니다.

개척 초기, 대장암에 걸린 혜옥 자매가 투병을 시작하며 교회 홈페이지에 날마다 큐티 나눔을 올렸습니다. 그런데 그 후부터 혜옥 자매는 마음대로 아프지도 못했습니다. 전 세계에서 자매의 나눔을 읽고 있으니 거룩한 역할을 하느라 주 안에서 행복한 구속을 받았습니다. 함부로 살아서는 안 되는 인생으로 자리매김했기에 아파도 늘 웃어야 했습니다. 그런 모습 덕분에 다른 환자들이 많은 용기를 얻었죠. 투병 기간 내내 굉장한 사명을 감당하고 갔습니다.

하나님을 믿는 사람은 사명이 끝나면 데려가십니다. 요나단도 사명이 끝났기에 하나님이 데려가셨습니다. 반면에 사울은 여호와께 범죄하였고 여호와께 묻지 않았기에 죽었습니다. 요나단과 사울이 똑같이 죽었어도 그 평가는 너무나 다릅니다. 그렇다면 여러분은 어떤 길을 택하시겠습니까?

> 7 골짜기 저쪽에 있는 이스라엘 사람과 요단 건너쪽에 있는 자들이 이스라엘 사람들이 도망한 것과 사울과 그의 아들들이 죽었음을 보고 성읍들을 버리고 도망하매 블레셋 사람들이 이르러 거기에서 사니라 8 그 이튿날 블레셋 사람들이 죽은 자를 벗기러 왔다가 사울과 그의 세 아들이 길보아 산에서 죽은 것을 보고 9 사울의 머리를 베고 그의 갑옷을 벗기고 자기들의 신당과 백성에게 알리기 위하여 그것을 블레셋 사람들의 땅 사방에 보내고 _삼상 31:7~9

사울은 다윗을 쫓아다니느라 10년의 세월을 허비했습니다. 군사들도 정신력이 해이해졌습니다. 그래서 사울이 죽자 모든 걸 버리고 다 도망갑니다.

사울은 블레셋 사람들에 의해 시체까지도 심하게 수치를 당합니다. 완전한 심판입니다. 자살하면 이처럼 영원한 심판이 기다리고 있습니다.

하나님께 기름 부음을 받은 사울입니다. 하지만 그의 믿음은 이방인의 우상숭배와 다를 바 없었습니다. 무속 신앙 그 자체였습니다. 더구나 사울은 이스라엘 백성이 너무나 원했던 왕이었습니다. 그러므로 하나님은 그를 철저히 심판하셔야 했습니다. 하나님을 버리고 세상 왕을 택한 결론이 무엇인지 보여 주셔야 했습니다.

성도라지만 사울처럼 하나님보다 사람을 의식하며 말 한마디에 지옥을 사는 분이 너무 많습니다. 여러분은 어떤 힘든 일로 "살고 싶지 않다" 부르짖고 있습니까? 한번 나누어 보십시오. 성도에게 위기는 없습니다. 모든 것이 기회입니다.

> 그의 갑옷은 아스다롯의 집에 두고 그의 시체는 벧산 성벽에 못 박으매_삼상 31:10

사울의 시체는 벧산 성벽에 못 박지만 그의 갑옷은 우상의 신전 아스다롯의 집에 두었다고 합니다. 사무엘서 기자는 여기서 매우 중요한 메시지를 던져 줍니다. 이 말씀이 뜻하는 바가 무엇일까요? 하나님은 기름 부음을 받은 자가 수치 당하는 것을 그저 지켜만 보지 않으십니다. 일시적으로는 블레셋이 이기고, 사울을 심판하셨을지언정 결과로는 하나님이 사울을 지키시고, 이스라엘을 지키셨다는 뜻입니다.

† 수치와 모욕을 당한 적이 있습니까? 그 사건을 통해 보게 된 내 죄는 무엇입니까?

† 회개하지 않고 여전히 후회하기만 하는 실패의 사건은 무엇입니까?

† 하나님보다 사람의 눈을 의식하고, 사람의 평가에 예민해서 지옥을 살지는 않습니까?

마지막은 새로운 시작입니다

11 길르앗 야베스 주민들이 블레셋 사람들이 사울에게 행한 일을 듣고 12 모든 장사들이 일어나 밤새도록 달려가서 사울의 시체와 그의 아들들의 시체를 벧산 성벽에서 내려 가지고 야베스에 돌아가서 거기서 불사르고 13 그의 뼈를 가져다가 야베스 에셀 나무 아래에 장사하고 칠 일 동안 금식하였더라 _삼상 31:11~13

사무엘상은 이렇게 끝납니다. 길르앗 야베스 사람들이 사울에 대한 소식을 듣고는 위험을 무릅쓰고 벧산 성으로 달려갑니다. 그리고 성벽에 걸린 사울의 시신을 수습하여 자기 마을로 가지고 가서 화장합니다. 또 그의 뼈를 에셀나무 아래 묻고 칠 일 동안 금식하며 애도합니다.

이들이 이토록 사울의 죽음을 애도한 이유가 무엇일까요? 사무엘상 11장에 보면 사울이 왕이 되자마자 길르앗 야베스로 암몬이 쳐들어옵니다. 이때 사울이 나서서 길르앗 야베스 사람들을 구해 주었죠. 오래전 일이지만 길르앗 야베스 사람들이 사울의 은혜를 잊지 않은 것입니다.

하나님은 이처럼 사울에게 은혜를 입은 백성을 사용하셔서 사울의 마지막을 영예롭게 마무리해 주십니다. 훗날 다윗이 이 사실을 알고 감동하여 길르앗 야베스 사람들을 축복해 주었죠(삼하 2:5). 여기까지 보면서 '누군가에게 은혜를 입었다면 갚는 것이 도리겠구나'라는 적용도 해 볼 수 있습니다.

하지만 저는 사울의 죽음을 통해서 우리가 새겨야 할 두어 가지 교훈을 생각해 보았습니다.

그동안 우리가 보았다시피 이스라엘은 블레셋이 자꾸 쳐들어오자 블레셋 왕처럼 화려한 왕관을 쓰고 화려한 옷을 입은 나의 왕을 구했습니다. 그리하면 만사가 해결될 줄 알았습니다. 그러나 사울을 왕으로 세웠어도 블레셋의 침략은 멈추지 않았습니다. 사무엘상 마지막 장에 이르기까지 변함없이 쳐들어왔습니다. 하나님의 종 사무엘에게 항의하듯 요구해서 얻은 왕 사울도 이제 죽었습니다. 세상 왕을 구했는데 완전히 망한 것입니다.

이로써 이스라엘이 확실히 깨달았습니다. 사울이 하나님의 말씀 앞에 복종하지 않았기에 멸망했음을 깨달은 것입니다. 잘생기고 매력 넘치고 승리를 거듭하던 사울 아닙니까? 그러나 제아무리 겉모습이 훌륭해도 본질이 중요하다는 걸 이스라엘이 비로소 알게 됐습니다.

본문 말씀을 자세히 보세요. 요단 서편 지파들은 아무도 사울의 시신을 수습하러 오지 않았습니다. 길르앗 야베스 사람들은 요단 동편 지파입니다. 약속의 자녀는 요단 서편 지파입니다. 그중에서도 베냐민 지파는 사울의 고향 사람들이요, 사울 생전에 특혜를 많이 받은 지파입니다. 그런데 그 베냐민 사람들조차 시신을 수습하러 오지 않았습니다.

지금 사울과 아들들이 놀러 나갔다가 죽은 게 아니잖아요? 나라를 지키고자 블레셋과 싸우러 나갔다가 장렬히 전사했습니다. 그런데 그 누구도 사울의 시신을 수습하지 않았습니다. 물론 전시라서 위험하니까 몸을 사렸을 수 있죠. 그러나 저는 여기에 깊은 뜻이 있다고 생각합니다. 이제야 이스라엘 백성이 구속사가 깨달아진 겁니다. 드디어 사울을 내려놓았습니다.

백성의 지난 행적들을 떠올려 보세요. 그일라 주민들은 다윗에게 도움을 받고도 사울이 무서워서 다윗을 딱 배반했습니다. 다윗과 같은 유다 지파인 십 사람들이나 다른 백성도 마찬가지였죠. 마치 악어 비늘에 기생하며 사는 물고기같이 사울의 권력에 빌붙어 살았습니다. 그런데 드디어 그들이 한마음이 되어 사울을 딱 내려놓은 것입니다. 사울이 죽고 비싼 수업료를 치르고 나서야 세상 왕을 구한 것이 얼마나 큰 죄인지 확실히 깨달았습니다. 그러자 하나님이 생각지도 못한 길르앗 야베스 사람들을 통해 이스라엘의 기름 부은 자 사울의 불씨를 살리고 지켜 주십니다.

우리에게도 적용해 보자면 안 도와야 할 사람은 안 도와야 하는 겁니다. 부모, 자식도 내려놓아야 합니다. 돈 많은 부모, 출세한 자식에게 빌붙어 평생 질질 끌려 다니는 사람이 너무나 많아요. 내가 부모, 자식을 끼고 있을수록 그들의 구원은 요원해집니다. 반면에 내가 내려놓으면 하나님이 그들을 책임져 주시는 것을 봅니다. 여기에 놀라운 구원의 비밀이 있습니다.

본문을 도덕적으로만 보면 '과거의 은혜를 갚자'라는 교훈을 받는 데만 그칠 수 있습니다. 그러나 우리는 말씀을 구속사로 읽어야 해요. 사울이 끝내 완전한 심판을 받았습니다. 여기까지 오는 데 이처럼 오래 걸린 것은 이스라엘 백성이 사울의 외모를 내려놓지 못했기 때문입니다.

더불어 '사울 같은 아버지 밑에 어찌 요나단 같은 아들이 있었을까' 묵상해 보았습니다. 요나단은 하나님이 다윗과 함께하심을 알고 다윗을 인정했습니다. 괴팍한 아버지 아래서 일생 고통당했지만, 끝까지 사울을 섬기며 전쟁터에도 따라가 함께 죽었습니다. 저는 이것이 순교가 아닌가 합니다.

한편으로는 '요나단이 다윗에게 좀 더 힘을 실어 주었으면 어땠을까?'라는 생각도 들었어요. 다윗 왕국을 세우는 데 요나단이 힘을 합쳤다면 얼마나 좋았을까요. 하지만 만약 요나단이 살아 있었다면 백성이 그를 왕으로 세우려고 했을 수도 있습니다. 다윗을 왕으로 세우지는 않았을 것 같습니다. 그러니까 요나단의 사명은 여기까지입니다. 그래서 하나님이 그를 데려가셨습니다. 요나단의 죽음은 사명의 죽음입니다.

똑같은 죽음이지만 다시 살아나는 '낳고'의 죽음이 있고, 죽음으로 모든 것이 끝나는 '멸망'의 죽음이 있습니다. 사울은 평생 칼의 노래를 부른 가인처럼 칼을 의지해서 살다가 칼로 종말을 맞았습니다. 사울의 역할은 이스라엘 백성을 깨우치는 것이었습니다. 그러기까지 사울이 너무나 수고했습니다.

끝까지 사울을 사랑한 사무엘이 있고, 다윗이 있고, 요나단이 있습니다. 그리고 그들의 기도를 멸시하지 않으신 하나님은 사울의 후손을 버리지 않으십니다. 끝까지 책임지시고, 천 년이 지난 후 예수님에 버금가는 사도 바울을 그의 후손 중에서 나오게 하셨습니다. 사울의 불씨를 살리셨습니다. 너무 눈물 나는 하나님의 은혜요, 사랑입니다.

하나님은 사울의 죽음을 통해 다윗의 새로운 출발을 허락하셨습니다. 우리의 인생도 그렇습니다. 내 속의 사울이 죽어야, 내가 사울을 내려놓아야 다윗의 시대가 열립니다. 홍수로 세상을 다 쓸어 버리셨지만 그 후 노아의 후손으로 다시 시작하게 하신 하나님이십니다. 이 구속사의 출발처럼 우리도 다 죽고 다시 살기를 바랍니다. 마지막이 새로운 시작이 되기를 바랍니다. 세상과 나는 간곳없고 구속하신 주님만 내 안에 있는 새로운 삶을 살아가기를 축원합니다.

† 세상 왕을 구하다가 완전히 망한 적이 있습니까? 그럼에도 여전히 그리워하는 세상 왕은 누구(무엇)입니까?

† 누구에게 은혜를 입은 일이 있습니까? 그 은혜는 어떻게 갚았나요?

† 내 인생의 새로운 시작을 위해 끊고 내려놓아야 할 나의 사울은 무엇입니까?

† 지금 나를 힘들게 하는 사울은 누구입니까? 그 사울이야말로 나의 구원을 위해 수고하는 사람임이 인정되나요? 그래서 그 사울에게 감사합니까? 그의 구원을 위해 눈물로 기도합니까?

† 내가 내려놓음으로 하나님이 책임져 주시고, 새롭게 출발하게 하신 것은 무엇입니까?

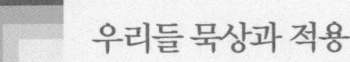 우리들 묵상과 적용

저는 아버지의 외도로 태어났습니다. 아버지는 저의 생모와 헤어지는 것을 조건으로 저를 아버지의 집으로 데려와 키우셨습니다. 그런데 제가 4살 되던 해 아버지는 뇌졸중으로 갑자기 돌아가셨습니다. 이때부터 새어머니는 배다른 자식인 저를 비롯하여 6남매의 생계를 도맡으셨습니다. 그러다 10살이 되던 해 우연히 제 출생의 비밀을 알게 된 저는 정체성 혼란을 겪고 내성적인 아이로 자랐습니다.

생모에 대한 미움은 말할 수 없었고, 제 출생의 사연은 그 누구에게도 털어놓을 수 없는 수치가 되어 죽을 때까지 저 혼자 안고 갈 비밀이었습니다. 이런 수치와 열등한 환경을 극복하고자 21살에 집에서 독립하였습니다. 그리고 블레셋을 이기기 위해 왕을 구한 이스라엘 백성같이 낮엔 공부하고 밤엔 일하며 세상 성공을 구했습니다. 그 노력으로 대학에 수석 합격을 하여 수석 졸업을 하기까지 4년 동안 등록금 한 푼 내지 않고 다녔습니다.

이후 30대에 따뜻하고 자상하기 그지없는 남자를 만났습니다. '이 사람이야말로 지친 내 인생을 위로해 줄 거야' 하며 그와 결혼했습니다. 그러나 우리 부부는 결혼 초부터 입만 열면 다투었습니다. 남편은 그때마다 "이혼하자" 했습니다. 저는 이혼하면 생모의 인생처럼 될까 봐 두려웠습니다. 20대 때는 늘 이기고 또 이기는 싸움을 했기에 열심히 하면 안 되는 일이 없다고 생각했는데 믿었던 남편이 쏜 화살 한 방에 중상을 입은 제 인생은 점점 추락했습니다 (삼상 31:3). 얼마 후 저는 경계성 종양으로 자궁 수술을 받기도 했습니다. 또 그즈음 둘째 아들이 갑자기 말을 심하게 더듬는 사건까지 왔습니다. 이런 일련의 사건들 앞에서 두렵고 떨리며 마음이 더욱 외롭고 곤고해졌습니다.

그 무렵 친구가 다니는 교회 전도축제에 초청받아 첫 예배를 드리는데 "사람은 100% 죄인"이라는 말씀이 제 귀에 나팔 소리처럼 들렸습니다. 저의 고난이 하나님을 멸시해서 온 죄의 결과임이 깨달아졌습니다. 상처와 욕심과 피해의식으로 남편과 아들에게 너무 많은 상처를 주었음도 깨달아져 회개가 되었습니다. 두 어머니가 계신 수치의 사연도 받아들이게 되었습니다.

이후 저는 떨어지지 않으려는 둘째 아이를 업고 살기 위해 교회에 나가 눈물의 회개를 드렸습니다. 구속사의 말씀을 듣고 목장에서 저의 수치와 죄를 나누자 그토록 의지하던 남편과 아들 우상을 내려놓게 됐습니다. 아들의 말더듬증도 치료되고 집안에 평강이 임했습니다. 후회가 아닌 회개를 하게 하시고, 제 속에 사울을 죽이심으로 새로운 시작을 허락하신 하나님, 사랑합니다(삼상 31:4).

영혼의 기도

아버지 하나님, 끝내 수치를 이기지 못해 자결하는 사울의 마지막을 보았습니다. 사무엘에게 항의하듯 요구해서 얻은 세상 왕이 이렇게 허무하게 무너지는 것을 보면서 하나님의 말씀 앞에 복종하지 않은 왕은 반드시 멸망한다는 것을 알게 되었습니다. 이스라엘 백성이 사울의 본질을 알지 못하고, 화려한 왕관과 화려한 의복, 그 겉모습에 도취해서 사울을 내려놓지 못하니 결국 마지막에 하나님이 다 무너뜨리시고, 망하게 하시고, 내려놓게 하셨음이 깨달아집니다. 아무리 훌륭해도 본질이 더 중요하다는 것도 알게 되었습니다.

하지만 놀랍게도 사울을 거두시는 심판의 사건 가운데 새로운 시작을 허락하시는 하나님의 사랑을 봅니다. 악령이 든 사울을 위해 눈물로 기도한 사무엘이 있고, 다윗이 있고, 요나단이 있었기에 하나님이 그 기도를 멸시하지 않으시고 천 년이 지난 후 사울의 후손에서 예수님 버금가는 사도 바울을 주셨음도 깨달아집니다.

주님, 이런 놀라운 구원의 비밀을 우리가 다 깨닫기를 원합니다. 무엇보다 나를 힘들게 하는 사울 같은 지체가 있어도 그가 나의 구원을 위해 수고하고 있음을 알기 원합니다. 나아가 세상 왕처럼 여기던 내 배우자, 내 자녀를 이제는 내려놓겠습니다. 세상 왕을 추구하던 내 안의 사울도 내려놓겠습니다. 바라옵기는 지금 비록 인생이 끝날 것 같은 사건 가운데 있어도 이 마지막이 새로운 시작이 될 수 있도록 도와주옵소서. 새로운 출발을 허락해 주옵소서. 예수님 이름으로 기도드립니다. 아멘.

위기! 입니다

초판 발행일 | 2025년 11월 28일

지은이 | 김양재

발행인 | 김양재
편집인 | 송민창
편집장 | 정지현
편집 | 김윤현 진민지 장승영
디자인 | 정승원 문성경

발행처 | 큐티엠
주소 | 경기도 성남시 분당구 대왕판교로385번길 26, 2층 단행본 편집부 (우)13543
편집 문의 | 031-606-3854   **구입 문의** | 031-707-8781
팩스 | 031-990-6935
홈페이지 | www.qtm.or.kr   **이메일** | books@qtm.or.kr
인쇄 | ㈜신성토탈시스템
총판 | ㈐사랑플러스 02-3489-4300

ISBN | 979-11-94352-20-4

Copyright 2025. QTM. All rights reserved.

이 책은 저작권법에 따라 보호 받는 저작물이므로 무단 전재와 복제를 금합니다.
이 책에 실린 글과 그림, 사진의 모든 저작권은 큐티엠에 있으므로
큐티엠의 사전 서면 동의 없이 복제 내지 전송 등 어떤 형태로도 사용할 수 없습니다.

잘못된 책은 구입하신 곳에서 바꿔드리며, 책값은 뒤표지에 있습니다.

큐티엠(QTM, Question Time Movement)은 '날마다 큐티'하는 말씀묵상 운동을 통해
영혼을 구원하고, 가정을 중수하고, 교회를 새롭게 하는 일에 헌신합니다.